KB125766

한국 근대교육의 형성

# The Formation of Modern Education in Korea

Kim, Kyung-Mee

연세국학총서 94

# 한국 근대교육의 형성

## 김 경 미

혜안

# 책을 내면서

이 책은 1894년의 갑오개혁을 전후하여 한국사회에 '근대적'인 새로운 교육이 도입되고 근대교육제도가 형성되는 과정을 밝히고자 했다. 책의 저본은 필자의 박사학위논문인 『갑오개혁 전후 교육정책 전개과정 연구』(1999년 2월)이다.

'근대'라는 말은 우리에겐 상처와 같다. 일제 강점으로 이어지는 이 시기를 공부하는 사람이, 식민지 경험으로 상처입은 민족적 자존심을 회복해야 한다는 심정으로부터 자유롭기는 쉽지 않다. 그럼에도 나는 억압되어 트라우마로 남아있는 과거를 치유하기 위해서는 냉정하게 그것을 직시를 해야 한다고 생각했다. 이를 위해 개화파들의 단편적인 근대교육론으로부터 당시 시행되었던 개혁의 성격을 연역해 내는 방법론에서 벗어나, 근대교육의 이념형을 설정하여 평가의 잣대로 삼고 아무런 전제없이 교육정책 하나 하나를 분석하여 그것이 갖는 성격을 밝혀내고자 했다. 그 과정에서 염두에 두었던 것은, 일련의 근대적 개혁은 진공 상태에서 진행되지 않았다는 점이다. 개혁의 배경에 전통교육과 일본의 교육침략이라는 현실이 있었고, 근대화 작업은 그러한 환경과의 상호작용의 결과물이었다. 그리하여 근대교육제도의 형성과정은 과거의 관행 속에서 새로운 요소가 도입되면서 변화가 나타나는 양상을 보이며, 따라서 그 성격은 근대적인 동시에 여전히 전근대적인 면도 있고 주체적인 동시에 타율적인 면도 있었다.

가령, 새로운 교육내용을 학습하기 위해 중국으로 파견된 영선사행 유학생은 어학을 담당하는 중인과 수공 기술을 담당하는 공장(工匠)으로 구성되어 전통교육의 관행대로 신분에 따라 다른 지식을 학습했다. 원산학사는 한국근대교육사상 최초의 근대학교로 유명하지만, 그 존재를 학계에 알린 사료는 과거제와 관련된 것이었다. 사료의 내용은 '근대학교'라는 원산학사의 학업을 장려하기 위해 전근대 교육제도를 떠받치던 과거제에서 혜택을 달라는 것이었다. 그리고 갑오개혁의 과정에서는 상대적으로 자율적이었던 개혁의 시기에 개혁 내용은 오히려 전통교육의 차별적 성격이 강하게 남아있었으며, 일본의 영향력이 크게 작용했을 때 근대 보통교육의 이념이 모습을 드러냈다.

후대의 입장에서 볼 때 이 시기는 일관성있는 확고한 변화가 필요한 시기였지만, 사실 변화의 시기에 새로운 시도들이 과거의 관행과 혼재되어 갈지자의 행보를 보이는 것은 지극히 당연하다. '소중화(小中華)'라는 자부심이 컸던 만큼 오랑캐로 여기던 서구의 지식을 받아들이고, 유교적 위계질서의 가치가 여전히 중요시되던 사회에서 모든 사람들에게 동일한 보통교육을 한다는 생각은 정말 쉽지 않았을 것이다. 따라서 그와 같은 새로운 시대에는 발 빠른 대응도 필수적이지만 한편으론 어느 정도 시행착오를 할 수 있는 시간이 절대적으로 필요하다.

그런데 필자가 문제시하고자 하는 것은, 당시 개혁의 주체들은 전근대교육에서 근대교육으로 전환해야 하는 시점에서 변화의 핵심을 분명히 인식하고 있었던가 하는 점이다. 가령 교육내용의 근대화라는 측면에서는, 새로운 사회를 이끌어갈 지식은 무엇이 되어야 했을까. 일련의 근대적인 변화 속에서 가장 두드러진 교육내용의 변화가 '기능으로서의 외국어'의 지위 승격이었던 점은 한국사회에서 이루어졌던 근대적 변화의 질적 수준을 상징한다. 특히 보편을 지향해야 할 근대교육에서 근대성의 핵심은 '균질한 국민의 형성'과 그것을 생산해내는 '근대교육제도의 공공성'이다. 아직 우리의 손에 정책결정권이 주어져 있던 시점에 그것은 과연 어디를 향해 가고 있었으며 어디까지 도달했던가. 어떤 획기적인 인식의 전환을 가져와야 할 시기에 그렇지 못했다는 것은, 역사의 흐름을 보는 시각에서 자신의 위치를 객관화시키지 못했던 데에 원인이 있었던 것이 아닌가.

이와 같은 필자의 태도는 일부 사람들에게 오해를 사기도 했다. 논문심사 과정에서 교수님 중 한 분이, 갑오개혁에 대한 당신의 견해와는 대치된다고 할 수 있는 필자의 논문에 대해, "그래, 이제 이런 논문이 나올 때가 되었지"라고 하셨다. 그런데 이후 학계에서 정리한 연구사에서는 필자의 논문이 마치 식민지 근대화론 계열인 것처럼 평가되었다. 갑오개혁이 주체적이라고 평가를 내리면 이쪽이지만, 그렇지 않았던 점을 지적하면 저쪽이 되어버리는 것이다. 이는 그만큼 일제 식민지가 남긴 상처가 아직도 치유되지 않고 있다는 것을 의미한다. 우리는 역사를 통해 한편으로는 손상된 자존심을 회복해야겠지만, 과거를 직시하며 반성해야 할 것은 무엇인지 성찰의 기회를 가져야 한다고 생각한다. 근본적인 변화가 필요한 순간에 본질은 놓아두고 지엽에 매달렸던 것은 남의 잘못이 아니다. 우리의 삶에서 근본적인 변화가 필요할 때, 가장 근본적인 것이 무엇인가를 전심전력 묻고 알 수 있으면 좋겠다.

이 책을 내기까지 많은 사람들의 도움을 받았다. 뒤늦은 나이에 불현듯 교육학과를 찾아 간 제자에게 공부의 즐거움을 가르쳐주시고 다양한

8

경험의 기회를 주신 김인회 교수님께 감사의 말씀을 올린다. 함께 공부하며 한국 교육의 현실을 고민했던 교육학과의 선후배들, 역사 연구의 지식과 방법을 나누어 주었던 사학과 사람들에게도 고마운 마음을 전하고 싶다. 부족한 책을 출판할 기회를 준 연세대학교 국학연구원과 교정지를 보내도 감감무소식이었던 원고를 이렇게 책으로 만들어주신 도서출판 혜안의 김태규 님에게도 감사드린다.

언제나 공부하는 며느리를 기뻐해 주셨던 시부모님, 영원한 나의 지원세력인 부모님께는 뭐라고 감사의 말을 드려야 할지 모르겠다. 그리고 '이기적인'을 '그냥 좀 자기 일에 열중하는'으로 해석해 주는 가족에게 고마운 마음을 이 책에 담아 전한다.

2009년 11월

김경미

# 차 례

# 제1장 서론

## 제1절 문제의 제기

조선[1]정부에서 본격적으로 서구의 지식과 기술을 도입하기 시작한 1880년경부터 갑오개혁기[2]에 시작된 교육개혁이 일단락되는 1900년경까지의 기간은 한국교육사상 큰 변혁기였다. 한문과 유교경전만을 가르치던 '학교'[3]에서 외국어와 서구의 지식을 가르치고 국문을 사용하기 시작했으며, 지배층(士)을 양성하기 위한 교육은 국민 양성을 위한 교육으로 전환해 갔다. 그런데 이 시기는 전통적인 유교 중심의 교육이 여전히 사회를 지배하고 있었고, 한편으로는 정부의 교육개혁 작업에 편승하여 일본의

---

1) 조선은 1897년 8월부터 국호를 대한제국으로 변경하였으므로 엄밀히 말하면 그 이전은 조선, 그 이후는 대한제국으로 불러야 한다. 그러나 대한제국 시기에도 조선왕조로서의 성격은 바뀌지 않았다고 보아 조선으로 일관하여 부르기로 한다. 지금 서울의 당시 명칭은 漢城, 京城 등으로 불렸지만 정식 명칭은 한성이었으므로 인용문이 아닌한 한성으로 한다.

2) 갑오개혁기란 협의로는 1894년 7월 27일 군국기무처가 설치되어 동년 12월 17일 폐지되기까지의 기간을 말한다. 광의로는 1894년 7월 김홍집, 김윤식, 어윤중, 유길준 등의 온건개화파가 정권에 참여하여 개혁을 주도하기 시작한 후 1896년 2월의 아관파천으로 몰락하기까지의 갑오·을미년간을 지칭한다(柳永益, 『甲午更張研究』, 一潮閣, 1990, 3면, 179~181면).

3) 전통적인 '학교'의 개념은 '유교교육을 통해 선비를 양성하는 곳'이었다. 본서 제2장 주 78) 참조.

교육침략이 시작되던 때였다. 따라서 조선의 교육근대화 과정은 우여곡절을 겪지 않을 수 없었으며, 일제 통감부가 설치되면서 식민지교육으로 전락하였다.

그동안 조선 정부의 교육근대화 정책에 관한 연구는 주로 갑오교육개혁의 자주성을 증명하는 데 연구의 초점을 맞추어 왔다. 일제 식민사관에 의해 규정된 한국 근대교육의 타율성[4]을 극복하는 것이 한국교육사 연구의 가장 큰 과제였기 때문이다.

해방 이후 한국의 교육사학계는 식민사관을 극복하기 위한 노력의 일환으로 한국의 교육이 자주적으로 구교육을 극복하고 근대교육을 지향하고 있었음을 밝히려고 노력하였다. 1980년경까지는 갑오개혁을 일본에 의존한 제도상의 개혁에 지나지 않는 것으로 보았으며, 그로 인해 주로 기독교계 사학과 민족계 사학에 연구를 집중하였다.[5] 한편 그간에 이루어진 1880년대의 개화사상 및 정부의 교육정책에 관한 연구 성과[6]를 토대로

---

4) 일제 강점기 동안 일본인들의 연구에 의하면, 갑오개혁 이전에는 유교중심의 虛文에 불과한 교육이 이어졌고, 갑오개혁 이후에는 조선 정부가 일본의 권유를 받아들여 근대 학제를 마련했지만 당시의 실정을 전혀 고려하지 않은 채 일본의 제도·법령을 맹목적으로 모방하여 거의 유명무실하게 끝나버렸다고 하였다(小田省吾, 『朝鮮敎育制度史』, 1924/ 渡部學·阿部洋 編, 『植民地朝鮮敎育政策史料集成(朝鮮編)』 26, 龍溪學舍, 1986 ; 高橋濱吉, 『朝鮮敎育史考』, 1927/ 渡部學·阿部洋 編, 『植民地朝鮮敎育政策史料集成(朝鮮編)』 27, 1986). 이는 조선의 근대교육은 통감부 설치 이후 일본에 의해서 타율적으로 도입되지 않을 수 없었음을 강조함으로써 식민지교육의 정당성을 입증하기 위한 진술이었다. 일제 강점기 일본인의 조선교육연구에 대한 연구사는 渡部學, 『近世朝鮮敎育史研究』, 雄山閣, 1969, 73~85면 참조.

5) 李萬珪, 『朝鮮敎育史』 下, 乙酉文化社, 1949 ; 吳天錫, 『韓國新敎育史』, 現代敎育叢書出版社, 1964 ; 孫仁銖, 『韓國近代敎育史』, 延世大學校出版部, 1971.

6) 李光麟, 『韓國開化思想研究』, 一潮閣, 1979 ; 李光麟, 『韓國開化史研究』, 一潮閣, 1969 ; 權錫奉, 「領選使行에 對한 一研究」, 『歷史學報』 17·18합집, 1962 ; 鄭玉子, 「紳士遊覽團考」, 『歷史學報』 27, 1965 ; 李光麟, 「育英公院의 設置와 그 變遷」,

하여, 갑오교육개혁이 1880년대의 교육근대화 활동을 배경으로 하면서
종래의 유교교육을 불식하고 근대사회에 적응할 수 있는 신교육의 확립을
모색한 것이기는 하였으나, 안으로부터의 자각과 충분한 기초 작업 밑에서
다져진 개혁이 아니고 일제의 침략세력에 의존함으로써 침략의 정지작업
으로 이용되었다는 평가를 내리기도 하였다.[7]

갑오교육개혁에 대한 이와 같은 부정적 관점에서 벗어나려고 한 것이
이원호의 연구이다.[8] 그는 인접 학과에서 갑오개혁을 재평가하는 연구[9]
가 나온 것을 계기로 하여, 그동안 전적으로 무시되거나 평가설하되었던
조선 정부의 교육근대화 노력을 일단 수용한다는 입장에서 개화기의
교육정책사를 정리하였다. 즉 실학의 교육개혁론과 개항이후 개화세력의
근대교육 도입 노력의 연장선상에서 갑오개혁과 광무개혁이 전개되어
근대적 학제가 제정되었으나, 을사조약 후 일본이 학제를 개악함으로써
식민지교육으로 변질되었다는 것이다. 안기성도 갑오기에 제정된 교육법
제가 반드시 일본의 것을 모방하기만 한 것은 아니라는 연구결과를 내놓았
다.[10] 유방란은 근대교육이 개항기에 등장·발달하여 갑오개혁기에 이르
렀으며, 갑오교육개혁은 개화파의 구상에 따라 국가 주도하에 교육기회의
개방, 근대 교과의 도입, 교육행위의 형식화 등을 추구한 개혁으로, 오늘날
과 같은 근대교육체제로 발달하는 데 큰 걸음을 내딛은 것이었다고 하면서

『東方學志』 6, 1963 ; 愼鏞廈, 「우리나라 最初의 近代學校」, 『文學과 知性』 제5권
　제1호, 1974, 봄.
7) 孫仁銖, 『韓國開化敎育硏究』, 一志社, 1980.
8) 李元浩, 『開化期敎育政策史』, 文音社, 1983.
9) 柳永益, 「甲午更張을 圍繞한 日本의 對韓政策-甲午更張 他律論에 대한 修正的
　批判-」, 『歷史學報』 65, 1975.
10) 安基成, 『韓國近代敎育法制硏究』, 高大民族文化硏究所, 1984.

전적으로 긍정적인 평가를 내렸다.[11] 이들 연구는 갑오개혁의 사상적 기반을 조선 내부에서 찾아내고 개혁이 조선 정부의 교육근대화 의지에 의해 이루어진 주체적인 것이라는 연구결과를 통해, 한국교육의 근대화가 자율적으로 이루어졌음을 증명하려는 노력이었다.

이로부터 갑오개혁이 주체적인 개혁이었다는 관점에서 새로 설립된 학교의 실제 운영상황에 대한 연구가 진행되었다. 노인화는 대한제국 시기의 관립학교에 대한 연구에서, 이 시기의 교육개혁을 통해 교육 내용이 근본적으로 변화하여 새로운 교과목이 신설되었고 언문일치의 국어교육을 비롯한 본국역사와 본국지리 교육으로 자주독립과 민족의식이 고취되었다고 평가하는 한편, 개혁 담당 주체인 집권관료의 개량주의적 태도, 재정 핍박 등 교육외적 조건에 의해 크게 실효를 거두지 못하고 을사조약에 의해 중도 좌절을 겪고 말았다는 결론을 내렸다.[12] 이혜영은 학교행정 및 재정 등에 대한 실태 연구를 통하여, 학부가 공·사립학교의 설립과 운영을 적극 지원하였으나 재정부족으로 어려움을 겪다가 일제 통감부 설치 이후 식민지 교육체제로 재편됨으로써 실패로 끝나게 되었다고 하였다. 내재적으로는 동도(東道)와 서기(西器)의 불완전한 결합에 의한 교육개혁 이념의 불분명함이 실패의 한 원인이었음을 지적하는 한편, 갑오개혁의 내용 속에는 자율과 지원 중심의 교육행정, 능력별 학급편성과 개별화 수업, 지역 공동체에 의한 사립학교의 설립과 운영 등 일제 40년에 의해 왜곡되기 이전의 중요한 우리의 교육적 유산이 담겨있다고 평가하였다.[13] 이러한 연구들은 조선 정부에 의해 내재적·자율적으로 출발한

---

11) 柳芳蘭, 「韓國近代教育의 登場과 發達」, 서울대학교 박사학위논문, 1994.
12) 魯仁華, 「大韓帝國 時期 官立學校 教育의 性格 研究」, 이화여자대학교 박사학위 논문, 1989.

근대교육이 조선 정부 자체의 한계에 의해 순조롭게 전개되지 못한 점도
있으나 궁극적인 실패의 원인은 1905년부터의 식민지교육에 의해 근대교
육이 왜곡되어 버린 데 있다는 결론을 내리고 있다.

　이와 같은 선행연구의 성과에 대하여 필자는 다음의 몇 가지 점에서
문제를 제기하고자 한다.

　첫째, 선행연구는 갑오개혁기에 만들어진 학제가 근대학교교육의 출발
점이라고 하면서, 한편으로는 그보다 앞서 1880년대에 설립된 동문학(同文
學), 원산학사(元山學舍), 배재학당(培材學堂), 육영공원(育英公院)을 근대
학교라 하거나 근대식 학교, 근대학교의 맹아 등의 모호한 명칭으로 부르고
있다. 이는 근대교육의 개념을 명확히 하지 않거나 그 준거기준을 근대교육
의 본질적 특징에 두고 있지 않기 때문이다.

　본서에서는 근대교육의 개념을 다음과 같이 정의하고자 한다.14) 근대사

---

13) 이혜영, 『한국 근대 학교교육 100년사 연구(1)-개화기의 학교교육』, 연구보고
　　RR 94-7, 한국교육개발원, 1994.
14) 근대교육의 개념은 다음과 같이 정의되고 있다. 교육학대사전에 의하면, 근대교육
　　은 봉건사회의 교육에 대립되는 교육, 근대국가의 성립 및 자본주의 사회의
　　발생과 더불어 시작된 교육으로, 한국에서는 1880년대로부터 1945년 해방 때까지
　　의 교육이라 하였다(敎育學辭典編纂委員會, 『敎育學大辭典』, 敎育科學社, 1972,
　　190면). 교육학용어사전에서는, 서양에서의 근대교육(modern education)은 일반적
　　으로 중세 봉건교육에 대립되는 개념으로서 근대적 국민국가의 형성과 자본주의
　　사회의 발전에 따라 국민적 자질의 함양과 생산인으로서의 능력을 배양하기
　　위해 행해지는 교육이라 하였다(서울大學校 師範大學 敎育硏究所 編, 『敎育學用
　　語辭典』, 培英社, 1995, 114면). 손인수는 근대교육을 종래 한학교육에 대한 학교
　　중심의 교육, 또는 구래의 유교교육에 대하여, 이것을 불식하고 서구의 신문화를
　　섭취하려는 교육으로 정의하였다(孫仁銖, 앞의 책, 19면). 윤건차는 '근대교육'이
　　라는 용어는 구교육=봉건적 교육에 대신하는 신교육=근대적 교육과 같은 말로,
　　근대교육의 과제는 역사주체=국민을 형성하는 일이라고 하였다(尹健次 著, 교육
　　출판기획실·심성보 역, 『한국근대교육의 사상과 운동』, 靑史, 1987, 4면). 노인화
　　는 다음의 4가지로 규정하였다. ① 국민국가의 성원인 국민으로서의 기본 소양을

18

회는 자본주의 국제경쟁의 질서 속에서 자국의 생산력을 최대화하기 위해 국민국가[15]를 형성하였다. 국민국가는 각 인민의 생산력을 향상시키는 한편 전 인민의 부(富)를 국가의 부강으로 수렴하기 위한 방법으로 국민교육을 실시하였다. 이러한 역사적 산물로서의 국민교육은 인민을 생산력과 국민의식을 지닌 사람으로 키워내기 위한 교육으로, 독서산(讀書算) 등의 실용적 교과와 국어, 도덕, 국사, 자국지리 등의 국민적 일체감을 갖게 하기 위한 교과로 교육내용이 구성되며, 모든 인민에게 공통적으로 주어지는 일반적이고 기초적인 교육인 보통교육의 형태로 시행된다. 본서에서는 근대 국민국가 수립이 개항으로 국제사회에 편입하게 된 조선의 역사적 과제였다는 점을 전제로 하여,[16] 모든 인민을 국민국가의 구성원인 국민으로 키워내기 위한 국민교육을 근대교육의 이념형으로 규정하기로

갖추게 하는 것이다. 즉 교육내용에서 국어, 국사 등이 다루어지고 언문일치에 의한 교육이 이루어지고 있는 것을 들 수 있다. ② 모든 국민에게 교육에 대한 기회 균등을 보장해주는 것을 들 수 있다. 전통적인 교육에서는 특권층 중심의 교육에 머물렀으나 근대교육에서는 신분의 차별 없는 교육이 실시되고 있다. 대표적인 예로 의무교육제도의 실시 등을 들 수 있다. ③ 교육내용에서 실용적, 과학적, 세속적인 내용이 다루어지면서 생활교육이 강조된다. 또한 교육 내용에서 유교 일변도적인 것을 탈피하여 서구의 근대 학문을 도입하고 있다. ④ 대량 교육을 실시하기 위해 학교 교육이 일반화된다(魯仁華, 앞의 논문, 5~6면). 유방란에 의하면, ① 교육을 통제하는 기구가 교회나 사적인 기구가 아닌 국가로 변하였다. ② 교육기회가 특권 계층에 제한되지 않으며, 모든 계층에게 개방되어 있다. ③ 교육내용 및 教授語의 측면에서 보면 세속적이며 민족주의적인 경향을 띠었다. ④ 교육제도가 형식성을 갖추게 된다(柳芳蘭, 앞의 논문, 1면).

15) 국민국가(nation state)란 국경선으로 구획된 일정한 영역으로 이루어진 주권을 가지고 있는 국가로, 그 영역 내에 사는 사람들(국민, nation)이 국민적 일체감 (national identity)을 공유하고 있는 국가를 말한다(木畑洋一, 「世界史の構造と國民國家」, 歷史學研究會 編, 『國民國家を問う』, 靑木書店, 1996, 5면).
16) 서영희, 「개화파의 근대국가 구상과 그 실천」, 한국사연구회 편, 『근대 국민국가와 민족문제』, 지식산업사, 1995, 262~263면.

한다. 따라서 근대교육의 본질적 특징은 국민 양성을 교육의 목적으로
한다는 점이라고 본다.[17]

둘째, 선행연구는 조선이 자주적으로 근대교육을 형성할 수 있었던
사상적 배경을 실학사상과 개화사상에서 찾고 있다. 그런데 실학과의
연관성 문제는 차치하고, 교육근대화 작업을 유길준(兪吉濬)과 급진개화
파인 김옥균(金玉均)·박영효(朴泳孝)의 교육론과의 관련 속에서만 해석
하는 것은 재고해야 한다고 생각한다. 이들의 사상이 현실개혁에 얼마나
실제적인 영향을 미쳤는가에 초점을 맞추어 볼 때,[18] 이들이 실제 정책결
정에 참여했던 기간은 갑오개혁기 중 을미년간(乙未年間, 1895년)으로
제한된다는 점을 고려하지 않을 수 없다.[19] 1880년대 이후 대부분의 교육
정책을 담당했던 사람들은 온건개화파나 정동파(貞洞派), 보수파였으며,
이들의 교육에 대한 인식이 실제 정책 결정에 영향을 미쳤던 것이다.
그리고 이들의 활동은 고종(高宗)의 신임을 배경으로 하는 것이었으므로,
고종의 교육에 대한 관심 또한 크게 작용했다고 보지 않을 수 없다. 따라서
이 시기의 교육정책을 분석할 때, 급진개화파가 제시했던 단편적인 이상론
(理想論)만을 적용할 것이 아니라, 정책 그 자체 속에 담겨있는 교육인식을

---

17) 한편 근대 이전 유학교육의 보편적 목적이었던 '인재양성'은 근대에 들어와
    엘리트를 양성하는 고등교육의 목적으로 축소되었다. 그리고 본서에서는 근대교
    육에서 볼 수 있는 특징을 갖고 있다고 해도, 아직 근대 국민을 형성한다는
    교육목적이 등장하기 이전의 교육과 학교를 '근대교육', '근대학교'로 표시하였
    다.
18) 金仁會, 「敎育目的觀의 變遷過程」, 『韓國 新敎育의 發展硏究』, 硏究論叢 84-6,
    韓國精神文化硏究院, 1984, 78면.
19) 급진개화파와 유길준은 1880년대에는 1884년의 갑신정변 이후 망명, 구금 상태에
    있었고, 유길준은 1894년 7월 갑오개혁이 시작되면서 정부에 기용되었으나 1896
    년 2월의 아관파천 때문에 일본으로 망명하였다. 박영효는 1894년 12월에 기용되
    었다가 1895년 7월에 다시 일본으로 망명하였다.

정책 관련자의 교육론과 관련지어 해석해야 한다고 본다.

셋째, 선행연구는 갑오개혁이 1880년대 교육근대화 활동의 연속선상에서 이루어졌다고 보고 있다. 1880년대의 교육활동은 주로 영선사행(領選使行) 유학생과 신사유람단(紳士遊覽團)의 파견, 동문학과 육영공원의 설립 등의 일을 말하는데, 사실상 이에 대해서는 주로 사학계의 성과를 나열하는 정도에서 크게 벗어나지 못하고 있다. 갑오개혁과 1880년대 교육정책과의 연속성을 확인하기 위해서는, 이들 각 사실 간의 연관성을 파악하여 1880년대 전체 교육정책의 흐름을 구성해내어야 한다고 생각한다.

넷째, 선행연구는 이 시기의 교육활동을 분석할 때 500년간 지속되어 온 유교교육의 관성을 그다지 고려하고 있지 않다.[20] 1880년대는 유학의 이념이 여전히 조선사회를 지배하던 시기였고, 갑오개혁 이후에도 유교적 교육관은 계속 영향력을 행사하였다. 따라서 갑오개혁 전후의 교육정책을 유교교육과의 관련 속에서 이해함으로써 교육의 변화해 가는 부분과 함께 변화하지 않는 부분도 파악해야 한다고 생각한다.[21]

다섯째, 1980년대 이후의 연구는 갑오개혁을 정부의 교육근대화 의지에 의한 것이었다고 보고 있다. 그러나 갑오개혁이 일본의 군사적 압력 하에서 진행되었다는 정치적 측면을 고려할 때 개혁에 미친 일본의 영향력을

---

20) 김인회, 앞의 책, 77면. 김인회는 조선조 500년 동안의 교육적 성공 때문에 19세기의 역사적 격동기를 맞아 조선조 교육이 적절히 대응하는데 오히려 융통성을 잃게 된 것이라고 하며, 전통적 교육목적, 즉 봉건적 신분체제의 사회질서 유지라고 하는 교육의 정치적 목적과 개인의 출세영달이라고 하는 교육의 개인적 목적, 그리고 小中華로서 유교적 가치관의 실현이라고 하는 교육의 문화적 형이상학적 목적 등에 의해 쉽사리 체질개선을 할 수 없었던 것이라고 평가하면서, 교육근대화 과정에 전통적 교육의 관성이 계속 영향을 미쳤음을 지적하였다.
21) 이 문제와 관련된 연구로는 崔良美,「韓國 近代의 傳統的 敎育觀과 近代的 敎育觀의 葛藤」, 이화여자대학교 박사학위논문, 1992 ; 구희진,「韓國 近代改革期의 敎育論과 敎育改編」, 서울대학교 박사학위논문, 2004가 있다.

간과할 수 없다. 갑오개혁의 자율성 여부는 먼저 갑오개혁기의 제 개혁에 대한 일본의 영향을 실증적으로 검토한 후 논의될 수 있다고 생각한다.

이상과 같은 점을 고려해 볼 때, 선행연구는 조선의 교육근대화 과정이 자주적이었다고 평가하는데 집중함으로써, 역사적 사실을 사실로서 밝히는 실증 작업에는 소홀했다고 보지 않을 수 없다. 따라서 조선 정부의 교육정책에 대한 연구는 1차 사료를 통해 그 전개과정을 재검토하는 한편, 새로운 사료를 추가하여 선행연구가 간과하고 있는 부분을 보충하여 교육정책 전반을 재구성할 필요가 있다고 본다.

## 제2절 연구목적 및 연구문제

본서에서는 이상과 같은 문제의식에 기초하여, 갑오개혁을 전후로 한 20여 년간, 조선 정부의 교육정책이 어떻게 전개되었으며 이에 따라 교육은 어떻게 변화했는지를 규명하고자 한다.

이 같은 연구목적을 위해 다음과 같이 연구문제를 설정하였다.

첫째, 갑오개혁 전후 시행되었던 교육정책의 내용을 관련 자료 및 관련 인물의 교육론을 통해서 파악한다.

둘째, 갑오개혁 전후의 교육정책의 운영과정을 유교교육의 지속적 영향력 및 일본의 교육침략과의 관련 속에서 검토한다.

셋째, 갑오개혁 전후의 교육정책의 시행 결과 교육이 어떻게 변화했으며, 그 결과 1900년대 초 조선의 교육은 어떠한 모습을 하고 있었는지를 규명한다.

이상의 연구문제를 다룰 각 장의 연구내용은 다음과 같다.

제2장에서는 1880년대에 유교교육 일색이던 조선 사회에서 서양의 기술과 지식을 도입하는 한편, 서구의 지식을 가르칠 새로운 형태의 교육을 모색하는 과정을 밝힌다. 고종을 비롯한 김홍집(金弘集), 김윤식(金允植), 어윤중(魚允中) 등 주요 정책담당자들의 논의 내용과 영선사행 유학생 및 신사유람단의 활동과 그 성과 등을 검토한다.

제3장에서는 1880년대에 전래의 유교교육과는 다른 형태의 신교육이 어떻게 운영되었으며 교육에는 어떠한 변화를 가져왔는지를 밝힌다. 신지식을 가르치기 위해 설립되었던 동문학, 원산학사, 육영공원의 실립과 운영과정을 검토하면서, 각 학교의 설립 당시의 교육목적 및 교육내용을 살펴보고, 이들 학교가 유교교육의 틀 속에서 어떻게 운영되었으며 결국 어떠한 성과를 남겼는지를 밝힌다.

제4장에서는 갑오개혁을 통해 초등교육을 중심으로 근대교육제도가 도입되는 과정을 살펴본다. 1894년 학무아문(學務衙門)의 고시문(告示文)에 나타난 교육인식을 분석하고 학무아문에서 설립·운영한 소학교와 사범학교의 교육실태를 조사하여, 학무아문이 구상하고 있던 소학교교육의 형태를 규명한다. 또한 1895년의 「교육에 관한 조칙(詔勅)」과 학부가 제정한 일련의 소학교교육 관련 법령을 분석하여, 학부가 추진하고 있던 소학교교육의 교육목적과 교육내용을 밝힌다. 이때 학부의 소학교교육 개혁이 일본으로부터 어떠한 영향을 받고 있는지도 규명한다.

제5장에서는 관립소학교의 설립·운영과정을 통해서 소학교교육이 실제로 어떻게 실시되었으며, 교육은 어떻게 변화하고 있었는지를 검토한다. 관립소학교의 설립과 을미의숙(乙未義塾)과의 관련성, 정책담당자들의 서로 다른 교육인식에서 비롯된 교육정책의 변천, 교육재정 면에서의 소학교교육의 운영실태 등을 살펴본다. 이와 함께 정부의 외국어학교

정책이 소학교교육에 미친 영향, 외국어 교육과 전통적인 유교교육이
조선의 근대교육 형성에 미친 영향을 살펴본다.[22]

　이상과 같은 연구는 당시의 개혁이 무엇을 하고 무엇을 하지 못했는가를
실증적으로 밝힘으로써, 지금 시대의 전환기를 맞아 새로운 시대를 이끌어
가는 교육의 핵심을 구축하기 위해서는 무엇을 해야 하는가를 판단하는
데 하나의 지침을 제공해 줄 수 있으리라고 생각한다. 또한 지금의 학교교
육이 가지고 있는 문제의 기원을 밝혀냄으로써 현재 가지고 있는 교육적
자산의 허와 실을 보다 분명히 인식하게 해 줄 것으로 기대한다.

---

22) 갑오개혁 이전 시기를 다루는 2장과 3장에서는 이용하는 자료가 대부분 날짜를
　　음력으로 표시하고 있으므로, 음력을 기준으로 하여 한자로 표시하고 양력은
　　아라비아 숫자로 괄호안에 (월/일)로 나타냈다. 갑오개혁 이후를 다루는 4장과
　　5장에서는 1896년부터 『官報』와 같은 정부 공식문서에서 양력을 사용하였으므
　　로, 양력을 기준으로 하여 음력을 괄호안에 (月/日)로 한자 표기를 하였다.

# 제2장 신지식의 도입과 '근대교육'의 모색

## 제1절 신지식의 도입

### 1. 서양기술 도입의 시도

#### 1) 서양기술의 필요성 인식

조선시대에는 유학의 지(智)와 덕(德)을 갖춘 인재가 국가를 통치해야 한다고 생각했다. 그렇지만 한말(韓末)에 이르면 관리들의 부패와 가렴주구는 극에 달하여, 인민의 생활은 도탄에 빠지고 민란이 끊임없이 일어났다. 정부에서는 이를 막기 위한 방법으로 특히 지방관 선택에 신중을 기할 것을 거듭 천명하는 한편, 사회 혼란의 근본 원인이 관리들의 기강 문란에 있다고 보고, 관리들에게 공부하고 덕을 쌓아 유학의 정신을 회복할 것을 요구하였다.

이러한 가운데 조선 근해에 이양선(異樣船)이 출현하고 천주교의 전파가 확대되자 조선사회는 심각한 사상적 위기에 직면하게 되었다. 정부는 유학의 이념을 재확립하기 위해, 쇠퇴일로를 걷고 있던 성균관(成均館)의 교육을 부흥시키려 하였다. 고종 3년(1866)에는 월과강시법(月課講試法)을 다시 행하기로 하였고,[1] 고종 6년(1869)에는 성균관의 건물을 보수하

---

1) 『高宗純宗實錄』 고종 3년 7월 30일 조. 이하 『高宗純宗實錄』을 『高宗實錄』으로

고[2] 「태학별단서(太學別單書)」를 작성하여 성균관의 교육규칙을 재정비하였다.[3]

1876년의 개항으로 일본을 통해 본격적으로 서양문물이 들어오게 되자 위기감은 더욱 커졌다. 이에 따라 '서양의 요사스러운 것(洋之邪)'을 배척하고 유교를 공고히 함으로써 정신적 혼란을 막아야 한다는 주장은 더욱 강해졌다. 유교교육을 강화하기 위해 성균관을 비롯한 제 학교에서의 학업을 장려하고 과거제를 제대로 시행하며 서원을 복설해야 한다는 상소도 잇달았다.[4]

그러나 일본 및 서구제국의 군사적 위협이 우려되는 상황에서 그와 같은 정신 무장의 방법만으로는 한계가 있었다. 이에 따라 고종은 1880년경부터 부국강병책을 추진하기 시작했다. 그는 청(淸)에서 무기제조 기술을 배워 올 유학생 파견을 계획하는 한편, 수신사(修信使) 김홍집을 통해 주위의 국제정세와 일본의 동정을 자세히 알아보면서, "우리 역시 부강지술(富强之術)을 행해야 할 뿐이다"[5]라고 하며 부국강병책 추진 결의를 굳히고 있다.

김홍집은 이때 중국 외교관 황준헌(黃遵憲)이 써 준 『조선책략(朝鮮策略)』을 고종에게 바쳤다. 『조선책략』에는 자강(自强)을 위해서는 서양과의

---

略함.

2) 『高宗實錄』 고종 6년 6월 3일, 9월 13일 조.

3) 『高宗實錄』 고종 6년 9월 29일 조 「太學別單書」는 서문에 '學校라는 것은 禮와 義를 서로 앞세우며 敎化를 으뜸으로 하는 곳'(學校者 禮義相先 敎化攸原之地也)이라 하여 학교가 유교 이념의 중심지로서 유교적 교화가 궁극적 목표임을 밝히고 있으며, 10조에 걸쳐 성균관의 교육을 강화하기 위한 방안이 열거되어 있다.

4) 『高宗實錄』 고종 13년 1월 28일, 고종 15년 1월 25일, 고종 17년 10월 1일, 고종 17년 11월 11일 조. 고종 8년(1871) 3월에 文廟從享한 사람 외의 서원과 첩설한 서원을 모두 훼철하도록 하여 47곳의 서원만 남게 되었다.

5) 『高宗實錄』 고종 17년 8월 28일 조, "要我亦行富强之術而已".

외교관계를 통해 적극적으로 서양기술을 배워서 국내 산업을 발달시켜야
한다는 충고가 들어 있었다.

> 만약 서양 학문에 종사하여 재정에 힘을 다하고, 농사 권장에 힘을
> 다하고, 또 공업 육성에 힘을 다하고, 있는 것은 널리 심고, 없는 것은
> 옮겨 심게 하면, 장래에는 또한 富國이 될 것이다. 더구나 토지에 금·은이
> 생산됨은 세상 사람이 다 함께 아는 바인데, 만일 서양사람의 開鑛法을
> 배워서 땅에 따라 찾아보고 때에 따라 채굴하면, 땅은 보화를 아끼지
> 않고 백성은 노는 사람이 없어져서 이익이 더욱 무궁할 것이니, 이 또한
> 자강의 터전이 될 것이다.6)

즉 자강에 필요한 기술은 강병을 위한 군사기술 뿐만 아니라 부국을
위한 산업기술에까지 미친다는 것이었다. 산업기술을 가지고 백성들의
생산력을 향상시킴으로써 국가의 부를 도모할 수 있다는 말이다.

그런데 동양의 전통적 사고에 의하면 부국의 방법은 땅을 넓히는 것이고
강병의 방법은 민(民)을 부유하게 하는 것이었다.7) 부는 땅에서 자연적으
로 수확할 수 있는 양에 제한되기 때문에 부를 늘리려면 땅을 늘리는
방법밖에 없다는 생각이다. 이에 대해 서구의 방법은 기술진보를 통하여
생산성을 향상시킴으로써 부를 배가시킬 수 있었다. 서구기술의 경쟁력이
바로 이 점에 있었기 때문에 서구제국은 부강을 구가하고 있었던 것이다.

당시 조선 사회에서는 인위적으로 생산성을 향상시킨다는 생각은 갖고
있지 않았다. 고종 13년(1876) 九月 十日의 차대(次對)에서의 우의정 김병

---

6) 黃遵憲, 趙一文 譯註, 『朝鮮策略』, 建國大學校 出版部, 1997, 31면.
7) 『戰國策』/ 諸橋轍次, 『大漢和辭典』 卷三, 大修館書店, 1984, 3333면에서 재인용,
　　"欲富國者 務廣其地 欲強兵者 務富其民".

국(金炳國)의 말은 유학 지식인의 생산에 대한 보편적 인식을 보여준다.

　　나라에서 제일 급한 것은 財物인데 땅에서 나고 하늘이 만들어주며
그것을 가지고 쓰는 것이 사람인 것입니다. 하늘과 땅이 해마다 생산하는
것이 있고 사람은 해마다 쓰는 것이 있는 것만큼, 쓰는 것을 절약하지
않는다면 그것은 필시 백성들을 곤궁하게 만들고 백성들을 병들게 하고야
말 것입니다. 그래서 백성들을 사랑하는 정사로는 節用하는 것보다 더
좋은 것이 없습니다.[8]

　즉 생산이란 자연에 의해 한정되는 것이므로 재정을 넉넉히 하기 위해
사람이 할 수 있는 것은 절약밖에 없다는 것이다. 이는 유교 성인의 가르침
이며 선대(先代)의 법으로서 나라를 부유하게 하고 백성들을 풍족하게
하는 방법이라고 하였다.[9] 이 말에 대해 고종도 "재정을 넉넉하게 하는
방도는 비용을 절용하는 것보다 나은 것이 없다"고 동의하였다.
　그런데 김홍집은 『조선책략』을 받기 전에 황준헌과 관세(關稅)에 대한
필담(筆談)을 나누면서, "(외국과의 통상에서) 그 폐단을 막으려면 어쩔
수 없이 그들이 하는 바를 본받아 농업에 힘쓰고 상업을 일으켜서 우리의
생산품으로 하여금 남의 돈을 받을 수 있을 만큼 한 뒤에야 이루어질
수 있는 일입니다. 저희 나라의 조야(朝野)에서는 다만 이루어진 법규를
준수하고 검소 절약하는 데에 젖어 왔을 뿐입니다. 따라서 그러한 일을

---

8)『高宗實錄』고종 13년 9월 10일 조, "有國最急者財也 生於地而成於天 所以致其用
　者人也 天地歲有所生 人歲有所用 用之不節 則其歲必至於困民病民而止 故愛民
　之政 莫先於節用".
9)『高宗實錄』고종 13년 9월 10일 조, "腹聖訓而監先憲 以去費節用 爲今日先務
　毋論大小去處 其所不急不緊之需 隨處留念 一切裁減 則不第目下支計之漸次就
　緖 裕國足民 亦將權輿於次".

의논한다는 것은 결코 있을 수 없는 일입니다"[10]라고 말하고 있다. 김홍집은 서양의 생산기술이 조선의 기술보다 생산성이 높다는 것을 알고 있으며, 자강을 위해서는 유교이념과는 대치되는 '생산성 향상을 통한 부의 축적'이 필요함을 이해하고 있다. 그러나 그는 '척사(斥邪)'가 지배적인 조선 사회에서 유교이념에 위배되는 생산정책을 채택하고 외국 기술을 도입하는 일은 엄청난 사회적 반발을 야기할 것을 우려하였다.

사실 『조선책략』에 대한 반발을 계기로 하여 위정척사운동(衛正斥邪運動)이 본격적으로 전개되었다. 「영남만인소(嶺南萬人疏)」는 다음과 같이 조선책략을 비판한다.

황준헌의 논의에 또 말하기를 "西學을 배우고 致財, 勸農 및 工業에 힘을 다하라"고 하였나이다. 대개 농공업을 경제의 바탕으로 삼는 것은 옛부터 내려오는 선왕의 훌륭한 법도이옵나이다.……절제로써 소비를 줄이시고 用度를 펴 나가시면, 재정은 언제나 윤택할 것이옵나이다. 無益으로써 有益을 해치지 않으시고, 利物로써 用物을 해치지 않으시면, 공업은 언제나 성장할 것이옵나이다. 唐虞의 시대에는 집집마다 풍요로왔고, 成周의 시대에는 곡식을 집에 쌓아서 동여매고, 漢나라 시대에는 곡식이 붉게 썩었사오니, 이 모두는 勇氣·智慧·方略에서 우러나온 것이옵나이다. 어찌 일찍 선왕의 도를 버리시고 다른 모양의 요사한 술책을 따르겠나이까.

정말 저들이 기괴한 기술, 요사스러운 재간으로 폭력을 휘둘러서 빼앗거나 이익을 도모하고, 기계를 만들어서 농간을 부리고, 크나큰 갈구리로 재화를 끌어간다면, 하늘과 땅 사이의 物質이란 그 수량이 한정되어 있으므로, 神運의 도움으로 귀신이 재물을 보내 주거나, 물에서 솟아 바다에

─────────────

10) 黃遵憲, 앞의 책, 70면.

넘치도록 하기를 기대할 수는 결코 없을 것이옵나이다.[11]

즉 유교이념에 따른 농공업도 절용을 바탕으로 하여 백성을 부유하게 했으며, 자연에 의해 한정되는 생산량을 인위적으로 늘리는 일은 있을 수 없다는 것이다.

『조선책략』을 가져온 김홍집에 대한 탄핵을 주장하고 개화정책에 반대하는 상소가 잇따르는 등 척사운동이 치열해진다는 사실은 한편으로는 사회의 일부에서 개화정책에 동조하는 사람이 늘어가고 있음을 반영하는 것이기도 했다. 1881년 三월의 출신(出身) 홍시중(洪時中)은 상소문에서, "『중서견문(中西聞見)』『만국공법(萬國公法)』『공사(公史)』『지구영환(地球瀛環)』『신보(申報)』『흥아회잡사(興亞會雜事)』『시속금일초(詩續今日抄)』『공업육학(工業六學)』『조선책략』 등의 글을 찾아내어 종로거리에 불태우라"[12]고 주장하였는데, 이는 바로 그러한 개화서적이 상당히 읽히고 있음을 의미한다. 그뿐만 아니라 閏七월의 강원도 유생 홍재학(洪在鶴)의 상소에 의하면, "『중서견문(中西聞見)』『태서견문(泰西聞見)』『만국공법』 등의 허다한 이류(異類)의 사서(邪書)가 나라 안에 가득 차 있습니다. 이른바 명사(名士)·석유(碩儒 : 巨儒)와 새 것을 좋아하고 기이한 것을 숭상하는 무리들이 서로 빠져 들어 좋아하며 헤어날 줄 모르며 서로 번갈아 찬미하니 이름있고 지위있는 사람도 하루가 못되어 따릅니다"[13]고 하여, 개화서적을 읽는 사람 중에는 시속잡배만이 아니라 이름난 유학자도 있음을 알려주고 있다. 이들은 "이것은 피국(彼國)의 사실을 기록한 책으로

---

11) 위의 책, 100~101면.
12) 『高宗實錄』 고종 18년 3월 23일 조.
13) 『高宗實錄』 고종 18년 윤7월 6일 조 이상의 개화서적에 대해서는 李光麟, 『韓國開化史研究』, 38~46면 참고.

서 반드시 멸륜패상(滅倫敗常)의 학문이라고는 할 수 없다. 이런 것에 종사하는 것은 견문을 넓히고 흉금을 틔우려는 것이므로 반드시 멸륜패상의 학문이라고는 할 수 없다"[14]고 하여 그 실용적 가치를 공공연히 주장하고, 나아가 "정주(程朱)의 가르침이 우완(迂緩)하다"[15]고 하며 주자학(朱子學)을 비판하기도 한다는 것이다.

이즈음부터 개화정책을 지지하는 상소도 나타나기 시작했다. 1881년 六월 전장령(前掌令) 곽기락(郭基洛)은 "내수외양(內修外攘)을 위해서는 기계(器械)에 관한 기술과 농수(農樹)에 대한 책이 이익이 된다면 반드시 택하여 행해야 한다"고 하고, 개화정책에 반대하는 유생들의 상소문은 실용에는 도움이 되지 않는다고 비판했다.[16] 개화서적을 읽고 서구기술의 실용성을 인정하는 사람들이 생겨난다는 사실은, 서구기술을 적극적으로 수용할 수 있는 분위기가 조성되어 간다는 것을 말해준다.

1881년 四월 일본의 부국강병 정책의 실상 파악을 위해 신사유람단이 파견되었다. 대부분의 조사(朝士)들은 일본의 근대산업설비가 화륜(火輪)에 의해 효율적으로 가동되고 있으며, '궁천조(窮天造) 탈지리(奪地利)'했다고 할 수 있고, 모든 부국강병의 기술과 이용후생의 방법을 구비했음을 인정하였다. 그러나 대체로 그 설치 및 운영에 드는 비용이 과다함을 들어 서양기술 도입의 실용성에는 회의적이었다. 다만 근대적 농업육성책에는 큰 관심을 표명하여, 이는 이익이 있고 해가 없는 양책(良策)이라고 평가했다. 이는 말리(末利 : 商工業)를 추구하는 것은 비록 논할 만하지 않더라도 본(本 : 農業)에 힘쓰는 것은 오히려 본받을 만하다는 입장에서였

---

14) 『高宗實錄』 고종 18년 윤7월 6일 조.
15) 『高宗實錄』 고종 18년 9월 28일 조.
16) 『高宗實錄』 고종 18년 6월 8일 조.

다.[17] 이러한 생각은 조사들이 자강을 위해서 서구기술 도입의 필요성을 인식하면서도 그것은 어디까지나 무본억말(務本抑末)이라는 유교 경제이념의 사고구조 안에 머물러 있었음을 보여준다.

사실상 조선 정부의 재정형편으로는 서구의 산업기술 도입에 필요한 비용을 감당하기가 쉽지 않았다. 1881년 十一월 유학생을 인솔하여 청으로 향하고 있던 영선사 김윤식은 상소를 올려, 유학생 파견과 같은 자강정책 추진에 필요한 재정 확보를 위해서는 무익한 비용을 줄여 다 유익한 비용으로 돌리고 급하지 않은 비용을 그만두고 딩징 급한 일에만 씀으로써 절약할 것을 건의하였다.[18] 또한 신사유람단의 조사였던 어윤중은 다른 조사들에 비해 적극적으로 서양기술을 도입해야 한다는 입장이었으나, 조선 정부의 재정적 한계를 인식하고 있었으므로, "대국(大國)이 행하는 바는 대개 그 물력(物力)의 부유함에 바탕을 둔 것이므로 치람(侈濫)이 과도하여 재물의 소모도 적지 않다. 우리 같은 소국(小國)은 쉽게 미칠 수 없으며 또 이를 본받으려 하면 노민상재(勞民傷財)할 뿐이다"라고 하며 벨기에·스위스 같은 소국을 발전모델로 삼아야 한다고 주장했다.[19]

위정척사파의 반대와 무본억말의 사고, 또 재정적 곤란 속에서 고종을 중심으로 한 온건개화 관료들의 부국강병을 위한 서구기술 도입 정책은 한계를 갖지 않을 수 없었다. 또한 서구의 기술은 19세기까지 축적해 온 자연과학 지식에 의해 뒷받침되고 있었다. 이는 서구기술을 받아들여 활용하기 위해서는 그 토대를 이루고 있는 서구 학문에 대해서도 장시간에

---

17) 許東賢, 「1881년 朝鮮 朝士 日本視察團에 관한 一研究」, 『韓國史研究』 52, 1986. 3, 121~124면.
18) 『高宗實錄』 고종 18년 11월 4일 조.
19) 許東賢, 앞의 논문, 142면.

걸쳐 배워야 함을 의미했다.

### 2) 영선사행 유학생의 파견

서구의 기술 중 가장 먼저 도입하려 했던 것은 군사기술이었다. 외국의 침략을 막기 위해서는 무엇보다도 먼저 강력한 군기(軍器)를 확보하여 무비자강(武備自强)을 이루어야 한다고 생각했기 때문이다. 서양 무기에 대해서는 고종 4년(1867년)에『해국도지(海國圖誌)』에 의거하여 수뢰포(水雷砲)를 만들어 본 적이 있었고,[20] 두 차례의 양요(洋擾)를 거치면서 그 우수함을 이미 실감하고 있었다.

고종은 청을 통해 서양의 무기제조 기술을 도입하기 위해 1880년 四月부터 적극적으로 유학생 파견 교섭을 추진했다.[21] 고종은 청에 아직 학습을 요청하는 자문(咨文)을 보내기도 전에 유학생 선발을 서두르면서, 양전(兩銓：吏曹·兵曹)을 거친 시원임장신(時原任將臣), 정부 유사당상(有司堂上), 구경(九卿) 및 각도(各道) 도수신(道帥臣), 그리고 시원임대신(時原任大臣)들로 하여금 '학행(學行)의 순독(純篤), 이치(吏治)의 우이(優異), 기예(技藝)의 정민(精敏), 간국(幹局)의 통련(通練), 병계(兵械)의 선조(繕造), 산술(算術)의 능해(能解)' 등의 여섯가지 조목에 해당하는 사람을 천거하도록 하라는 지시를 내렸다.[22] 이 선발 기준은 기술을 배우는 데 필요한 능력뿐

20)『高宗實錄』고종 4년 9월 11일 조.
21)『高宗實錄』고종 17년 4월 30일, 5월 25일, 7월 9일 조. 4월 30일 이 문제를 논의하는 자리에서 대신들은 대부분 청이 거절할 경우의 위신 손상, 재정의 부족, 적합한 인재를 구하기 어려움 등의 이유로 반대하자 고종은 "다만 이 일이 중요한가 중요하지 않은가 하는 것뿐이고 실현되겠는가 안 되겠는가 하는 것은 고려할 것이 없다. 더구나 이 일은 외적을 방비하는 대책을 세우려는 것이니 더 말할 것이 있겠는가"하고 강력히 추진 의사를 표시하였다.
22)『承政院日記』고종 17년 5월 25일 조.

만 아니라 문관(文官)으로서 필요한 자질까지 요구하는 것이었다.

이에 대해 영의정 이최응(李最應)은 구경 가운데 몇 사람에게만 천거하도록 할 것을 제의하고, 또 여섯가지 조목에 통하는 문무를 겸비한 인재를 얻기는 쉽지 않으므로, "재국지인(才局之人)은 귀천을 묻지 말고 재주가 쓰임에 맞는가를 볼 것이며, 반드시 궁경지사(窮經之士)가 아니라도 천거하고, 비천한 사람도 천거할 수 있습니다. 문관·음관(蔭官)·무관·귀천을 막론하고 통재구비지인(通才具備之人)이면 다 천거하는 것이 좋을 듯합니다"라고 하였다.23) 이 말은 학습할 내용이 기술이므로 굳이 유학을 공부하는 선비가 아니라 기술 습득에 익숙한 기술직 중인(中人)이나 공장(工匠) 중에서 주로 선발하자는 의미였다.

선발된 공도(工徒)들은 학도(學徒) 20명과 공장 18명으로 구성되었다.24) 『음청사(陰晴史)』에 기록되어 있는 「영선행중절목(領選行中節目)」에는 해당 기율을 어겼을 때 학도와 공장에게 부과하는 벌의 경중이 달리 규정되어 있으므로,25) 두 집단 간에는 신분의 차이가 있음을 알 수 있다. 학도는 중인 신분이었다. 학도 고영철(高永喆)·이필선(李苾善)·박태영(朴台榮)·조한근(趙漢根)은 역과(譯科), 안준(安浚)은 운과(雲科), 이장환(李章煥)은 주과(籌科)에 이미 합격했고, 진상언(秦尙彦)·고영익(高永

---

23) 『承政院日記』 고종 17년 5월 25일 조.

24) 金允植, 『陰晴史』上, 고종 18년 10월 25일 조. 이들의 신분에 대하여, 權錫奉은 學徒는 양반계급 출신, 工匠은 중인계급 출신이라고 보았다(權錫奉, 「領選使行에 對한 一考察」, 296면). 이에 대해 愼鏞廈는 學徒 高永喆이 譯官家門이므로 정확한 구분은 아니라고 하였다(愼鏞廈, 「開化政策」, 국사편찬위원회, 『韓國史』 16, 탐구당, 1975, 356면).

25) 가령 中罰일 경우 學徒는 撻楚 30인데 대해 工匠은 笞 30이며, 또 學徒는 堂上에서 벌을 행하는 데 대해 工匠은 庭下에서 벌을 행하게 하였다(金允植, 앞의 책, 고종 18년 11월 28일 조). 「領選行中節目」은 영선사 일행의 제 행동에 대한 紀律로 정한 것이다.

鎰)·김광련(金光鍊)·김태선(金台善)은 귀국 후 바로 역과에 합격한 사람임을 확인할 수 있다.26) 공장은 이들 기술직 중인보다 하위의 신분층으로, 공조(工曹) 등에 소속되어 있던 장인 중에서 선발되었을 것이라고 생각된다.27)

고종이 선발 기준까지 제시하며 유학생 선발을 서둘렀지만 학생 선발 과정은 매우 허술했다. 공도 선발이 쉽지 않았는지 고종이 선발 지시를 내린 후, 김윤식이 영선사에 제수된 뒤 공도를 추가로 선발한 시기는 1년 4개월이 지난 때였다. 그것도 1881년 九월 廿六일 출발하기 직전인 廿三일에 6명,28) 廿五일에 11명을 뽑았다. 이로써 한성 내에서 선발한 사람은 그 전에 뽑아 놓았던 11명을 합하여 총 28명이 되었고,29) 청으로 가는 길에 의주(義州)에서 10명을 더 뽑아 모두 38명을 채웠다.30) 또 선발할 공도의 자질을 규정해 놓았으나 실제로는 제대로 적용하지 못했다. 김윤식은 추가 선발을 하면서 "나는 사람을 겉만 보고 그 인격을 분별할 식견이

---

26) 高永喆은 1853년 생으로 1876년 式年試, 李芯善은 1859년 생으로 1880년 增廣試, 朴台榮은 1854년 생으로 1873년 式年試, 趙漢根은 1859년 생으로 1876년 式年試 譯科 漢學에 합격하였다. 安浚은 1848년 생으로 1870년 式年試 雲科, 李章煥은 1849년 생으로 1871년 籌科에 합격했다. 秦尙彦은 1857년 생, 高永鎰은 1859년 생, 金光鍊은 1859년 생, 金台善은 1855년 생으로 모두 1882년 10월 20일의 增廣試에 譯科 漢學으로 합격하였다(이성무·최진옥 편,『朝鮮時代雜科合格者總攬』, 정신문화연구원, 1990). 그런데 金台善은 硏水廠에서 학습을 계속하고 최종 철환시 김윤식과 같이 귀국하여 11월 1일 인천에 도착하였다. 그의 경우에는 시험을 보지 못했는데도 특혜를 받아 합격하게 된 것으로 보인다.
27)『大典會通』卷之六,「工典」, '工匠' 참조. 이들의 신분은 원칙적으로 良人과 公賤이었다.
28) 金允植, 앞의 책, 고종 18년 9월 23일 조.
29) 위의 책, 고종 18년 9월 25일 조.
30) 위의 책, 고종 18년 10월 25일 조. 이 38명이라는 인원수는 天津總督 李鴻章이 보낸 咨文에서 지정한 숫자이다(權錫奉, 앞의 논문, 288~289면).

없어서, 일시(一時)에 빨리 보고 재주가 있는지 없는지 분별하기가 어려워 단지 두루 자원 여부만 묻고는 그 중 자원자가 6인이라 서기에게 기록해 올리라고 했다"[31]고 하였다.

학생 선발 과정이 허술했던 점은 유학생 파견이 성과를 올릴 수 없었던 주요 요인이 되었다. 공도 중에는 무능력한 사람이 많았고 학습 중도에 환국하는 사람이 속출하여, 임오군란으로 학습이 중단되기 전까지 전체 유학생 38명 중 처음부터 학습을 받지 못한 사람이 10명(이중 1명 사망), 학습 도중에 그만 둔 사람이 10명이었다.[32]

영선사 일행이 천진에 도착하여 유학생이 각 학당(學堂)이나 창(廠)에 배치가 완료된 것은 동국(東局)은 1882년 一월 八일, 남국(南局)은 一월 十七일이었다. 그리고 나서도 二월 초에 수사학당(水師學堂)에 배치되었던 조한근(趙漢根), 이희민(李熙民), 김광련(金光鍊)이 자퇴하고 다른 창으로 옮겨가는 등의 이동이 있었다. 유학생 중 학업을 계속 했던 사람들은 다음의 <표 1>과 같다.

이들 중 전기창(電氣廠)의 상운(尙澐)은 재능이 매우 뛰어나고 안준(安浚)은 열심히 공부를 하여 그를 가르치던 곽양순(霍良順)은 이들이 1년이 되면 반은 배울 수 있을 것이라 했다.[33] 상운은 전리(電理)를 빨리 익히게 되자 돌아가서 기술을 전수하기 위해 전기물료(電器物料) 23종을 가지고 일찍 귀국했다.[34] 송경화(宋景和)는 동모수기(銅冒手器)를 잘 만들어서 동국관찰(東局觀察) 허기광(許其光)과 반준덕(潘駿德)으로부터 솜씨가 뛰

---

31) 金允植, 앞의 책, 고종 18년 9월 23일 조.
32) 金正起, 「1880年代 機器局·機器廠의 設置」, 『韓國學報』10집, 1978, 봄, 106면 참조.
33) 金允植, 앞의 책, 고종 19년 2월 20일 조.
34) 위의 책, 고종 19년 3월 17일, 3월 22일, 4월 11일 조.

<표 1> 영선사행 유학생의 학습내용 (총 18명)[35]

| 소속 | | 이름(연령) | 경력 | 학습 내용 | 천진 출발일 |
|---|---|---|---|---|---|
| 東局 (10명) | 水師學堂 | 學徒 高永喆(29) | 76년 譯科 | 洋文洋語 | 10월 16일 (2명은 10월 초) |
| | 水雷學堂 | 學徒 朴永祚 | | | |
| | 銅冒廠 | 工匠 河致淡 | | 銅冒·後膛鎗子의 製法 | |
| | 碯水廠 | 學徒 金台善(27) | 82년 譯科 | 礦磺·硝磺·鹽磺·水硝磺 등의 製法 | |
| | | 工匠 黃貴成 | | | |
| | 機器廠 | 工匠 崔志亨 | | 修造機器의 操作法 | |
| | | 工匠 宋景和 | | | |
| | 火藥廠 | 工匠 金德鴻(洪) | | 火藥製造法 | |
| | 化學廠 | 學徒 李熙民 | | 各項藥物의 製造法 | |
| | 電氣廠 | 學徒 趙漢根(23) | 76년 譯科 | 水雷砲의 電理 | 7월 2일 |
| 南局 (8명) | 畵圖廠 | 學徒 趙台源 | | 諸廠機器의 製圖法 | 10월 초 |
| | | 學徒 安昱相 | | | |
| | 電氣廠 | 學徒 安浚(34) | 70년 雲科 | 陽電機의 理論 | 7월 2일 |
| | | 學徒 尙澐 | | | 3월 22일 |
| | 鑢沙廠 | 工匠 金泰賢 | | 銅鐵의 鎔鑄法 | |
| | 機器廠 | 工匠 金元永(榮) | | 機器의 輪流 | 10월 초 |
| | | 工匠 韓得俊 | | | |
| | 木樣廠 | 工匠 金聖(性)元 | | 畵本에 의한 模型製造法 | |

어나다고 칭찬을 받기도 하였다.[36] 조한근(趙漢根)은 기통부족(記誦不足)으로 수사학당을 자퇴했으나 전기창으로 옮긴 후에는 반준덕으로부터

---

35) 權錫奉, 앞의 논문, 301면의 표 및 金正起, 앞의 논문, 107면의 표를 참고하고, 연령, 경력, 천진 출발 날짜를 더하였다. 전체 工徒들의 나이는 16·17에서 40여 세였다고 한다(金允植, 앞의 책, 고종 18년 11월 28일 조). 朴永祚는 유학생 명단(위의 책, 고종 18년 10월 조)에는 學徒로 되어 있는데, 권석봉은 박영조가 義州에서 선발되었다는 점으로 미루어 보아 工匠이었을 것으로 추측하고, 명단에 학도로 되어 있는 것은 김윤식의 誤記일 것으로 보았고(權錫奉, 앞의 논문, 296면, 주46), 김정기도 이를 따르고 있다. 그러나 義州는 漢學生徒 30명을 두게 되어있던 곳이어서(『大典會通』, 「禮典」, 生徒 條), 박영조는 이 중에서 선발된 학도였을 가능성이 있으므로 金允植이 명단에 기재한대로 學徒로 한다.
36) 위의 책, 고종 19년 6월 7일 조.

총명하다고 칭찬을 받았다.[37)]

　이희민의 경우는 수사학당에 배치되었으나 스스로 화학을 배우고자하여 화학창(化學廠)으로 옮겼는데 귀국할 때까지 성과를 올리지는 못했던 것 같다.[38)] 이들 몇 사람은 새로운 기술을 습득할 수 있는 자질과열의가 있었던 사람들이었으므로 만일 장기적으로 유학할 여건이 되었다면 보다 고도의 기술을 습득할 수 있었을 뿐 아니라 서구의 과학 지식에대해서도 눈을 뜰 가능성도 있었다고 생각된다.

　학습이 시작된 지 약 5개월 후, 임오군란의 소식을 들은 六月 十八일이후 七월 초까지 학습이 중단되었던 것을 계산하면 이들의 학습기간은가장 오래 체류한 학생의 경우에도 9개월이 채 되지 않았다. 임오군란으로인해 기간이 더 짧아지기는 했으나, 원래 예상했던 유학기간도 1년을넘지는 않았던 것으로 보인다. 김윤식은 1881년 十一월 卄八일 이홍장(李鴻章)과의 회담 중에 이홍장이 유학기간에 대하여 묻자 학생들이 성취하는데 이르고 늦은 정도에 달려있지 기한을 정하지는 않았다고 했다.[39)] 그러나 그 후 기기국(機器局) 제창(諸廠)의 규모를 목격하고는 제창사(諸廠事)가 일이삼년으로 배울 수 있는 것이 아니고 또 학도들이 몇 년동안이나머무를 수가 없으므로, 학도들이 학습한 지 1년 정도가 되면 소수기계(小手器械 : 손으로 작동하는 작은 기기)와 긴요하고 실익이 있는 것을 구입하여

---

37) 위의 책, 고종 19년 2월 1일, 6월 7일 조.
38) 위의 책, 고종 19년 2월 1일, 2월 4일, 2월 11일 조. 김윤식으로부터 이희민이
　　화학을 배우고 싶어하니 옮겨달라는 부탁을 받고, 潘駿德은 화학은 매우 精微하
　　고 쉬운 학문이 아니며 東局에서 화학을 가르치고 있는 承霖도 10년을 공부했으나
　　겨우 전체 내용의 대강의 줄거리를 알 뿐이라고 하였다(위의 책, 고종 19년
　　2월 4일 조).
39) 위의 책, 고종 18년 11월 28일 조.

국내에 소국(小局)을 설치하여 중국 양공(良工)을 데려다가 교습하게 하는 것이 타당하다는 결론을 내렸던 것이다.[40] 조선측에서 군계학조(軍械學造) 기간을 짧게 잡았던 것은, 서양기술의 외형만 보고 그것을 모방하면 된다고 생각하고, 그 밑바탕에 서구의 과학 지식이 자리잡고 있음을 알지 못했기 때문이었다고 생각된다.

천진기기국(天津機器局)의 양국 중 동국에는 수사학당(水師學堂)과 수뢰학당(水雷學堂)이 있었다. 그 중 수사학당의 학습과정을 보면, 13세 이상 20세 이하의 총명하고 기력이 있으며 이미 두세 경(經)을 읽은 자를 선발·입학시켜서, 오전에는 서문(西文)·서어(西語)를 학습하고 오후에는 한문을 학습하는데 겸하여 산술도 배우게 하였다. 제2·3학년에는 산학(算學)을 위주로 하면서 중서해도(中西海道)·성진부위(星辰部位) 등의 항목을 익히게 하였다. 제4·5학년에는 호삼각(弧三角)·중학(重學)·미적(微積)·가사(駕駛)·어풍(御風)·측량(測量)·전귀(躔晷) 등의 제법(諸法)과 범람(帆纜)·창포(槍礮)·수뢰(水雷)·윤기리요(輪機理要)·격치화학(格致化學)·대루학(臺壘學)을 배우게 되어 있었다. 양문교습(洋文教習)도 격일로 행해졌으며, 학당에 설치되어 있는 교과 외에 외국의 수사(水師) 훈련법을 본받아 여러 신체훈련과 창포(槍砲) 훈련을 하였다. 5학년 때는 전양선학(前樣船學)·조범람(操帆纜) 등의 일을 배우고, 학교의 과정을 마친 후 성적에 따라 연선(練船)에 보내 바다에 나가서 실제 훈련을 하게 하였다. 이를 다 마친 후 뛰어난 자는 졸업 후 서양에 보내서

---

40) 위의 책, 고종 19년 2월 30일 조, "但諸廠事, 均非一二三年可期, 敝邦學徒遠來, 不能久住幾年, 此次本國信來, 學徒中有遭故者·有親病者·亦有身病者, 將來各人事故, 又不可知, 愚意, 現在分廠工徒學習, 到一年內外, 購買小手器械, 及緊要有實益, 而可得於敝邦者, 捲回本局, 設小局於國中, 從便學習, 來此工徒等, 雖未能透得三分, 猶賢於不曾目擊之人, 又須延請中國良工, 隨事教習, 方爲妥當".

더 정밀한 공부를 하도록 하고 있었다.[41] 기초적인 서양어와 더불어 한문, 산술을 기초지식으로 하고, 수사에 관련된 여러 가지 과학적 지식과 기술, 서양어로 이루어진 5년이상의 교육과정이었다. 수뢰학당도 창포연습이 없었을 뿐 수사학당의 교육과정과 거의 같았다. 이들 학교에서 고영철(高永喆)과 박영조(朴永祚)가 몇 달 동안 서양어를 공부했으나 서구의 과학 지식에는 접하지 못했다.

유학생들이 귀국한 후 1883년 5월에 한성의 삼청동 북창(北倉)에 기기국(機器局)을 설치하고 번사창(翻沙廠)·숙철창(熟鐵廠)·목양창(木樣廠)·동모창(銅冒廠)을 만들어 중국 공장 10여 명을 고용하여 우리나라 공장들을 교습시키게 했다.[42] 이는 유학하고 돌아온 공도들이 국내에 돌아와 그들이 배운 지식과 기술을 가르칠 정도가 되지 못했음을 나타낸다. 학도 상운과 안준은 기기국 위원에 임명되어[43] 행정사무를 담당하였다. 1887년에 기기국의 하부기관으로 기기창(機器廠)을 설치하고 병기 생산을 하려고 했으나, 결국 동모(銅冒)·화약·극소량의 소총제조와 무기수리를 하는데 그쳤다.[44]

유학생 파견은 그리 성과를 올리지 못했으나, 김윤식은 사행에서 얻은 견문을 통하여 서양의 기술 및 과학 지식에 대한 이해를 넓히게 되었다. 1883년에 창간된『漢城旬報(한성순보)』와 1886년에 속간된『漢城周報(한성주보)』에는[45] 서양의 과학기술을 소개하는 기사가 다수 게재되어 있

41) 위의 책, 고종 18년 12월 10일 조. 수사학당은 1880년 8월에 개설했다.
42)『漢城旬報』1호, 癸未(1883년) 10월 1일.
43)『漢城旬報』7호, 癸未 12월 1일.
44) 金正起, 앞의 논문, 117면.
45)『漢城旬報』는 1883년 金允植의 從兄인 金晚植의 주도로 창간되었고『漢城周報』는 1886년 金允植의 주선으로 속간되었다(李光麟,『韓國開化史硏究』, 71~72,

다.[46] 이는 김윤식 등이 일부 기술직 중인과 공장뿐 아니라 유학 지식인들
도 서구의 과학 지식을 알아야 한다고 생각했음을 나타낸다. 그러나 이러한
계몽활동은 실제로 서구의 과학을 가르치고 배우는 단계로 나아가지는
못했다. 정부에서 기기국 외에 여러 개화사업을 추진하는 기관을 설치하고
외국인 기술자를 고용하기도 했으나[47] 대개 단순한 기술 교육에 그치고
말았기 때문이다.

이와 같이 서구의 기술과 과학 지식이 제대로 도입되지 않는 상황에서는
무비자강의 길도 쉽지 않았고, 부국강병에 필요한 인민의 생산력 향상을
위한 교육을 준비하기도 어려웠다.

## 2. 외국어 학습의 시도

### 1) 외국어의 필요성 인식

1880년대 초 수신사와 영선사를 파견할 무렵에는 미국과의 통상조약
체결 문제가 중요한 현안으로 제기되어 있었다. 미국과의 조약체결은
조선의 자주독립을 위협하는 세력을 견제하기 위한 방책으로서의 의미를
갖고 있었다.[48]

---

78~80면).
46) 박성래, 「한성순보와 한성주보의 근대과학 인식」, 김영식·김근배 엮음, 『근현대
　　한국사회의 과학』, 창작과비평사, 1998, 40~83면 참조.
47) 金永鎬, 「韓末 西洋技術의 受容」, 『아세아연구』 11-3, 1968. 9, 322~323면 참고.
48) 『朝鮮策略』에서는 러시아의 침략의 위험을 막기 위한 방책으로 조선은 親中國·
　　結日本·聯美國하여 自强을 도모해야 한다고 하였다(黃遵憲, 앞의 책, 10~11면).
　　李鴻章은 일본을 견제하기 위해 조선에 미국과의 조약체결을 권고하였다(文一
　　平, 「韓美五十年史」, 探求堂, 1989, 46~47면). 조선내에서도 姜瑋는 국제적 분규
　　가 있을 때 從中 周旋하여 이를 풀어줄 우방으로서 美國과 조약을 체결해야
　　한다고 하였다(위의 책, 50면).

고종은 1880년 8월 수신사 김홍집의 복명(復命)을 받으면서, 일본의 외국어 교육에 대해 관심을 표명하였다. 미국과의 조약 체결을 염두에 두고 있었기 때문일 것이다.

> 왕 : "일본에서 각국어 학교를 널리 설치하고 운영한다는데 그 규모는 어떻던가?"
>
> 홍집 : "가보지 못했으나 각국 언어는 다 학교를 설치하고 가르친다고 합니다."
>
> 왕 : "우리나라의 역학과 같던가?"
>
> 홍집 : "그렇습니다. 그 나라 朝士의 자제는 다 취학하게 합니다."[49]

이 대화는 김홍집이 「복명서」에서 "일본이 근래 동경(東京)에 어학교(語學校)를 세워 각국언어·문자를 널리 가르치고 있는데 이미 조선학교(朝鮮學校)도 있으며, 이는 사기(事機)를 알지 못하고 언어를 불통하게 되면 응변하여 자보(自保)하기 어렵기 때문이라고 했습니다. 귀국이 학생을 파견하여 각국 언어를 배울 것을 공사파견 문제와 함께 정부에 아뢰라고 했습니다"[50]라고 보고한 부분에 대한 질의응답이었다. 일본은 외교를 할 때 언어소통이 필요하다는 측면에서 외국어 교육을 권하였다.

1880년 당시 일본의 동경에는 관립 동경외국어학교(東京外國語學校)가 있었다.[51] 일본의 외국어학교는 메이지(明治) 초기에 부국강병·식산흥

---

49) 金弘集, 『修信史日記』, 國史編纂委員會 編, 『修信史記錄』, 國史編纂委員會, 1958, 157면.

50) 위의 책, 151면.

51) 동경외국어학교는 1873년 4월에 외국어학교에 관한 규정이 정해지면서, 開成學校(東京大學의 前身) 내에 설치되었던 외국어학교를 외무성에서 이관된 語學所 등과 합병하여 설립한 것이었다. 설립 당시에는 英·佛·獨·露·淸의 5개의

업정책을 추진하는 데 필요한 구미의 우세한 학술·문화를 섭취하기 위해
서 설립되었다.[52] 외국어학교는 전문적인 통역을 양성하기 위한 교육과
함께 전문학교에서 외국어로 학술을 배우는 데 필요한 어학교육을 하고
있었다.[53]

김홍집이 일본의 외국어 교육을 역학과 같은 것으로 본다는 것은 외국어
를 언어 소통의 수단으로만 생각함을 의미한다. 역학에는 한학(漢學)·청
학(淸學)·몽학(蒙學)·왜학(倭學)이 있었으며, 사대교린(事大交隣) 업무
를 담당하는 역관 등의 관리를 양성하는 사역원(司譯院)에서 그러한 외국
어 교육을 담당하고 있었다. 당시 사역원은 이미 개항 전부터 관리와

---

외국어과가 있었으나, 1974년 12월에 영어과가 동경영어학교로 분리 독립했다.
이때 동경외국어학교는 수업연한을 2년 연장하여 6개년이 되어 상하 각 6級으로
했다. 동경영어학교는 1877년 4월에 東京大學豫備門으로 개편되었다(國立敎育
硏究所 編, 『日本近代敎育百年史』 第三卷 『學校敎育 I』, 國立敎育硏究所, 1974,
693~696면 ; 靑木光行, 「明治初期の外國語學校」, 『法政史學』 19, 1967, 131면).
동경외국어학교에 조선어학과가 설치된 것은 1880년 3월이었다. 참고로 1876년
의 동경외국어학교의 교원수는 일본인 28명, 외국인 10명, 학생수는 528명이었고,
동경영어학교는 교원수가 일본인 24명, 외국인 8명, 학생수는 466명이었다.
52) 위의 논문, 123면.
53) 외국어학교에 관한 규정에 의하면, 이를 설치하는 것은 '그 언어가 서로 통하지
않으면 專門學校에 들어가도 그 學術을 배울 수 없기 때문'이었다. 전문학교는
'외국교사가 교수하는 高尙한 학교'를 범칭하는 것으로, 그 목적은 '오로지 그(외
국)의 長技를 취함'에 있다고 규정되어 있었다. 외국어학교는 上等·下等 각각
2년의 과정이 있었는데, 전문학교에 들어가려면 小學敎科를 수료한 후 下等의
과정을 밟지 않으면 안 되었다. 上等의 과정은 通弁等을 양성하기 위한 것이었다.
외국인 교사에 의한 철저한 어학교육이 행해졌고, 외국어 외에 수학, 지리, 역사
등도 전부 외국어로 외국인 교사가 교수했다(天野郁夫, 『試驗の社會史』, 東京大
學出版會, 1983, 111~113면). 즉 일본의 외국어학교는 단순한 어학교육기관이
아니라, 하등의 과정은 외국어를 가르칠 뿐만 아니라 외국어로 보통학을 교수하는
중등교육에 해당되는 것이고, 상등의 과정은 전문학교에 상당하는 것으로 전문적
인 통역을 양성하는 과정이었다.

44

생도들의 학습이 부진함이 지적되고 있었다.[54] 개항 직후에는 고종이 왜역관의 수가 부족하고 질이 낮으므로 역학과 잡과 취재에 대한 신칙을 명하기도 하였다.[55] 이는 개항으로 인하여 외교의 방향과 내용이 달라지고 있는 상황에 대해서 사역원의 교육이 제대로 대처하지 못하고 있었음을 나타낸다.

고종과 김홍집이 외국어를 외국문물 도입 수단으로는 생각지 않았던 것은, 미국과의 외교관계 처리를 위해서 외국어에 관심을 갖게 된 것일 뿐 미국을 통해 직접 서구기술을 도입할 계획은 없었기 때문이라고 생각된다. 김홍집 등의 온건개화파들은 청을 통해서 서구의 기술을 도입하려 했다. 또한 조선은 중국·일본에 비해 서구와의 직접적인 접촉이 늦었던 관계로, 청에서 한문으로 쓰이거나 번역된 서적을 통해 서구 문물을 접할 수 있었기 때문에 직접 서양어로 된 서적을 읽을 필요는 아직 느끼지 않고 있었다.

고종은 외국어 학습을 위해 일본으로 유학생을 파견하라는 일본 측의 권고에 관심을 보이면서도, 청에 어학생도를 파견하는 한편, 국내에 외국어 관련 부서를 설치했다. 1880년 十二월에 통리기무아문(統理機務衙門)을 설치하여 그 중에 어학사(語學司)를 두어 '역해각국언어문자등사(譯解各國言語文字等事)'를 담당하게 했다.[56] 그러나 1882년 四월 六일 한미간에 통상조약이 체결될 때까지 국내에서 서양어 교육은 이루어지지 않고 있었다.

---

54) 『高宗實錄』 고종 1년 11월 20일 조.
55) 『日省錄』 고종 13년 2월 27일 조.
56) 李光麟, 『開化派와 開化思想 硏究』, 一潮閣, 1989, 6～11면.

### 2) 영선사행 유학생의 외국어 학습

영선사행 유학생을 파견한 목적은 무기제조 기술을 배워오는 것이라고 만 알려져 있으나, 겉으로 드러나지 않았던 또 하나의 목적은 서양어를 배우는 것이었다. 유학생들이 서양어를 배우게 된 것은 중국 측에서 권하기 때문이기도 했지만,[57] 이에 앞서 이미 조선 측에서 유학생들에게 어학을 배우게 하려는 의도를 갖고 있었음을 확인할 수 있다.

김윤식이 1881년 十一月 卄八일의 이홍장과의 회담 중에, 유학생 중 반은 연소서생(少年書生)이고 반은 소습공장(素習工匠)이라고 하자, 이홍장이 서생은 무엇 때문에 온 것이냐고 물었다. 이에 대해 김윤식은 "그들은 연소총명하므로 혹시 가학지도(可學之道)가 있을까 할 뿐"이라고 대답하고 있다.[58] 이 말은 중인 중에서 뽑은 사람들은 반드시 무기제조 기술을 배우기 위해 데려온 사람은 아니라는 것을 의미한다. 그리고 1881년 12월 1일에 이홍장이 베푼 향연에서 김윤식을 수행하고 있던 변원규(卞元圭)는 이홍장에게 "학도 중에서 총명한 자를 택하여 각국어학을 배우게 하려는데 (중국에 있는 서양인과) 서로 왕래하지 않고서도 배울 수 있는 방법이 있는가"를 묻고 있다. 이홍장은 "본국(本局)에 어학국(語學局)을 설치했는데 연소총오(年少聰悟)한 학습자가 매우 많으니 교사가 없는 것은 걱정하지 말라. 단지 반드시 20세 이내인 자가 배울 수 있고 이를 넘으면 할 수 없다"고 대답하였다. 변원규는 다시 "22·23세도 배울 수 있느냐"고 더 구체적으로 물었으며, 이홍장은 "아직 배울 수 있으나 30세면 배울

---

57) 김윤식, 앞의 책, 고종 18년 12월 8일 조, "余問曰 然則學徒無可學之事耶 費省力小 而有益於邦弊者 則尙可學也 梅園(潘駿德 : 필자)曰 惟砲子也·銅帽兒也·火藥 也·語學也".

58) 위의 책, 고종 18년 11월 28일 조, "問學徒等何許人 對─半少年書生 ─半素習工匠 問書生何爲 對以其年少聰明 或有可學之道耳".

수 없다"고 대답하였다.[59]

학도 중에서 나이를 확인할 수 있었던 사람에 한해서도, 22·23세 정도에 해당되는 사람이 1859년 생인 이필선(李芯善), 조한근, 고영일(高永鎰), 김광련 등 넷이다. 이 중 이필선과 조한근은 이미 역과에 합격하였다. 또 이들보다 나이가 많지만 고영철(1853년 생)과 박태영(1854년 생)도 이미 역과에 합격하였다. 이들을 비롯한 몇 사람은 서양어를 배우게 할 목적으로 선발해 온 사람이었던 것이다. 이는 미국과의 조약을 앞두고 영선사행을 통해 중국에서 서양어를 배우려는 목적이 있었음을 의미한다.

이들 학도는 당연히 모두 어학을 배우려 했으나 수사학당에서는 나이가 많으면 배우기 어렵다고 하며 가르칠 수 있는지 여부를 시험하여 7명 중에서 조한근·고영철·김광련을 뽑았다.[60] 수뢰학당에서는 학도 중 최규한(崔圭漢)과 박영조가 나이가 가장 어리다고 해서 이들을 선택하였다.[61] 一월 八일에는 이희민도 수사학당에 배치되었고 학습이 시작되었다.[62] 이 중 수사학당에서는 조한근, 이희민, 김광련이 자퇴하고 고영철만 남아서 교과과정 중에 포함되어 있는 한문과 양쟁대(洋鎗隊)는 하지 않고 양문(洋文)·양어(洋語)만 익혔다.[63] 수뢰학당에서는 최규한이 능력 부족으로 퇴학당하고[64] 박영조만 남았다.

---

59) 위의 책, 고종 18년 12월 1일 조, "卞問 學徒中欲擇聰明者 習各國語學 雖不相通 亦有可學之道否 中堂答 本局設語學局 年少聰悟學習者甚多 不患無師也 但須二十以內者爲可 過此則不能 卞曰 二十二三歲 亦可乎 曰尙可爲也 年至三十 則不可學".
60) 위의 책, 고종 18년 12월 10일 조.
61) 위의 책, 고종 18년 12월 10일 조.
62) 위의 책, 고종 18년 1월 8일 조.
63) 위의 책, 고종 19년 2월 11일 조. 김광련은 다시 銅冒廠으로 갔다가 無才로 자퇴하고 3월 6일 귀국하였다(위의 책, 고종 19년 3월 6일 조).
64) 위의 책, 고종 19년 3월 6일 조. 최규한은 3월 6일 귀국하였다.

서구 문물의 도입 수단으로서가 아니라 통역을 위해 서양어를 배운다고 하더라도 언어 구사의 숙련도를 높이기 위해서는 장시간의 학습시간이 필요하다. 또한 외교통상 업무를 제대로 처리하기 위해서는 관련 지식을 비롯하여 서양에 관한 여러 지식도 습득해야 한다. 동국관찰(東局觀察) 반준덕은 어학은 5년은 배워야 하며, 외국과 통상하는 데 양문·양어를 아는 자가 없으면 속임을 당하고 해를 입게 되므로 어학은 반드시 정통해야 한다고 하였다. 그러므로 공도들은 귀국하더라도 어학생 몇 명만은 학업을 성취하고 돌아가는 것이 좋겠다고 하였다. 김윤식은 현재 어학생이 2명에 불과하나 학업의 진전을 보아 가볍게 거취를 정하게 하지는 않겠다고 했으나,[65] 결국 이들도 10월에 함께 귀국하였다. 영선사행에서의 외국어 습득 목적 역시 성과를 올리지 못하고 말았다.

그 사이 1882년 4월부터 미국, 영국, 독일과 통상조약을 체결하게 됨에 따라 각국과의 교섭통상사무가 빈번하게 되었다. 조선 정부는 서양어를 알고 외무(外務)와 상무(商務)를 통합해 줄 사람을 청에 요청하였다. 청은 묄렌도르프를 추천하였다. 김윤식은 남아있던 유학생들을 철수시켜 귀국하기 이틀 전인 十월 十四일 묄렌도르프를 만난 자리에서 "이번에 중국 학도를 데리고 간다던데 정말 그러한가"하고 물었다. 묄렌도르프는 "양학도(洋學徒) 6명을 데리고 가려 하는데, 먼저 귀국의 학생을 가르쳐 서어·서문을 익히게 하고 개항한 3곳으로 2명씩 보내어 교섭 상무 등의 일을 담당하게 할 것"이라고 하였다.[66] 이 대화는 김윤식이 국내에 어학교육기

---

65) 위의 책, 고종 19년 2월 30일 조.

66) 위의 책, 고종 19년 10월 14일 조, "余曰 聞此次 帶中國學徒東出 果然否 穆曰 出洋學徒六人 吾將帶出 先敎貴國學生等 習西語西文 分送開港三處 一處各二人 交涉商務等事". 이때 양학생 6인 중 3인은 이번에 같이 가고 나머지는 내년 봄에 오게 한다고 하였다.

관을 설치할 구상을 하고 있었음을 보여준다. 김윤식은 서양어를 가르칠
만한 양학도가 파견될 수 있는지를 타진했던 것이다. 이때 묄렌도르프가
데리고 온 양학생이 동문학의 교사가 된 오중현(吳仲賢)과 당소의(唐紹儀)
였다.67) 이는 동문학이 묄렌도르프의 주도 하에 설치된 것만은 아니라는
사실을 나타낸다.


## 제2절 '근대교육'의 모색

### 1. 일본의 교육제도 조사

정부는 신지식의 필요성을 인식하면서, 새로운 교육내용을 가르칠 교육
형태에 대해서도 생각해 보게 되었다. 1880년 고종은 수신사 김홍집과의
대화에서 다음과 같이 일본의 국민교육에 대해 관심을 보였다.

> 왕 : "그 나라는 사람들을 각각 그 재주에 따라 가르치기 때문에 부녀들과
> 어린아이라 하더라도 모두 학습을 하므로 하나도 버릴 사람이 없을
> 것이다"
> 홍집 : "그렇기 때문에 遊食하는 백성은 한 사람도 없습니다"68)

이와 관련하여 김홍집은 「복명서」에서 "모두 교습(敎習)이 있고 전부
학교가 있는데, 병포(兵礮)·주차(舟車)·측산(測筭)·개광(開礦)·농상
(農商)·기예(技藝) 등의 일과 같은 것입니다. 국중(國中)에 대학구(大學區)

---

67) 위의 책, 고종 19년 11월 28일 조.
68) 『高宗實錄』 고종 17년 8월 28일 조, "敎曰 彼國敎人 各隨其才 雖婦孺亦皆學習
然則無一人可棄也 弘集曰 以故無一遊食之民矣".

가 7개가 있고, 나머지 중소구(中小區)는 셀 수가 없는데 부녀와 어린아이를 보내 가르칩니다. 종실 및 공경의 자녀도 다 학교에 다닙니다. 관이 감독하고 교사가 가르쳐서 비루하던 것을 남에게 의지함이 없이 자력으로 살아가고 스스로 헤아릴 수 있게 하여, 다 배우면 여러 국(局)으로 보냅니다. 각 국은 어떤 곳은 천여 명이고 어떤 곳은 수백 명입니다. 날마다 일을 맡아서 부지런히 힘쓰고 게으르지 않습니다"[69]라고 보고한 바 있다. 김홍집은 일본에는 군사·산업에 관한 여러 가지 기술을 가르치는 학교가 있으며, 국가에서 신분과 남녀를 불문하고 전 인민들에게 교육을 과하여 생산력을 갖고 자립할 수 있게 하고 있음을 말했다. 이에 대해 고종은 일본의 국민교육은 전 인민들을 재주에 따라 가르침으로써 저마다의 직분을 다 행하게 할 수 있게 한다고 이해하고 있다.

고종이 일본의 국민교육에 대해 주목하고 있다는 점은 중요한 의미를 지닌다. 김홍집에 앞서 1876년의 수신사였던 김기수(金綺秀)가 「견문별단(見聞別單)」에서 일본에서는 전 국민에게 교육을 실시하고 있으며 여자들이 다니는 학교도 있다는 것을 보고한 바 있다.[70] 그러나 그 때는 고종이 김기수에게 일본의 국민교육에 대해 특별히 질문을 하지는 않았다. 고종은 이제 부국강병책과 관련하여 전 인민에게 생산력을 가질 수 있도록 하는 국민교육의 효과에 대해 관심을 보이고 있다.

---

69) 金弘集, 앞의 책, 153면, "凡有教習 皆有學校 如兵礙·舟車·測筭·開礦·農商·技藝等事 國中大學區七 餘中小之區 不可勝計 使婦孺就而學之 雖宗室及公卿子女 皆在焉 官以董之 師以教之 作畵式與樣子自存而手才尙之 學成則送之諸局 每局或千餘人或累百人 逐日執業 勤敏不懈".

70) 金綺秀, 『日東記游』, 國史編纂委員會 編, 앞의 책, 108면, "其所謂學校教人之法 士大夫子弟以及民之俊秀 自七八歲 教之學書習字 初教日本字 次教漢字 至十六歲 不復使之讀經傳 大而天文地理勾股之學 小而農器·軍器·圖形之說 眼閱手調 未之暫掇 以至女子 亦有學校 大之天地兵農 小之詩文書畵 皆專一藝".

1881년에 신사유람단으로 일본에 파견되어 문부성(文部省) 사무에 대한 조사를 담당했던 조준영(趙準永)은 일본의 교육에 대하여 다음과 같이 보고하였다. 일본의 학교총계는 전국 대학구는 7개, 중·소학교는 공사립 합하여 2만 8천 8백 9곳, 교관은 6만 2천여 명, 생도는 2백 2십만여 명이다. 이들 학교에서는 주차·병포·농업·개광·측산·기예·의약(醫藥) 등과 금석(金石)·초목(草木)·금수(禽獸)·충어(虫魚) 등의 만사만물로 모두 일용에 쓰이는 것에 대해 그 이치를 연구하고 그 이용 방법을 추구한다. 공경의 자녀라도 어릴 때부터 아주 정교할 때까지 학습하기 때문에 전국에 어린아이라도 놀고 먹는 사람이 하나도 없다.[71] 이러한 보고 내용과 함께 조준영은, 서구의 것을 도입한 일본의 군제(軍制)·쟁포(鎗砲)·반기(般機)·농업의 제법은 나라를 견고하게 하고 인민을 유복하게 하였다는 의견을 덧붙였다.[72]

어윤중은 대장성(大藏省) 사무와 재정에 관한 조사를 담당했으나, 견문록에서 간간이 일본의 교육을 소개하였다. 그는 "유신 전에는 오직 제후가 부조하는 학교 및 사교(私校)·가숙류(家塾類) 만이 있었고 그 수도 적었다. 유신 후 마침내 교육방법이 개량되고 학교 수가 증가하여 메이지 11년 (1878)에는 대·중·소학교를 합쳐 27,600여 교가 되었고, 교원수가 68,000 인, 학생수가 20,319,000여 인이 되었다"고 메이지유신 후의 일본교육의

---

71) 趙準永, 『日本聞見事件草二』, 奎章閣圖書 圖書番號 7769-2, "學校總計 全國大學 區七 中小學校公私立二萬八千八百九處 敎官六萬二千餘 生徒二百二十萬有餘 歲有增減初無定額 凡舟車兵礦農業開礦測筭技藝醫藥等 金石草木禽獸虫魚 凡 天壤內萬事萬物之有可以資日用供 衆觀者莫不窮其理盡其方 定規則以董之 有 時親臨賞賜以獎勵之 雖公卿之子女已自幼穉之時 目存而心思手才尙 而知運 必 止於極精極巧而後已 故全國雖幼童穉女無一遊手遊食之人".

72) 위의 책, "若其軍制鎗砲般機農業諸法之 可以固國裕民者 猶可以法而至".

변혁에 대하여 소개하였다.[73] 그는 일본교육의 변화의 요점이 교육개혁을
통해 교육방법이 변화하고, 학교 수가 증가하여 보다 많은 인민이 교육을
받고 있다는 점에 있다고 보았다.

당시 일본 교육정책의 주요 목표는 대학교육의 전문화와 함께 전 국민에
게 보통교육을 실시하는 것이었다.[74] 그런데 고종과 온건개화파 관료들은,
일본의 국민교육을 국민을 양성하기 위한 '모든 사람에게 공통적으로
실시하는 일반적이고 기초적인 교육'인 보통교육으로 이해한 것이 아니
라, 군사나 산업에 관련된 기술을 각자의 재주에 따라 학습시키는 것으로
이해하고 있다. 즉 고종 등은 국민교육의 의미를 명확히 인식한 것은
아니지만, 국가의 부강을 위해서 보다 많은 인민에게 기술교육을 하는
것이 유용하다는 점을 이해하고 있다. 이는 앞으로 인민의 생산을 국가의

---

73) 魚允中, 「財政見聞」, 韓國學文獻硏究所 編, 『魚允中全集』, 亞細亞文化社, 1978,
384~385면, "又觀敎育之上 在維新前 惟諸侯之扶助學校 及私校家塾之類 其數
甚少 維新後 乃有敎育方法之改良 增加其校數 明治十一年 大中小學 合爲二萬七
千六百餘校 敎員之數 爲六萬八千人 生徒之數 爲二千三十一萬九千餘人".
74) 일본은 1872년에 새로운 중앙집권적 공교육제도를 만들기 위하여 「學制」를
반포하였다. 「학제」에 의하면, 전국을 8大學區로 나누고(1873년에 7대학구로
개정), 1대학구를 32中學區로 나누며, 1중학구는 210小學區로 나누어, 각각의
학구에 대학·중학·소학교를 한 학교씩 두게 되어 있었다. 그 중 소학교는
尋常小學을 本體로 하고, 이를 上等과 下等으로 나누어 수업연한을 각 4년과
8년으로 정하고 '이 二等은 남녀 모두 반드시 졸업해야 하는 것'이라고 규정하였
다. 보호자에게 자기 자식을 취학시킬 의무를 지우는 규정이 없다고 해도, 이는
6세부터 13세까지의 소학교 8개년간의 의무교육제도라고 할 수 있었다(小松周
吉, 「近代國民敎育制度の成立」, 世界敎育史硏究會 編, 『世界敎育史大系』第1卷
『日本敎育史Ⅰ』, 講談社, 1974, 226~227면). 그런데 1879년 9월에는 「敎育令」이
공포되어 학구제를 폐지하고 '町村마다 또는 여러 町村 연합으로 공립소학교를
설치할 것'으로 되었다. 소학교 취학 의무는 6세부터 14세까지의 학령기간 중,
매년 4개월, 4년으로 총 16개월로 하고, 학교에 입학하지 않아도 '따로 보통교육을
받는 길'이 있으면 취학으로 간주하게 되어(위의 책, 270면) 의무교육이 조금
완화되었다.

부강으로 수렴하기 위해 국민교육을 실시해야 한다는 인식으로 나아가게
될 가능성을 갖는 것이었다.

그리고 일본의 '학교'에서 여러 가지 기술을 가르친다는 것은 조선으로
서는 주목할 만한 점이었다. 조준영은 8월 30일의 복명에서, "문부성은
학교를 주관하고, 각 기예를 가르치는 곳을 학교라고 통칭하며, 그 법은
다 태서(泰西)를 모방하였다"[75]고 보고하였다. 그는 문견록(聞見錄)에서
도 문부성이 관할하는 학교 외에 공부성(工部省)과 해육군성(海陸軍省)에
시도 학교를 설치하고 공장지술(工匠之術)과 군려지사(軍旅之事)를 가르
치는데, 문학만이 아니라 여러 가지 기예를 교습하는 곳도 다 학교라고
칭한다고 보고하였다.[76] 즉 그는 일본에서는 기술교육을 하는 곳도 '학교'
라고 부르는 점이 조선과 다르다고 본 것이다.[77]

당시 조선에서 '학교'란 유학교육을 통해 선비를 길러내는 성균관,
사학(四學), 향교 및 서원을 의미하였다. 기술은 각 관련 관청에서 교수와
훈도를 두고 정해진 수의 생도를 가르쳤을 뿐, 이러한 곳은 학교의 범위에
포함시키지 않았다.[78] 그런데 서구기술의 필요성에 대한 인식이 높아가는

75) 「東萊暗行御史復命入侍筵說」, 韓國學文獻硏究所 編, 『朴定陽全集』四, 卷之十
六, 아세아문화사, 1984, "臣所掌文部省事務也 次省專主學校 而各技藝所教統稱
學校 其法皆倣於泰西矣".
76) 趙準永, 앞의 책.
77) 1876년 修信使로 일본에 다녀온 金綺秀도 學校라는 것은 그 이름이 하나가
아니라고 보고한 바 있다. 金綺秀, 앞의 책, 65면, "所謂學校 不一其名 有開成學校
有女子學校 有英語學校 有諸國語學校 師範鄭重 敎授勤摰 則無過功利之學耳".
78) 『增補文獻備考』 「學校考」에 포함되어 있는 學校는 조선전래의 것으로는 성균관,
四學, 향교, 서원이다. 외국어 교육을 담당했던 사역원을 비롯하여 기술교육을
하던 관서를 포함시키지 않았음을 볼 때, 조선시대의 학교의 개념은 '유교교육을
통해 선비를 양성하는 곳'이었음을 알 수 있다. 그런데 卷209 「學校考8」에는
'各學校'의 항목을 두고, 1886년에 설립된 육영공원, 1895년 이후에 설립된 한성
사범학교, 각국 어학교, 소학교, 醫學校, 중학교, 상공학교, 礦務學校에 대한

시점에서, 일본에서 기술을 가르치는 곳도 학교라고 부른다는 점에 주목하고 있다는 사실은, 기존의 학교에 새로운 지식을 교육내용으로 도입하거나 또는 새로운 지식을 가르치는 학교를 설립할 가능성을 보이는 것이다.

고종이 조준영에게 일본의 문부성 사무에 대한 조사를 지시했다는 것은 그가 일본의 교육제도에 대해 보다 상세한 정보를 얻고자 했음을 의미한다. 조준영은 『문부성소할목록(文部省所轄目錄)』이라는 방대한 양의 조사 자료를 작성했다.[79] 그 목차는 다음과 같다.

文部省 : 沿革, 職制, 事務章程, 經費, 學校誌略, 敎育令

大學法理文三學部 : 記略, 編制及敎旨, 學科課程, 法學部, 理學部, 文學部, 敎科細目, 規則

大學豫備門 : 沿革, 敎旨及課程, 敎科細目

大學醫學部 : 沿革, 通則, 豫科課程, 本科課程, 製藥學敎場規則, 製藥學本科課程, 通學生規則, 醫學通學生學科課程, 製藥學通學生學科課程, 附病院規則

師範學校 : 沿革, 規則, 敎科細目, 入學規則, 附屬小學校規則, 小學敎則

女子師範學校 : 規則, 本科課程, 豫科課程, 入學規則, 附屬幼稚園規則, 保

---

기사를 싣고 있어서, 어학뿐만 아니라 기술을 가르치는 학교도 포함하고 있다. 『增補文獻備考』는 1903년부터 1908년에 걸쳐 편찬되었는데, 1790년에 초고가 완성되고 1809에 교정본이 완성된 『增訂文獻備考』를 증보한 것이다. 『증보문헌비고』는 조선시대의 학교의 개념을 따르면서, 이미 학교의 개념이 바뀐 20세기 초의 시점에서 기존의 학교의 범위에는 속하지 않는, 정부에서 설립한 새로운 학교에 대해서 '각학교'라는 항목을 신설하여 기록했던 것이다.

79) 趙準永, 『文部省 所轄目錄』, 奎章閣圖書 圖書番號 2871. 이것은 시찰기가 아니라 일본측에서 제공한 文部省 및 여러 학교의 官制, 事務章程, 規則 등의 자료를 漢譯한 것으로 보인다. 조준영은 "文簿가 以呂波(いろは)가 섞여 사용되어 이해하기 어려웠다고 하였다"(趙準永, 『日本聞見事件草二』)고 하여 일본에서 입수한 자료를 한역하기가 쉽지 않았음을 말하고 있다.

育科目, 保育課程
外國語學校：沿革, 校則, 別附課程, 漢語朝鮮語學課程, 佛語露語學課程
體操傳習所：規則, 校則
圖書館：規則
敎育博物館：規則
學士會院：規則


이와 같이 메이지 초기에 성립된 일본의 근대교육제도 전체를 망라한
조사자료를 통해, 조선 정부는 서구식 교육제도에 대한 상세한 지식을
갖게 되었다. 이는 『한성순보』가 외국 교육제도를 단편적으로 소개하기
이전의 일이었다.

그런데 위의 목차에 소개된 여러 기관 중에서 조준영이 「문견록」에서
특별히 관심을 갖고 보고한 곳은 도서관이었다. 그는 도서관에 대하여,
공묘(孔廟)를 칭하여 도서관이라 하는데 단지 오성(五聖) 소상(塑像)을
모셨을 뿐이고 서적이 많이 비치되어 있으나 유생(儒生)이 강습하는 곳은
두지 않았고, 옛날에는 향사의식(享祀儀式)이 있었으나 제도를 개혁한
후 그대로 폐했다고 하였다.[80] 그는 당시 유시마성당(湯島聖堂)의 대성전
(大成殿)을 빌려서 설치되어 있던 동경도서관(東京圖書館)을 성균관을
기준으로 하여 비교·관찰하고 있는 것이다. 『문부성소할목록』의 도서관
항목에는 "관내안성상시허중서래배(舘內安聖像時許衆庶來拜)"라는 문

---

80) 위의 책, "孔廟稱爲圖書館 而只奉五聖塑像 無他列廡從享 雖書籍多藏於此 不置
儒生講習之所 舊有享祀之儀 改制後仍廢 而更議祀典姑此未遑云是白齊". 司法
省 조사를 담당했던 嚴世永도 "孔廟내에 書籍館을 설치하여 中國·日本·西洋
의 서적을 다 구비하였고, 독서하러 오는 사람이 하루에 수백인이다. 아! 옛날
聖人이 학문을 베품에 어찌 經書아닌 잡다한 종류의 책으로 이를 시작했겠는가"
하고 개탄하였다(許東賢, 앞의 논문, 136면).

장이 있다. 이 문장은 목록 전체에서 유일하게 조준영이 직접 관찰한 바를 써 넣은 부분이라고 생각된다. 즉 그에게는 도서관이 새로운 교육기관으로서가 아니라 유교 성인들의 상이 모셔진 곳으로서 의미가 있었다.[81]

고종이 수신사 김홍집에게 일본의 제도 중에서 가장 먼저 질문했던 것도 공묘제도였다. 이에 대해 김홍집은 "선성(先聖) 및 안회사맹(顔曾思孟) 소상의 후벽(後壁)에 주정주자(周程朱子) 영정을 걸어놓았고, 동서양무(兩廡)에 종향하는 규례는 없으며, 익실(翼室)에 경사서적(經史書籍)을 많이 쌓아 놓았을 뿐"이라고 대답했다.[82] 고종을 비롯한 온건개화관료들은 어떤 새로운 사물을 보는 시각이 유교의 가치기준에 고착되어 있었다. 따라서 부국강병에 필요한 새로운 기술을 도입하여 이를 보다 많은 사람들에게 가르칠 학교가 필요함을 인식하면서도, 구체적인 제도로서 새로운 학교를 만들어가는 과정은 쉽지 않았다.

## 2. '근대교육'의 구상

정부의 개화정책에 반발하여 일어났던 임오군란을 수습한 후 고종은 1882년 八월 五일의 교서(敎書)에서 서양과의 조약체결이 불가피하다는 점과 함께, 서구기술을 도입해야 할 필요성에 대해 역설하였다.

그(서양의) 敎는 바르지 못하므로 응당 淫聲이나 美色과 같이 멀리해야

---

81) 일본은 일본에 파견되었던 修信使들에게 학교와 함께 동경도서관을 견학시키려 애썼는데 수신사들은 모두 단지 '聖像에 참배하기 위해' 이곳을 다녀갔다고 한다(宇治鄉毅, 「明治初期における朝鮮國修信使, 紳士遊覽団の東京書籍館及び東京圖書館參觀について」, 『アジアアフリカ資料通報』 Vol.24, No.2, 國立國會圖書館, 1986. 5 참조).
82) 김홍집, 앞의 책, 156면.

하지만 그 器는 이로우므로 만일 그것을 이용하여 후생할 수 있다면
農桑·醫藥·甲兵·舟車를 제조하는 데서 어찌 꺼리고 하지 않겠는가.
그 교는 물리치고 그 기는 본받는 것은 원래 병행하여도 어그러지지
않는다. 더구나 강약의 형세가 현저한데 만일 그들의 기를 본받지 않는다면
어찌 그들의 업신여김을 막고 그들이 넘겨다봄을 막겠는가.[83]

이 교서는 김윤식이 기초한 것이다.[84] 고종을 비롯한 개화관료들은
이른바 동도서기론(東道西器論)에 의거하여 서구기술을 도입하면서 본격
적으로 부국강병 정책을 추진해 나가겠다는 의지를 분명히 한 것이다.
정부의 방침이 천명되자 사회 내에서 정부의 서기 수용 방침에 호응하는
의견이 표출되었다.[85] 이들은 서구의 기술·기계를 도입하여 배워야 하
고[86] 개화에 관한 서적을 간행하며[87] 외국인을 초빙하여 서구기술을 널리
보급해야 한다는 의견을 제시하였다. 그 중 유학(幼學) 지석영(池錫永)[88]은
다음과 같은 상소를 올렸다.

---

83) 『高宗實錄』 고종 19년 8월 5일 조.
84) 金允植, 「曉諭國內大小民人」, 韓國學文獻研究所 編, 『金允植全集』下, 亞細亞文
    化社, 1980, 80~82면.
85) 교서 발표에 앞서 7월 20일에 고종이 八道四都耆老人民들에 내린 諭示에서
    全民의 의견을 물은 바 있었다(『高宗實錄』 고종 19년 7월 20일 조). 이후 12월
    말까지 무려 100여 명이 상소를 제출했고 이 중에서 17명이 매우 진보적이고
    혁신적인 의견을 진언하였다(李光麟, 『韓國開化史研究』, 49~50면).
86) 『高宗實錄』 고종 19년 9월 22일 조 幼學 高穎聞의 상소 ; 10월 7일 조 典籍
    卞鋈의 상소 ; 11월 19일 조 幼學 姜基馨·幼學 金永孝의 상소 ; 12월 22일 조
    出身 尹善學의 상소.
87) 『高宗實錄』 고종 19년 10월 7일 조.
88) 池錫永은 醫譯中人 출신으로 1880년 수신사 김홍집을 따라 일본에 가서 種痘藥
    제조법을 배우고 돌아왔다(鄭玉子, 『朝鮮後期 文學思想史』, 서울대학교출판부,
    1990, 132면).

민이 동요하고 의혹을 품는 것은 시세를 모르기 때문입니다.……각국 인사가 저술한『만국공법』,『조선책략』,『普法戰紀』,『博物新編』,『格物入門』,『格致彙編』등의 책과 우리나라의 校理 김옥균이 편집한『箕和近事』, 前承旨 朴泳敎가 찬술한『地球圖經』, 진사 安宗洙가 번역한『農政新編』, 前縣令 金景遂가 기록한『公報抄略』등의 책은 막힌 소견을 개발하고 時務를 이해하기에 충분한 것입니다. 一院을 설치하여 위의 서책을 수집하고 또 근일 각국의 水車・農器・織組機・火輪機・兵器 등을 구입하여 쌓아놓고, 이어 각도에 行關하여 각 읍에서 문학・聞望이 일읍에서 뛰어난 儒吏 각 한 사람을 뽑아 해당 원에 보내어 서적을 보고 기계를 다루어보게 합니다. 원에 머무르는 기간은 2개월로 하고 기한이 차면 다시 한 사람을 교체해서 보냅니다. 원에 머무르는 비용은 해당 읍에서 헤아려 지급합니다. 서적을 精研하여 世務를 探知할 수 있고 모양을 본따 기계를 만들어 그 오묘함을 다 터득한 사람은 그 재능을 전형하여 수용합니다. 또 기계를 만드는 사람은 전매를 허용하고 책을 간행하는 사람은 그 번각을 금하면, 원에 들어온 모든 사람은 기계의 원리를 먼저 이해하고 時局의 형편을 탐구하지 않으려는 사람이 없을 것이며 마음을 돌이켜 깨닫지 않음이 없을 것입니다. 이 한 사람이 깨달으면 이 사람의 아들이나 손자 그리고 이웃으로서 평소부터 그를 존경하던 사람들은 모두 그를 따라 風化될 것입니다. 이것이 어찌 化民成俗의 첩경이 아니며 이용후생의 양법이 아니겠습니까.89)

즉 지석영은 서구의 기술을 도입하여 자강책을 추진하려면 무엇보다도 민의 이해가 필요하므로, 원 하나를 설치하여 시무를 이해할 수 있는 개화서적과 부국강병에 필요한 기계를 모아 놓고 먼저 지식인층에게 교육을 시키고, 이들이 주위의 사람들을 교화하도록 하는 방법을 제안하였

---

89)『高宗實錄』고종 19년 8월 23일 조.

다. 이는 바로 학교에서 지배층을 교화하고, 이들이 다시 인민을 교화하도
록 하는 전통적인 교육방법이다. 지석영의 의견에 대해, 고종은 시무에
대해 명료하고 조리있게 말했다고 칭찬하고 상소문을 의정부에 내려
보내 시행해보라고 하겠다는 비(批)를 내렸다.

고종은 백성들의 의견을 듣고 나서, "종래의 정사와 교화가 바뀌어
새롭게 되려면 먼저 기존의 견해를 깨어버려야 한다(從來治化更新 先期破
除成見)"라는 말로 시작되는, 다음과 같은 내용의 유서(諭書)를 발표하였
다.

> 오늘 통상과 교섭을 하고 있는 이때에 모든 관리나 천한 백성의 집은
> 다 크게 貨財를 거래하도록 허락함으로써 부가 많아지게 하려는 것이다.
> 農工商賈의 아들도 역시 학교에서 공부하는 데 따라 다 같이 올라가게
> 한다. 오직 才學이 어떤가 하는 것만을 보고 출신의 귀천은 따지지 않는
> 다.90)

유서의 내용을 다시 말하면, 전 인민들에게 신분의 제한 없이 상업과
산업에 종사할 수 있는 기회를 부여하여 부를 축적할 수 있도록 하고,
귀천을 따지지 않고 능력에 따라 학교에서 교육을 받을 수 있도록 하겠다는
것이다. 유서 첫머리의 '교화가 바뀌어 새롭게 된다'는 말은 곧 유교 교화의
중심지 역할을 하고 있는 학교의 교육내용이 바뀔 수 있다는 것을 의미한
다. 즉 학교의 교육내용에 부의 축적에 필요한 기술을 도입할 수도 있으며,
이러한 교육을 보다 많은 인민에게 개방할 수 있음을 뜻한다.

교육을 통해 인민의 생산력을 개발하여 국가의 부를 늘리겠다는 생각은

---

90) 『高宗實錄』 고종 19년 12월 28일 조.

급진개화파인 김옥균에게서 분명하게 나타난다. 김옥균은 양반을 삼제(芟
除)하여 인민이 적극적으로 부를 축적할 수 있도록 하여 국력을 증진해야
하고 널리 학교를 설립하여 인지(人智)를 개발해야 한다고 했다.[91] 인민에
게 가르치려는 것은 바로 부의 축적과 연결될 수 있는 기술이었고, 윤리적
교화의 측면은 외국의 종교를 활용하려 했으므로, 김옥균이 그 시점에서
인민을 국민으로 키워내야 한다는 의식을 가지고 있었다고는 생각되지
않는다. 그런데 1888년 박영효의 「건백서(建白書)」에는, 인민에게 문(文)·
덕(德)·재예(才藝)를 가르쳐 궁리발명(窮理發明)하는 길을 열어주고, 소
학교를 설립하여 남녀 6세 이상을 모두 취학시키며, 인민에게 먼저 국사
및 국어국문을 가르쳐야 한다는 주장이 나타나 있다.[92] 따라서 고종의
유서에 나타난 학교교육에 대한 변화의 조짐은 국민교육으로 질적 전환할

---

91) 金玉均,「池運永事件糾彈上疏文」, 閔泰瑗 譯, 韓國學文獻硏究所 編,『金玉均全
集』, 亞細亞文化社, 1979, 147면, "人民이 一物을 製하면 兩班官吏의 輩가 此를
橫奪하고, 百姓이 辛苦하여 鉄鎧를 積하면 兩班官吏等이 來하여 此를 掠取하는
故로, 人民은 말하되 自力으로 自作하여 衣食코자 하는 時는 兩班官吏가 그
利를 吸收할 뿐만 아니라 甚함에 至하여는 貴重한 生命을 失할 慮가 有하니
차라리 農商工의 諸業을 棄하여 危를 免함만 같지 못하다 하여 이에 遊食의
民이 全國에 充滿하여 國力이 日로 消耗에 歸함에 至하였나이다. 方今 世界가
商業을 主로 하여 서로 生業의 多를 競할 時에 當하여 兩班을 除하여 그 弊源을
芟盡할 事를 務치 아니하면 國家의 廢亡을 期待할 뿐이오니 陛下- 幸히 此를
猛省하사 速히 無識無能, 守舊頑陋의 大臣, 輔國을 黜하여 門閥을 廢하고 人才를
選하여 中央集權의 基礎를 確立하며 人民의 信用을 收하고 널리 學校를 設하여
人智를 開發하고 外國의 宗敎를 誘入하여 敎化에 助함과 如함도 亦 一方便이라
하노이다". 김옥균이 이 글을 쓴 것은 1886년의 일이지만(1886년 7월 9일 字
『東京日日新聞』에 漢文을 혼용한 日語로 발표됨), 이러한 내용의 말을 고종에게
奏上한 바가 있다고 하므로 이는 갑신정변 전부터 가지고 있던 생각이라고
할 수 있다.
92)「朴泳孝建白書」, 外務省 編纂,『日本外交文書』第21卷, 日本國際連合協會, 1949,
307~308면.

수 있는 가능성이 있었다고 볼 수 있다. 그럼에도 불구하고 더 이상 구체화
되지 않았던 것은 갑신정변으로 급진개화파가 완전히 제거되었을 뿐
아니라 고종을 비롯한 집권층의 개화의지가 급속히 약화되었던 점, 서구기
술 도입정책이 실패했던 점에 원인이 있다고 생각된다.

한편 온건개화파의 일원이었던 어윤중도 부국강병을 위한 신교육을
모색하였다. 어윤중은 일본시찰을 마치고 돌아와 1881년 十二월 十四일
복명하는 자리에서, "근일 각국이 서로 다투어 오로지 부강만을 도모하여
마치 전국(戰國) 때의 일과 같은가"라는 고종의 질문에 대해, "진실로
그러합니다. 춘추전국은 바로 소전국(小戰國)이며 금일은 바로 대전국(大
戰國)이라 모두가 다만 지력(智力)으로 쟁웅(爭雄)할 뿐입니다"라고 대답
했다.93) 그는 당시의 각국의 다툼은 춘추전국 시대보다 훨씬 더 규모가
클 뿐만 아니라 과거에는 무력에 의한 것이었지만 지금은 지력에 의한
싸움이라는 것을 파악하고 있다. 그는 "우리가 부강지도를 얻어 행하면
그들(일본)은 감히 다른 생각을 가질 수 없다. 그렇지 않고 그들이 강하고
우리가 약하면 다른 일이 일어나지 않는다고는 보장하기 어렵다. 이웃나라
가 강한 것은 우리나라의 복이 아니다"94)라 하면서 일본의 부국강병에
대해 우려하고 있었다.

그는 부국강병의 한 방법으로 교육의 개선 방법을 모색하였다. 견문
메모첩인 『수문록(隨聞錄)』에서 그의 교육개혁에 대한 구상을 산견할
수 있다.

---

93) 魚允中,「從政年表」二, 고종 18년 辛巳 12월 14일 조, 韓國學文獻硏究所 編,
   『魚允中全集』, "上曰 近日各國相爭 專任富强 宛與戰國時事同也 允中曰 誠然
   春秋戰國 卽小戰國也 今日卽大戰國也 皆只以智力爭雄矣".
94) 위의 책, "我雖得富强之道而行之 彼不敢有他意 不然而彼强我弱難保無他事矣
   隣國之强非我國之福也".

國勢를 진흥시키는 요체는 한 나라의 인민을 鼓動시키는 것만 같은 것이 없다. 활발한 기상을 기르는데 힘쓴 후에 마침내 어떤 일을 할 수 있다.

我邦이 평소에 儒道를 숭상하고 더욱이 柔儒에 빠진 것을 賢이라 하기 때문에 한사람도 용감하게 기상을 떨치는 자가 없다. 따라서 먼저 풍속을 바꾸려면 이들로 하여금 이전의 습관을 크게 변혁하게 한 후에 가능하다.

일본이 作爲할 수 있었던 것은 그들이 평소 武事를 숭상하여 사람마다 용감하고 과감한데 익숙하기 때문이다. 귀감으로 삼을 만하다.

먼저 도를 다스려 냄새나고 더러운 것을 없애면 한 나라의 기상이 새로워질 수 있다.95)

문을 숭상하면 국세가 떨치지 못하니 마땅히 학교에 무학 1과를 설치하여 매일 몇 시간을 나누어 騎射와 砲擊의 기예를 배우게 해야 한다. 소학에서부터 배워서 익히면 인재가 頹惰에 빠지지 않을 것이다. 이것은 聖人의 遺法이다. 射御가 六藝에 본래부터 있던 것이 아닌가. 오늘날의 사람들은 그것을 깊이 연구하고 행해야 한다.96)

95) 魚允中, 『隨聞錄』, 韓國文獻學硏究所 編, 『魚允中全集』, 54면, "振興國勢之要 莫如鼓動一國之人 務養活潑之氣象 而後乃可有爲", "我邦素尙儒道 以況潛柔儒 爲賢 無一人勇敢作氣者 是可先變風俗 使之痛革前習 而後可耳", "日本之能有作 爲者 以其人素尙武事 人人習於勇果故也 可以爲鑑", "先治道能除臭穢 一國之氣 象可新".
96) 위의 책, 77면, "尙文則國勢不振 宜於學校設武學一科 每日分幾刻 學騎射砲擊之 技 自小學而習之 人才不流於頹惰矣 此聖人之遺法也 射御不爲六藝之本乎 今之 人可深究行之".

62

이상의 메모를 종합하여 생각해 보면, 그는 일본이 메이지유신을 통해 근대적 개혁을 이루어낼 수 있었던 것은 무를 숭상하여 사람들의 기상이 활발했기 때문이라고 보았다. 이에 비해 조선은 문을 숭상하여 유약하고 나태하다. 앞으로 개혁을 이루어내려면 인민들의 기상이 활발해지도록 유도의 단점을 고쳐야 하고, 학교에 문학과 함께 무학을 설치하여 군사기술을 배우게 해야 한다고 하였다. 그런데 그는 군사기술은 성인의 유법이고 유교의 교육내용인 육예에 본래부터 있던 것이라고 하여, 새로운 교육내용을 수용할 수 있는 근거를 유교교육의 틀 속에서 찾고 있다. 그는 이후 고종에 의해 중용되어 1883년 一월 卄八일 서북경략사(西北經略使)가 된 후, 덕원부사(德源府使) 정현석(鄭顯奭)과 의논하여 원산학사를 설립하면서 그의 생각을 실천에 옮겼다.

어윤중은 더 나아가 "먼저 과거를 혁파하면 공명진취(功名進取)를 도모하는 자들이 다 분주하게 다투어 외국에 가서 재예를 배워 얻어서 돌아올 것이다. 만약 과거를 폐지하지 않으면 취인지로(取人之路)에 인재가 홍기하지 못하며 모두 구학(舊學)에 안주하여 학술의 정진을 구하지 않을 것이다"97)라고 하여, 유학밖에 모르는 사람들이 외국에 나가 새로운 지식과 기술을 배워올 수 있도록 하기 위해서는 무엇보다도 먼저 과거제도를 혁파해야 한다고 하였다. 그는 조선시대 교육의 두 기둥인 유교교육과 과거제도의 고리를 끊지 않으면, 신지식을 획득하기 어렵다는 것을 알고 있었다.

어윤중 외에도 유길준과 김윤식이 과거제의 폐지를 주장하였다. 유길준은 1883년 통리아문 주사로 있을 때 과거의 허문(虛文)을 폐지하고 교육의

97) 위의 책, 44면, "先革科擧 則圖功名進取者 皆奔走爭往外國 學得才藝而歸 若不廢科擧 取人之路 人才不興 而皆安於舊 不求學術之精進矣".

실도(實道)에 힘써 인재를 양성하고 그들 중에서 가려서 등용해야 한다고
주장했다.98) 김윤식은 1890년 유배 중에 쓴 「십육사의(十六私議)」에서
과거제의 폐단이 심해져서 현재(賢才)를 뽑지 못하고 있으므로 과거제를
폐지하고 천과(薦科)를 설치해야 한다고 하였다.99) 그러나 과거제도는
인재를 선발하는 기능과 함께 유학을 유지하는 기능을 하고 있었고 유학은
상하 신분사회의 명분을 합리화해주는 사상적 근거였기 때문에, 갑오개혁
에 이르기까지 정부 내에서 과거제도 폐지에 관한 논의는 전혀 없었다.

　학교 개념의 확대, 학교교육의 내용 변화의 움직임이 나타나면서도,
전래의 유교교육을 유지한다는 방침 또한 확고하였다. 학교교육에 새로운
지식과 기술을 도입한다고 해도 그것은 어디까지나 유교교육을 바탕으로
해야 한다고 생각했기 때문이었다. 1883년 十一월 十五일의 차대(次對)에
서 좌의정 김병국(金炳國)은 학교에서 뛰어난 인재를 양성할 수 있도록,
"위로는 국학(國學)에서 아래로는 향숙(鄕塾)까지 일체로 학교모범(學校模
範)에 의하여 학과(學課)를 장려하는 방법으로 하기를 바란다"는 청을
하였다. 고종은 이에 호응하여 "만일 배양하지 않는다면 어떻게 인재를
만들어내겠는가. 제의대로 경외(京外)에 신칙하라"라고 답하였다.100) 학

---

98) 兪吉濬, 「言事疏」, 1883/ 許東賢 역, 『兪吉濬論疏選』, 一潮閣, 1987, 8면. 유길준은
　　1877년의 「科文弊論」에서는 과거제도의 해악을 다음과 같이 비판하였다. "利用
　　厚生의 도에 몽매하니 그 用이 사람들의 생활을 편리하게 하고 그 의식을 풍부하게
　　할 수 없는 것이다. 이것으로 어찌 국가의 부강을 성취하고 인민의 安泰를 이룩할
　　수 있겠는가.……科文이란 것은 道를 해치는 함정이자 인재를 해치는 그물이며,
　　국가를 병들게 하는 근본이자 인민들을 학대하는 機具이니, 과문이 존재하면
　　百害가 있을 뿐이며 없더라도 하나도 손해가 없는 것이다. 위로는 조정의 백관으
　　로부터 아래로는 민간의 글방서생에 이르기까지 다 과문으로 浮沒하니, 필경
　　醉生夢死하다가 끝내 각성하여 깨닫지 못할 것이다"(위의 책, 3~4면).
99) 金允植, 「十六私議」, 韓國學文獻研究所 編, 『金允植全集』壹, 亞細亞文化社, 1980,
　　470~474면.

교모범101)은 배우는 자들이 지켜야 할 규범으로 공부하는데 가져야 할
마음자세를 비롯하여 공부의 방법, 일상생활에서의 행동거지, 인간생활에
서 지켜야 할 유교윤리까지 망라하고 있다. 그 중 독서의 방법에서는
『소학(小學)』부터 시작하는 글읽는 차례도 제시하고 있고 "성인의 글이
아니면 읽지 말고, 도움이 없는 글은 보지 말라"로 하였다. 이와 같은
내용의 학교모범을 교육의 규율로 삼고 있는 한 교육의 목표는 학습자들이
유학의 이상적 인간인 성인에 도달하도록 하는 것이므로, 교육의 중심내용
은 유학이며, 새로운 지식은 이들이 사회를 운영해 나가는 데 필요한
시무학(時務學)으로서의 의미를 가질 뿐이다.

학교교육에서 신지식이 놓일 위치는 김홍집의 서원규제(書院規制)에
대한 의견에서 확인할 수 있다. 갑신정변 처리에 주도적인 역할을 한
청은 노골적으로 조선의 내정을 간섭하기 시작했는데, 그 중의 하나가
서원(書院)을 설치하라는 요구였다. 이에 대해 고종은 한성 내의 한 곳에서
시도해 보자고 했고,102) 김홍집은 다음과 같은 규제를 제안하였다.

서원의 규제는 詩나 賦, 詞章을 취하지 않고 經義와 治事를 위주로
하였습니다. 이것은 宋나라 신하 胡瑗이 제자를 가르친 방법입니다. 대체
로 학문은 먼저 경의를 강하여 충효의 본령을 세우고, 다음에 치사를
강하여 나라를 운영하고 일에서 성과를 보도록 하는데 힘쓰게 하여야

100) 『高宗實錄』 고종 20년 11월 15일 조.
101) 「學令」, 『增補文獻備考』 제207권. 학교모범은 선조 15년(1582)에 선조가 대제학
李珥에게 명하여 지은 것으로 學令의 미비한 점을 보충한 것이다. 1. 立志 2.
檢身 3. 讀書 4. 愼言 5. 存心 6. 事親 7. 事師 8. 擇友 9. 居家 10. 接人 11.
應擧 12. 守義 13. 尙忠 14. 篤敬 15. 居學 16. 讀法의 16개 조항으로 되어 있다(孫仁
銖, 『韓國敎育史』 1, 文音社, 1987, 283~284면).
102) 『高宗實錄』 고종 21년 12월 22일 조.

하는 것입니다. 이밖에 따로 격치의 학문이 있습니다. 요즘 시국이 달라져 산수, 제조, 기선, 창포 등의 학문도 역시 두루 통하지 않으면 안 됩니다.[103]

즉 지금까지의 교육은 먼저 경서학습을 통해 충효의 기본강령을 세우고, 다음에 실제로 나라를 운영하는 데 필요한 일을 처리하는 방법을 가르쳐 왔는데, 이제 변화하는 시세에 대응하기 위해서는 이에 더하여 군사와 산업에 대한 지식도 알아야 한다는 것이다. 이와 같이 유교교육을 근간으로 하고 새로운 지식을 지엽으로 하여 교육내용을 새롭게 구성하는 방법은 온건개화관료들의 공통적인 생각이었다.

이상과 같이 서구의 새로운 지식·기술을 배워야 할 필요성이 대두됨에 따라, 이를 어떻게 가르쳐야 할지에 대한 여러 가지 방안이 모색되었다. 과거제도를 폐지해야 한다는 주장이 제기되기도 하였지만, 신교육은 어디까지나 유교교육의 틀 속에서 운영되어야 한다는 것이 대부분의 사람들이 갖고 있던 생각이었다.

---

103) 『高宗實錄』 고종 21년 12월 23일 조.

# 제3장 '근대학교'의 운영과 유교교육

## 제1절 동문학의 외국어 교육

서구제국과의 조약 체결에 따른 외교통상 업무를 담당하고, 또 서구기술을 도입하여 개화사업을 추진할 기관으로 1882년 十二월에 통리군국사무아문(統理軍國事務衙門)과 통리교섭통상사무아문(統理交涉通商事務衙門)을 설치하였다. 동문학은 통리교섭통상사무아문의 부속기관이었다. 「통리교섭통상사무아문장정(統理交涉通商事務衙門章程)」에 의하면, 동문학은 북경(北京)의 동문관(同文館)을 참조하여 설립하였으며,[1] 외무(外務) 상무(商務)의 업무를 담당할 수 있는 실용적인 지식을 갖춘 인재를 교육하기 위한 곳이었다.[2]

---

[1] 중국의 동문관은 1863년에 외교관과 통역관을 양성하기 위하여 설치되었다. 영어부·불어부·노어부·독어부(1871년 개설)·일어부(1898년 개설)로 나누어져 있었으며, 北京·上海·廣東의 세 도시에 세워져 있었다. 특히 1867년부터는 북경 동문관에 과학부가 신설되어 각국어학뿐만 아니라, 천문·화학·물리·지질학·해부학·생리학 그리고 국제법·정치·경제학 등 서양의 과학·제도·사상까지도 교수하였다. 교육년한을 5년급과 8년급의 두 과정으로 나누었고, 8년 과정은 최종 2년간 주로 서양서적 번역에 종사하게 했다. 학교를 졸업하고 조수로 남아있는 이들도 역시 번역에 전념케 하였다. 또 학교에 인쇄소가 부설되어 있어서 다수의 서양서적이 중국어로 번역 출판되었다(李光麟,『韓國開化史硏究』, 148~149면).

「통리교섭통상사무아문장정」의 동문학에 관한 규정에 의하면, 동문학에서는 외국어뿐만 아니라 서양지식도 가르치려고 계획하고 있었다.

> 동문학을 설치하여 인재 培植하는 일을 관장하게 한다. 인재는 학교에서가 아니면 나오지 않고 考試가 아니면 중하게 여겨지지 않는다. 마땅히 聽俊子弟 만 15세 이상인 자를 택하여 肄業케 한다. 그 중 먼저 외국어문을 배우게 하고 그 다음에 政治理財之道에까지 이르게 한다. 각 그 품성에 가까운 점, 능력의 우수한 점을 가지고 分科 考取함으로써 任使를 준비하게 한다. 만일 好學深思之士가 있으면 在官, 去官을 논하지 말고 비록 나이가 壯年을 넘었더라도 역시 가서 배우는 것을 막지 않는다.[3]

즉 동문학의 주요 목적은, 외국어 능력뿐만 아니라 정치경제에 관한 지식을 갖춘 실무관리를 양성하기 위한 것이었다. 이는 외국과의 교제상무와 개화사업은 기존의 지식과 기술만으로는 처리할 수 없는 일이었기 때문이다. 동문학의 학생들은 만 15세 이상의 청년을 대상으로 하고 있었는데, 이들 외에 '호학심사지사'의 경우 나이, 관직 재직 여부에 관계없이 배울 수 있게 하고 있다. 이는 실무관리의 양성 외에, 서양 학문에 관심을 갖고 있는 사람들에게 서양어 및 서구 지식에 접할 수 있는 기회를 주는 일도 하겠다는 의미이다. 이 점은 1882년의 일련의 개화상소에서 볼 수

---

2) 『統理交涉通商事務衙門章程』, 奎章閣圖書 圖書番號 15323, 15324, "更仿照燕京設立同文學敎育人才俾收實用".

3) 『統理交涉通商事務衙門章程』, "設同文學掌培植人才 人才非學校不出非考試不尊 宜擇聽俊子弟自滿十五歲者肄業 其中先學外國語文次及政治理財之道 各以其性之所近力之所優 分科考取以備任使 倘有好學深思之士 無論在官去官 雖年逾旣壯亦不阻其往肄". 이 章程은 1883년 1~2월에 제정되었을 것이라 한다(李光麟, 앞의 책, 107면 주 18)).

있듯이, 사회 내에서 서구문물을 도입하여 배워야 한다는 인식이 확산되어
가면서 서구지식에 관심 있는 '호학심사지사'가 생겨나고 있던 상황을
배경으로 한다. 이들은 외국어를 언어소통의 수단에 그치는 것이 아니라
서구의 학문을 접할 수 있는 통로로 인식할 수도 있고, '이재지도'라는
말이 의미하는 바와 같이 생산성 개념을 적극적으로 받아들여 부국강병의
길을 찾는 하나의 방법으로서 서구의 학문을 탐구해 볼 수도 있었다.
동문학은 이러한 사회 분위기 속에서 설치된 것이었으므로, 생도를 가르치
는 일 외에 새로운 문물을 보다 널리 보급하기 위하여 동문관과 같이
서적을 간행하고 신문사도 개설한다는 규정도 포함하고 있었다.[4]

동문학에서 김윤식의 종형인 김만식(金晩植)이 장교(掌敎)의 직임을
맡고 묄렌도르프가 데리고 온 오중현과 당소위가 40여 명의 학생들에게
양어를 교습하기 시작한 때는 1883년 四月 경이었다.[5] 1883년 七月부터는
영국인 핼리팩스를 교사로 초빙하여 교육을 담당하게 하였다.[6] 핼리팩스
는 묄렌도르프를 따라온 전신기술 기사였는데,[7] 초기에는 "일어까지 통한
데다가 학술도 있어서 교수방법이 좋았으므로 생도들이 점점 발전일로에

---

4) 『統理交涉通商事務衙門章程』, "同文學宜廣備書籍 講求有用之事 督率敎習嚴課
生徒 以掌敎一員領之主事副之 再准駁民間刊布書籍 並開設新聞報舘 均歸本學
節制".
5) 金允植, 『陰晴史』下, 고종 19년 11월 21일, 고종 20년 4월 조. 『陰晴史』고종
19년 11월 21일의 기사에 동문학이 설치되어 김윤식의 從兄인 金晩植을 掌敎로
하여 吳仲賢과 唐紹威가 洋語를 敎習하고 있다는 기사가 실려 있으나, 이날
같이 실려 있는 기사에는 11월 21일 이후에 일어난 일도 기록되어 있고, 掌敎의
직을 맡은 金晩植은 임오군란 뒤 8월 9일 수신사 박영효의 副官으로 일본으로
떠났다가 고종에게 復命한 것이 11월 28일이었으므로, 그 즈음에 일어난 일을
한꺼번에 기록한 것이다. 따라서 재차 동문학에 대한 기록이 나오는 1883년
4월이 동문학에서 학습이 시작된 시기라고 생각된다.
6) 『漢城旬報』 15호, 甲申 2월 21일.
7) 李光麟, 앞의 책, 108면.

있다"고『한성순보』에 보도되기도 했다.8) 그러나 학생들은 그가 완준비패(頑蠢鄙悖)하며 강습법도 두서가 없다고 비판하면서 그를 보내고 새로운 교사를 택해 달라고 했던 것을 볼 때,9) 인품에서나 실력에서나 학생들의 기대를 충족시킬 만한 교사는 아니었던 것 같다. 교사의 자질문제는 동문학의 교육이 장정에서 기대한 만큼 발전해 나가기 어려웠던 이유의 하나가 되었을 것이라고 생각된다. 한편 영선사행에서 서양어를 배웠던 고영철은 동문학 주사에 임명되었다.10)

교학규례(敎學規例)에 의하면, 생도를 절반으로 나누어서 절반은 오전에 절반은 오후에 수업하게 하고, 하루는 장어(長語)·단어(短語), 그리고 문장을 해석하고 변통하는 방법을 가르치며, 하루는 장어는 빼고 단어와 서양 필산을 가르쳤다고 하므로 교육내용은 외국어 외에 산술 정도였음을 알 수 있다. 아문에서 식사도 제공하고 기숙사에서 기숙하게 하였으며 지필묵은 생도 자신이 준비해야 했으나 서본(書本)과 서양의 지필은 아문에서 대어주는 등 정부는 동문학에 적극적인 지원을 베풀었다. 매해 하계(夏季)와 섣달에 도강(都講)으로 재예를 시험하여 학습을 장려하였는데, 1884년 2월경에는 학생 수가 29명이었고 도강 때는 우등생도 나왔으며, 학생들은 밤낮없이 공부에 열중하고 있었다고 한다.11)

1886년 一월에는 시험에서 우등한 생도 남궁억(南宮檍)·신낙균(申洛均)·권종린(權種麟)·홍우관(洪禹觀)·성익영(成翊永)·김규희(金奎熙)를 이미 관에 임용하여 교제상무에 있어 많은 유익이 있을 것이라고

---

8)『漢城旬報』15호, 甲申 2월 21일.
9)『統署日記』1, 고종 22년 8월 3일 조.
10)『漢城旬報』7호, 癸未 12월 1일.
11)『漢城旬報』15호, 甲申 2월 21일.

기대하고 있다. 또 이철의(李喆儀), 유흥렬(柳興烈), 이자연(李子淵), 송달
현(宋達顯)은 전국(電局)에 파견되어 학습하고 있었다.[12] 졸업자들은 주로
세관에서 일하게 되었는데, 1896년 현재 동문학 출신자 15명이 각 항구의
세관에서 자리를 잡고 있었다고 한다.[13] 이들은 동문학 교육의 일차적
목적대로 대외교섭과 개화정책에 관련된 관서에서 실무적인 일을 주로
담당했다. 그런데 통역업무를 하기 위해서는 언어뿐만 아니라 업무에
관련된 지식을 습득해야 하는 만큼 교육내용이 충분했다고는 할 수 없다.
우등으로 졸업한 남궁억의 경우 1년도 되지 않아 졸업했다고 하므로[14]
교육기간 역시 충분하지 않은 채 졸업생을 내보냈다는 것을 알 수 있다.

동문학의 학생들이 어떠한 신분이었는지에 대해서는 알려져 있지 않지
만, 우등한 생도였던 남궁억이 무과집안 출신이고[15] 유학을 갔던 민상호
(閔商鎬)[16]는 여흥민씨(驪興閔氏) 서자 출신이었다는 점을 볼 때, 중인에
가까운 신분의 사람들이 주로 입학했으리라 생각된다. 동문학이 영어를
가르치는 곳이라는 점에서 종래 역관 업무를 전담해왔던 중인층이 적극적
으로 입학하여 영어를 습득하여 새로운 관직에 진출하기 시작했을 가능성
이 크다.

---

12) 『漢城周報』 4호, 丙戌 1월 19일, "每歲夏季冬臘 試藝攷講 拔尤獎進 其中優等生徒
  南宮檍・申洛均・權種麟・洪禹觀・成翊永・金奎熙 業已膺官 備用交際商務
  將見裨益 李喆儀・柳興烈・李子淵・宋達顯 派往電局 學習行走 通敏鍊達 俱堪
  需進".
13) Gifford, "Education in the Capital of Korea", *The Korean Repository*, Vol.3, July 1896,
  285면.
14) 1883년 9월에 입학하여 이듬해 6월에 공부를 마쳤다고 한다(김세한, 『한서 남궁억
  선생의 생애』, 동아출판사, 1960, 44면).
15) 李光麟, 『開化期의 人物』, 延世大學校出版部, 1993, 10면. 남궁억의 아버지 南宮泳
  은 武科의 관직인 中樞都事를 지냈다.
16) 『統署日記』 고종 20년 9월 29일 조.

실무관리의 양성 외에, 동문학에 기대한 바는 서양문물에 관심있는
사람들에게 공부할 수 있는 기회를 주는 것이었다. 이에 관한 사례로
들 수 있는 것이 앞서 언급한 민상호의 경우라고 생각된다. 그는 동문학을
거쳐 1883년부터 상해의 중서학원(中西學院), 미국 메릴랜드 농과대학
등에서 1887년까지 수학하고 돌아왔다. 그가 무엇에 대해 공부를 하고
돌아왔는지는 확실하게 알 수 없으나, 귀국한 후 내아문 주사 등의 관직에
있다가 유학을 공부하는 사람들과 다름없이 문과 합격의 과정을 거치고
육영공원 관리사무, 외무참의 등의 관직을 옮겨 다녔던 것을 볼 때, 그의
학력이 서양학문을 깊이 연구하는 방향으로 나가지는 않았다고 생각된다.

1885년 八월경에는 학규가 점점 해이해져서 차례를 거치지 않고 등급을
뛰어넘는 사람도 생겼다. 학생들이 핼리팩스에 대한 불만과 함께 학생들에
게 제공되는 식사가 전국등 다른 사(司)의 학도들에 비해 나쁘다는 등의
불평을 했다는 것을 볼 때,17) 그 즈음에는 동문학에 대한 정부의 지원이
줄어들고 있었음을 알 수 있다.18) 이러한 상황도 동문학이 교육내용을
좀 더 충실하게 갖추고 더 발전해 나갈 수 있는 기회를 잃게 된 원인이
되었다고 생각된다. 즉 동문학은 통역이나 실무관리를 양성해 내는데
그치고, 더 나아가 서양의 학문을 익혀서 불평등조약을 개선하거나 개화사
업을 효율적으로 이끌어 나갈 수 있는 인재를 길러내지는 못했다.19) 이에

---

17) 『統署日記』 1, 고종 22년 8월 3일 조.
18) 김윤식은 통리교섭통상사무아문 독판으로서 병조판서를 겸하고 있었으나 1885
    년 3월 29일 병조판서 직을 내놓게 되면서 고종과 멀어지게 되었고, 고종은
    6월 24일 內務府를 설치하고 이를 중심으로 親淸的인 관료를 가급적 배제하면서
    자주적인 개화정책을 추진하려고 하였다(연갑수, 「개항기 권력집단의 정세인식
    과 정책」, 한국역사연구회, 『1894년 농민전쟁연구 3』, 역사비평사, 1993, 131~133
    면 참조). 이러한 정치적인 변화에 따라 외아문의 부속기관이었던 동문학에
    대한 지원이 줄어들었을 가능성이 있다.

따라 외국어 학습은 실무적인 업무에 필요한 도구로서, 그동안 관직진출에 제한을 받았거나 소외되었던 사람들이 관직에 진출할 수 있는 수단으로만 여겨지게 되었다.

동문학을 폐쇄한 것이 반드시 육영공원을 설치하게 되었기 때문이라고는 할 수 없다. 외아문에서는 1886년 一월 五일 팔도감영에 제중원학당(濟衆院學堂) 생도와 함께 동문학의 생도를 뽑아서 보내라는 관문(關文)을 보내고 있는데,[20] 이때는 이미 육영공원 교사의 초빙 계약도 체결된 이후였다. 이 시점에는 육영공원을 설립한다고 해서 동문학을 폐쇄할 생각은 없었던 것이다. 또한 동문학과 앞으로 설립될 육영공원의 교육목적과 기능은 서로 달랐다. 동문학은 교제상무에 필요한 통역과 실무관리를 양성하고 있었으나, 육영공원은 정식으로 외국인 교사를 고빙하여 서구의 학문을 가르쳐 보다 높은 지위의 관리를 양성하는 것을 목표로 하였다. 따라서 두 학교는 병립하거나 또는 상하의 연계성을 가질 수도 있었는데도

---

19) 참고로 동문학 출신 중에는 다음과 같이 독립협회에서 활동한 사람들이 다수 있었다(朱鎭五, 「19세기 후반 開化 改革論의 構造와 展開-獨立協會를 中心으로 -」, 연세대학교 박사학위논문, 1995, 237~248면 ; 『國朝榜目』, 『大韓帝國官員履歷書』, 『高宗實錄』).

　　閔商鎬 : 中西學院, 메릴랜드 농과대학, 內衙門 主事(88), 증광별시병과(91), 육영공원 관리사무(93), 外務 참의(94), 학부협판(96), 영·독·러 등 공사관 참서관(97)

　　南宮檍 : 우정국 사사(84), 海關 견습생, 내부주사(86), 칠곡부사(93), 내부 토목국장(95)

　　朴承祖 : 원산항 서기관(94~95), 외부 번역관(98)

　　洪禹觀 : 인천항 번역관(85), 주일 동경공사관 서기관(87), 통리교섭 주사(89), 학부 참서관 겸 외국어학교장(95), 농상공학교장(1904)

　　金奎熙 : 탁지부 재무관, 교전소 기사원

　　李懋榮 : 효창원 참봉(95), 군부참의(96)

　　尹始炳 : 선전관(85), 내무부 전운낭청(87)

20) 「九道四都關草」, 『各司謄錄』 63, 고종 23년 1월 5일 조.

불구하고 동문학은 1886년 八월 초에 이미 폐지된 상태였다.[21]

바로 그 즈음 미국인 선교사 아펜젤러는 외아문에 영어학교를 설립하였으니 학도 30명을 선발하여 보내달라고 요청하였다.[22] 불과 일년 전 만해도 이러한 일은 정부에서 육영공원 설립을 추진하고 있는 일에 대치되는 사항이었다.[23] 사숙(私塾)과 같은 형태로 영어를 가르치고 있던 아펜젤러의 학교가 정부기관의 학도 선발 방법과 같은 식으로 학도를 모을 수 있게 된 것은 사전에 정부의 양해가 있지 않았다면 불가능한 일이다. 정부는 동문학 학생들에게 비판을 받고 있는 핼리팩스를 다른 교사로 교체해 줄 수 없는 형편에서,[24] 미국인 아펜젤러가 운영하는 학교에서 동문학의 기능을 대신하도록 하는 것은[25] 문제해결의 방법이 될 수 있었다. 이와 더불어 당시 고종의 반청친미(反淸親美) 성향을 고려할 때, 미국인 교사를 초빙하여 설립한 육영공원과 함께 교육을 통해 미국과 밀접한 관계를 맺으려 했던 것이라고 생각해 볼 수도 있다.

1886년 첫 학기에는 등록한 학생수가 6명이었고 八월 四일(9/1)에는 단 한 명으로 다시 문을 열었던 아펜젤러의 학교가 九월 九일(10/6)에는

---

21) 『統署日記』 고종 23년 8월 10일 조.

22) 『統署日記』 1, 고종 23년 8월 8일 조, "美國阿片雪羅稟稱 共立學校 設英語校 學徒限三十人擇送事".

23) 1885년 아펜젤러가 駐韓 代理公使 퍼크에게 한국에서 교육사업을 하고 싶은데 고종의 허락을 얻어달라는 부탁을 하자, 퍼크는 고종을 만나 허락을 얻어 내고는 9월 8일(양력) 아펜젤러에게 "나는 당신에게 학교와 생도를 모아주라고 정부에 청구할 수는 없었다. 왜냐하면 만약 내가 이렇게 요청한다면 오래 전부터 한국정부가 미국 정부에 부탁해 온 선생들이 오는 것을 반대하는 결과가 되기 때문이다" 라고 전달했다(李光麟, 『開化派와 開化思想 硏究』, 97면).

24) 동문학에서 핼리팩스에게 배우던 이순나(Yi Sung Na)가 핼리팩스에게 모욕을 당했다고 하며 아펜젤러에게 영어를 배우러 왔던 일도 있었다(배재100년사편찬위원회, 『培材百年史(1885~1985)』, 學校法人 培材學堂, 1989, 33면).

25) 李光麟, 앞의 책, 101면.

20명 재적에 18명이 출석하고 있고 거의 매일 입학 신청을 하는 학생들로 끊이지 않게 되는 등 갑자기 학생들이 몰려들게 되었다. 학생들은 아펜젤러의 학교에 와서 영어를 공부하는 목적이 한결같이 벼슬을 얻는데 있다고 했다.26) 이는 바로 아펜젤러의 학교에서 영어를 배우면 동문학과 같이 관직을 얻을 수 있다는 사실이 공식화되었음을 말한다.

고종이 1887년 2월 아펜젤러의 학교에 배재학당(培材學堂)이라는 교명과 현판을 내린 것은, 동문학과 같은 정부기관의 기능을 한다는 것을 공식적으로 인정해 주는 의미였다고 생각된다. 아펜젤러가 현판을 받고는 "이제 비록 국립학교는 아니지만, 사립학교가 아닌 공립학교가 된 것이다" 라고 일기에 쓰고 있는 것을 보아도 알 수 있다.27) 마치 서원에 대해, 국가에서 설립한 향교와 더불어 유교교육을 보급하는데 대한 장려의 의미로 사액을 했던 것과 같은 맥락이었다.28) 배재학당의 학생들은 1887년에 한 명이 왕실에 통역관으로 가끔 불려가고, 6명이 관리에 임명되었다.29) 그 중 4명은 경부선 전신국의 취급계원으로 임명되었다.30) 정부는 배재학당을 통역이나 실무관리를 양성하는 학교로 활용한 것이다.

정부가 서양인이 운영하는 영어학교를 관립학교와 같은 대우를 해주고 그 학교 출신자를 관직에 임명함으로써 외국어가 관직획득의 수단이 된다는 생각은 더욱 더 확산되었다. 그런데 외국어를 제대로 숙달하기도 전에 관직에 임명함으로써31) 외국어 학습은 단순한 의사소통을 할 수

---

26) 이만열 편,『아펜젤러-한국에 온 첫 선교사-』, 연세대학교출판부, 1985, 290면.
27) 위의 책, 296면.
28) 金仁會,「敎育者로서의 H. G. 아펜젤러의 韓國敎育史的 意味」,『연세교육과학』 19·20 합집, 1981, 53면.
29) 이만열 편, 앞의 책, 311면.
30) 위의 책, 306면.
31) 위의 책, 306면, 311면.

있는 정도에서 그치게 되었다. 이로 인해 외국어 능력은 초보적인 수준에서 개인에게 출세의 기회를 주기는 했으나, 보다 높은 수준에서 당시 조선이 당면하고 있던 문제를 해결하는 방법을 모색하는 수단은 되지 못했다.

## 제2절 원산학사의 시무학

원산학사는 1883년 경에 설립되었다. 그동안 이 학교는 지방민이 자발적으로 설립한 것이라고 알려져 왔으나,[32] 사실상 정부의 새로운 교육정책과 밀접하게 관련되어 설립되었다. 덕원부사 정현석은 원산학사의 「학사절목(學舍節目)」에서 다음과 같이 학사 설립의 의의를 밝히고 있다.

지금 전 세계는 多事한데 지력을 서로 숭상하여 모두 부강지업을 일으키고 있다. 아름다운 우리의 임금은 治平之策을 깊이 생각하여 興學之政을 다시 일으키고 있다. 이는 진실로 오랫동안 끊어졌던 훌륭한 사업이다. 어찌 감히 對揚하여 명령을 받들지 않겠는가. 이에 元山社에 하나의 塾舍를 세워……[33]

여기에는 임오군란 후 고종을 중심으로 한 온건개화파들이 적극적으로 개화정책을 추진했던 상황을 배경으로 고종의 홍학지정의 연장선상에서 학사가 설립되었음이 명시되어 있다. 정현석은 고종에게 특제(特除)되어 개항지인 덕원에 부임하여 고종의 정책을 실현해 보려고 했던 것이다.[34]

---

32) 慎鏞廈, 앞의 논문 참조.
33) 「學舍節目」, 『春城誌』, "且今宇內多事 智力相尙 咸致富强之業 而猗我聖上 深軫 治平之策 復擧興學之政 此誠曠絶之盛擧 曷敢不對揚体命乎 乃於元山社 建一塾 舍……".

'지력' 운운하는 말에는 어윤중의 영향이 나타나 있고, 정현석은 어윤중이
서북경략사로 부임해 오자 그와 더불어 상확(商確)하여 고폐(痼弊)를 고치
고 사례(事例)를 정하였다[35]고 하여, 학사 설립에도 어윤중의 생각이 크게
반영되었음을 짐작케 한다.

학사의 교육내용은 다음과 같다.

경전에 밝고 시무를 잘 아는 儒子를 맞아 師長으로 삼고, 文士는 먼저
經義를 가르치고 武士는 먼저 兵書를 가르친 후, 같이 시무의 긴요한
것으로서 산수격치부터 각양 기기와 農蠶 礦採 등의 일까지 가르쳐 강습하
게 한다.[36]

즉 교육의 차례는 먼저 유교의 경전을 익힌 후에, 시무학으로서 기존의
학교교육에서는 포함되지 않았던 산수격치와 서양의 기계 및 농업 광업
기술을 익히게 되어 있다. 학사에 기계류와 농업실습지와 같은 시설이
구비되어 있었다는 기록은 보이지 않는 것으로 보아 서양기술을 직접

---

34) 『承政院日記』 고종 20년 1월 18일 조. 정현석은 「德源府誌序」에서 고종이 그를
특별히 선발하여 직접 그를 대하여 거듭 일러서 타일러 주었으며 자신이 이에
감격하여 부임했다고 쓰고 있다(『春城誌』).

35) 「德源府誌序」, 『春城誌』, "魚侍郎允中 經略西北而來故 與之商確 革痼弊定事例".
어윤중은 1882년 10월 12일 西北經略使에 差下되어 1883년 1월 28일 길을 떠났고,
9월 15일 정현석을 만났다(『從政年表』3, 고종 19년 10월 12일, 고종 20년 1월
28일, 9월 15일 조). 정현석이 원산학사에 관한 장계를 의정부에 보낸 날이 8월
28일이므로 두 사람이 德原府에서 만난 때는 이미 학사가 설립되어 있었으나
당시 자강론자로서 입장을 같이 하고 있었으므로 서로 연락을 취하여 矯舊制新의
방법을 논의했으리라 생각된다.

36) 「興學」, 『德源府誌』, 한국인문과학원 편, 『朝鮮時代私撰邑誌』38, 함경도1, "延明
經解務之儒 爲之師長 文士則先教經義 武士則先教兵書後 並教時務之緊要者 自
筭數格致 至於各樣機器 與農蠶礦採等事 使之講習".

78

실습하지는 못했을 것이다. 학사에는 『영지(瀛志)』 6권, 『연방지(聯邦志)』 2권, 『기기도설(奇器圖說)』 2권, 『일본외국어학(日本外國語學)』 1권, 『법리문(法理文)』 1권, 『대학예비문(大學豫備門)』 1권, 『영환지략(瀛環志略)』 10권, 『만국공법』 6권, 『심사(心史)』 1권, 『농정신편』 2권 등이 비치되어 있었다.37) 시무학 학습은 이들 책을 강독하는 식으로 이루어졌으리라고 생각된다. 무사를 위한 교육과정을 설치한 것은 어윤중의 구상과 일치하며 김홍집이 서원에서 기선과 창포의 학문도 배워야 한다고 한 것과 같다. 원산학사의 교육은 온건개화관료들이 신교육에 기대하는 바와 같이, 유생과 무사들에게 외국 및 국제정세에 대한 지식과 농업·군사기술에 대한 지식을 알게 하여, 국내 산업의 생산성을 향상시키며 무비의 방법을 강구할 수 있는 인재로 키우기 위한 것이었다고 할 수 있다.

　이러한 신교육에 덕원의 향부로(鄕父老)가 호응했다는 점은, 기존의 유교교육에 부가하여 시무학으로서 신지식을 배워야 한다는 필요성에 공감하는 분위기가 상당히 확산되어 있었음을 보여준다. 이러한 분위기를 감안해 볼 때, 적어도 외국인과의 접촉이 빈번한 수도나 개항지에서는 사숙이나 서재에서 선생의 관심여하에 따라 학생들에게 시무학을 가르치는 경우가 적지 않았을 것이라고 생각된다. 원산학사는 시무학을 정규 교육과정으로 채택함으로서 시의에 맞추어 학교에 새로운 교육내용을 도입했다는 데 큰 의의가 있다.

　어윤중은 새로운 학문과 기술을 배우게 하기 위해서는 과거제도를 없애야 한다고 주장했지만 그러한 혁신적인 개혁은 이루어지지 않았다. 오히려 당시의 인재양성 구조 안에서는 신교육을 권장하기 위해 과거제를

37) 「學舍節目」, 『春城誌』. 이 책 중에 『日本外國語學』 『法里文』 『大學豫備門』은 趙準永의 『文部省所轄目錄』의 일부일 가능성이 있다.

활용하지 않을 수 없었다. 정현석이 八月 卄八日의 장계에서 원산학사 학생에게 등용의 특혜를 줄 것을 건의한 것은 이 때문이었다.

> 文藝는 매달 課試하여 우수한 자 1인을 뽑아서 매년 가을 本道 監營에 보고하여 公都會 解額에 붙이게 하면 장려하는 방법이오며, 武藝는 후에 창포를 마련하기 전에 우선 射技를 이습시켜야 하므로 東萊의 예와 같이 出身과 閑良 200명을 선발하여 別軍官을 새로 두어 매달 課試하여 상을 줄 것이오나, 만일 별달리 등용하는 뜻을 보이지 않으면 성취를 격려함이 없을 것이옵니다.……별군관 200인은 월 시험점수를 계산하여 연말에 우등 두 사람을 兵曹에 보고하여 출신에게는 折衝階를 特加하고 한량은 直赴 殿試를 特許해 주시오면 사람마다 기예가 뛰어나 이것이 무비의 일조가 될 것이옵니다.38)

이에 대해 1883년 十月 十四일 의정부는 "바닷가의 중요한 지방이고 항구사무도 또한 복잡합니다. 지금 가장 먼저 해야 할 급무는 오직 인재를 선발하고 등용하는 것이며, 인재를 선발등용하려면 가르쳐 길러내지 않으면 안 됩니다. 가르쳐 길러내려면 역시 상을 주어 장려하지 않으면 안 됩니다"고 하며 요구대로 시행할 것을 제의하여 고종으로부터 윤허를 받고 있다.39) 의정부가 정현석의 건의를 받아들이는 논리는 바로 조선시대의 인재 양성과 선발의 관계를 보여준다. 국가를 운영할 인재를 길러내기 위하여, 학교에서 인재를 교육시키고 과거제도를 통해서 이들을 등용함으로써, 과거제도가 인재를 선발함과 동시에 학교교육을 장려하는 기능을 하는 것이다. 학교교육의 궁극적 목적은 관리 및 지방의 치자를 양성하는

38) 「興學」, 『德源府誌』.
39) 위의 책.

데 있었고, 원산학사에 있어서도 이러한 점에서는 변화가 없었다.

공도회의 해액(공도회에 배정된 초시 합격자 수)에 붙이게 하는 것은 향시 초시에 입격한 것에 해당하는 것으로 다음해의 생원·진사시의 복시에 응시할 수 있는 자격을 갖는다.[40] 이들이 앞으로 복시에 합격하고 문과로 나아가려면 유교경전의 공부를 계속하지 않을 수 없다. 그러므로 시무학을 장려하기 위해 과거시험의 혜택을 준 것은, 그것으로서 더 이상 새로운 지식을 추구할 필요가 없게 되는 결과가 될 수 있다. 과거에 합격하여 관직을 얻거나 치자로서의 지위를 확보하는 것이 목적인 이상, 시무학의 공부는 단지 시무를 아는 정도에 머무를 수밖에 없고 새로운 지식에 대한 전문적인 연구를 해 나갈 여유는 없었다고 할 수 있다. 어윤중이 간파한 바와 같이 유교교육과 과거제도의 연결고리를 끊어버리지 않는한 신지식을 알기 위한 학업은 소기의 성과를 올리기가 쉽지 않았으리라 생각된다.

원산학사의 새로운 점은 성인의 글이 아니면 읽지 말아야 하는 학교의 교육과정에 서구의 지식을 담은 새로운 서적을 읽게 했다는 것에 있다.

---

40) 이러한 특혜가 어떻게 실시되었는가는 1890년 10월 13일부터 3일간 設行되었던 함흥부 공도회를 통해 볼 수 있다. 정식 시험에 의해 製述에 4인, 考講에 1인을 뽑았는데, 이때 덕원부 文士 1인, 영흥부 문사 2인, 북청부 문사 1인이 榜末에 붙여 入錄되어 있다(『咸鏡監營啓錄』 第六冊, 庚寅 10월 20일 조, 『各司謄錄』 42, 함경도편1, 국사편찬위원회). 영흥부는 1888년 12월 14일 덕원의 예에 따라 공도회 榜末에 2명을 붙이기로 하고(『高宗實錄』 고종 25년 12월 14일 조), 북청부는 1890년 6월 25일 덕원과 영흥의 예에 따라 공도회 방목에 1명을 붙이는 혜택을 주기로 하였다(『高宗實錄』 고종 27년 6월 25일 조). 그런데 영흥부에서는 북청이 '舊基' 즉 태조의 옛 집터이므로 혜택을 준 것이었고, 북청부에서는 북청부가 건설한 學院을 장려하기 위한 것이었다. 이 북청부의 학원에 대해서는 아직 사료를 발견하지 못하여 단언을 내릴 수는 없으나, 詩와 賦에서 우수한 자 1명을 뽑는다고 했으므로 이 학원이 원산학사와 같이 새로운 교육내용을 도입했는지는 알 수 없다.

이러한 점은 학교의 교육내용에 변화를 가져옴으로써, 서구지식을 자국에 맞게 재구성하며 유학을 근대사회에 맞게 재해석하는 역할을 담당할 근대지식인을 키우는 학교로 나아갈 가능성을 갖는다고 할 수 있다.

1882년의 개화에 관한 상소를 보더라도 사숙 등에서 원산학사와 같이 새로운 서적을 읽히는 곳이 드물지 않았으리라 생각된다. 그렇지만 원산학사와 유사한 학교는 아직 발견되지 않고 있다. 또 이러한 학교가 좀더 성장하여 근대학교로 발전해 가는 모습을 추적해 내지도 못하고 있다. 그 이유는 관련 자료를 찾아내지 못하고 있기 때문일 수도 있지만, 과거제도와 공고한 유교교육의 틀 속에서 신교육이 성장해가기 어려웠기 때문이었다고 생각된다. 즉 원산학사에서 가르치는 신지식은, 생진과를 거쳐 향촌의 지배자가 되든 문과나 무과를 거쳐 문무관리가 되든 치자가 될 학생들에게 치자가 알아야 할 시무학의 의미를 갖는 것이었다.

## 제3절 육영공원의 운영과 과거제

### 1. 육영공원의 설립과 운영

육영공원은 1886년에 설립되었으나, 설립을 추진하기 시작한 때는 미국에 파견되었던 보빙사절(報聘使節) 일행이 돌아온 1884년이었다.[41] 이즈

---

41) 李光麟, 『韓國開化史硏究』, 103~104면. 1883년 11월 21일 報聘使節의 일행이었던 홍영식은 복명하는 자리에서 고종이 미국의 장점 중에서 취할 바에 대해 질문을 하자, "機器의 製造 및 배(舟)·車·郵便·電報 등속은 어느 나라를 막론하고 急先務가 아닐 수 없습니다. 특히 우리가 가장 중요시할 것은 교육에 관한 일인데, 만약 미국의 교육제도를 본받아 인재를 양성해서 百方으로 대응한다면, 아마도 어려움이 없을 것이므로 반드시 [미국 교육제도]의 법을 본받아야 합니다"("遣美使節 洪英植復命問答記", 金源模 譯, 『史學志』 15, 1981, 216면)라고

음부터 고종은 미국의 힘을 빌려 청의 압제를 견제하려는 의지를 보이고 있었다.[42] 그러나 이때는 갑신정변 때문에 교섭을 중단했다가 1885년부터 재개하였다. 그동안 서양제국과 정식으로 통상조약을 체결함에 따라 대외 관계는 확대되고 있었으나, 국내에서는 갑신정변의 충격으로 개화의 폭은 축소되었다. 고종은 청의 압력하에서의 부국강병책의 한계에서 벗어나기 위하여, 친청의 입장에서 개화정책을 추진하던 김윤식 등의 온건개화파를 멀리하면서 민씨척족을 등용하여 미국과 러시아에 접근하고 있었다.

이러한 상황 속에서 정부는 미국인을 초빙하여 서양의 지식을 가르치는 학교를 세운다는 생각은 분명했으나, 초빙 교사들의 자격[43]이나 교육내용 을 완전히 미국측에 일임하였다.[44] 1886년 六월 三일(7/4) 미국에서 헐버 트 · 길모어 · 벙커 등 3명의 교사가 도착함에 따라 본격적으로 육영공원 설립을 준비하기 시작했다. 동문학은 외아문의 부속기관이었으나, 육영공 원은 따로 설치하여 내무부 소속인 수문사(修文司)의 당랑(堂郎)이 사무를

---

대답하였다. 더 이상 이에 관한 문답이 없으므로 미국의 교육제도의 어떤 부분을 본받아야 한다고 한 것인지에 대해서는 알 수 없다.

42) 柳永烈, 『開化期의 尹致昊硏究』, 한길사, 1985, 40면.

43) 교섭 과정에서 오고 간 문서들이나 교사초빙 合同約款抄에는 교사들을 '小學校教師'(School teacher)로 지칭하고 있다(『舊韓國外交文書』第十卷, 美案1, 문서번호 204, 고종 22년 5월 7일 ; 문서번호 220, 고종 22년 6월 2일 ; 문서번호 280, 고종 22년 12월 9일).

44) 교사 초빙 교섭을 담당했던 독판교섭통상사무 김윤식은 포크 美대리공사에게 교사들이 서울에 오면 그들이 하는 업무는 무엇이며, 보수는 얼마큼 지불해야 하는가를 물었고, 이에 대해 포크는 조선 외아문에서 교사 초빙을 요청한 만큼 그 사항은 외아문에서 확정할 일이라고 답변했다고 한다(알렌, 김원모 역, 『알렌의 日記』, 단국대학교출판부, 1991, 114면). 미국측의 교사 초빙내용에 대한 문의사항 중, "교사들에게 어떠한 특정한 과목을 가르치게 할 것인가?"라는 질문에 대하여, "생도들에게 가르칠 과목은 교사가 온 뒤에 그들과 협의해서 정하기로 한다"(『舊韓國外交文書』第十卷, 美案1, 문서번호 204, 고종 22년 5월 7일 조 ; 문서번호 219, 고종 22년 5월 29일 조)고 회답했다.

관장하도록 하였다.

육영공원의 교육목적은 외국과의 교제에 필요한 어학능력을 갖춘 관리를 양성하는 일이었다.[45] 여기에서 어학교육이란 반드시 동문학과 같이 교제상무를 담당할 통역관이나 실무관리를 양성하는 것을 의미하지 않았다. 협판(協辦) 내무부사(內務府事) 김영수(金永壽)가 쓴 「육영공원학교규칙서(育英公院學校規則序)」에 의하면, 오늘날 먼나라도 이웃이 되어 수호조약을 맺고 있는데 서로 말을 통하고 잘 지내는 것이 오늘날의 선무(先務)이므로 어학공원(語學公院)인 육영공원을 설립하게 되었다고 하였다. 그런데 그는 학원(學員)들이 언어문자만이 아니라 농상(農桑), 의약, 공기(工技), 상무의 이용후생할 수 있는 것도 학습하도록 하여 선린의 보배가 되어 국가를 성하게 하여야 한다고 하였다.[46] 즉 외국어를 학습하여 외교관계를 잘 맺을 뿐만 아니라, 외교관계를 통하여 농공상업에 관한 서구의 지식·기술을 도입해야 한다는 말이다.

협판 내무부사로 육영공원 운영을 담당할 수문사 당상으로 임명된 민종묵(閔種默)은 이 점을 좀 더 구체적으로 밝히고 있다. 그는 「육영공원규칙서(育英公院規則序)」에서, 오늘날은 직접 이해관계가 없는 나라와도

---

45) 6월 17일 내무부의 啓에는 "현금 각국이 交際하는데 語學이 가장 급무라서 公院을 설치한다"고 하였고, 7월 11일 고종은 "육영공원 語學을 設始한다"고 하여 공원 설립의 주 목적이 어학교육에 있다고 하였다(『育英公院登錄』, 奎章閣圖書 圖書番號 3374).

46) 「育英公院學校規則序」, 『育英公院謄錄』, "夫天下書同文尙矣 惟宇內列邦鋪乎地毬之上 壇域夐闊風敎逈異 書同而文不同 語亦方音相殊 故各國有語學公院之設置者 今我育英公院是也……現今部內諸邦 冠盖互聘舟車交涉 天涯比鄰講信修約 非言無以盡意 非書無以盡言 則辦方調音聲氣通好爲今日急務……且選國中聰敏秀才 各隨資才而受其業 非徒言語文字之專爲 學習農桑醫藥工技商務利用厚生 其具畢張各有條例 勖哉諸生精勤攻劬嗣來作興 要爲善隣之寶以鳴國家之盛 豈不厚幸也歟".

밀접하게 연결되게 되어, 한편에서 일이 생기면 세계가 경계하지 않을 수 없고 저 나라에서 선책(善策)을 행하면 이 나라에서 다투어 모방하지 않을 수 없게 됨에 따라, 기사(機事)를 처리하고 형정병농(刑政兵農)을 발달시키는 데 언어문자를 사용하지 않을 수 없다고 하였다. 이러한 상황에서 중역(重譯)은 임기응변이고 한정되어 있어서 널리 보고 듣는 바에 미치지 못하므로 육영공원을 설치한 것이라고 하였다.[47] 즉 서구의 우세한 지식과 기술을 모방하여 국내의 형정병농을 발달시키기 위하여 이를 서양어로 직접 습득할 수 있는 인재를 양성하는데 육영공원의 설립목적이 있다는 것이다. 그는 육영공원의 교과내용으로 포함되어 있던 격물에 대하여 성인과 선유(先儒)도 이를 언급한 바 있다고 강조하며, 서양학은 확지예인(確摯銳靭)하여 안으로는 이치를 분석하고 밖으로는 이용할 수 있는 것이므로 그 언어에 통하고 사물을 익혀서 국가에 기여하게 하는 것이 공원 교육의 목적이라고 하였다.[48] 그는 서양학을 유학의 격물에 해당하는 것으로 중요성을 부여하면서 이를 익혀서 외교와 내무에서 활용할 수 있기를 기대하고 있다. 여기서는 동문학에서 보다 서양지식이 군사·산업기술에서부터 정치법률제도에 관한 것까지 확대되어 있으며 이를 활용하려는 범위도 확대되어 있다. 이에 따라 서양학은 보다 높은 지위의 관리들이 습득해야 하는 지식이 된 것이다. 즉 육영공원의 교육목적

---

47) 「育英公院規則序」,『育英公院謄錄』, "疇日五州萬國 山阻水夐各在天涯 痛癢不相關者 今乃綿絡貫通始如人一身 是以一方有事世界不得不警 彼國行善此國競坊 坊之梢緩則後時警之梢弛則不振其變 故機事之接拍刑政兵農之張興 不庠語言文字而欲相仿彿 奚異斷港絶航求至於海也 猗我宸謨揆時 經遠宣風重譯思有以曲成焉範圍焉 廣見聞之所不及 於是乎有育英公院之設".

48) 위의 책, "聖人有曰多識草木鳥獸之名 先儒亦云今日格一物明日格一物隨才成就匪直乎一藝一能而局之 吾聞泰西之學確摯銳靭 內而析理外而利用豈空言也 通言語習事物寔學者事 參乎古適乎時蔚有作成用裨大局 斯所以爲敎也".

은 외국어를 비롯한 서양의 문물을 습득하여 외교뿐만 아니라 내치에도 활용할 수 있는 중견관리를 양성하는데 있었다.

八月 一일 내무부가 서입(書入)한 「육영공원절목(育英公院節目)」에 의하면 원에는 좌원(左院)과 우원(右院)을 두었다. 좌원에는 과거에 급제한 출신(出身), 참하(參下)로 연소하고 원문(原文)에 통창(通暢)하고 문지(門地)있고 재준(才俊)한 자로서 10명을 한정하여 택하여 학습하게 하였다. "한문·경사와 같은 것은 본래 시종하여 그만둘 수 없는 것이며, 서어도 또한 부지런히 공부해야 한다"고 규정하여,[49] 이들이 서양학을 배운다 하더라도 그 기본은 유학에 두어야 할 것을 분명히 하였다. 그리고 우원에는 재질총혜(才質聰慧)한 나이 15세에서 20여 세인 자를 20인에 한하여 선발하여 이습시키기로 하였다. 고종은 이들 학도를 내외아문 당랑의 자서(子壻)·제질(弟姪)·족척(族戚) 중에서 택천(擇薦)하게 하였으므로,[50] 동문학에서 보다 높은 지위의 관리를 양성하려는 것이었음을 다시 확인할 수 있다.

평가 방법은 기예(技藝)와 근만(勤慢)을 헤아려서 월과계고(月課季考)·세시(歲試)·대고(大考)를 나누어 두고, 그 중 3년마다 거행하는 대고에서 뛰어난 자를 골라서 보고하여 수직(授職)토록 하였다. 시험방법은 한학월고(漢學月考)와 동일한 규제로 하겠다고 하였다.[51] 한학월고는 한학문신전강(漢學文臣殿講)을 말하는 것으로 생각되는데, 문신들에게 한학의 강독시험을 보이는 것과 같이 영어 강독시험을 보이겠다는 의미이다.

매일 학습하는 차례는 1. 독서 2. 습자 3. 학해자법(學解字法) 4. 산학(算

---

49) 「育英公院節目」,『育英公院謄錄』.
50) 『育英公院謄錄』丙戌 7월 11일 조.
51) 『育英公院謄錄』丙戌 8월 10일 조.

學) 5. 사소습산법(寫所習筭法) 6. 토리(土理) 7. 학문법(學文法)이었고, 초학
(初學) 졸업 후 배우는 교과목은 1. 대산법(大筭法) 2. 각국언어 3. 제반학법
첩경이각자(諸般學法捷徑易覺者) 4. 격치만물[의학(宜學) 농리(農理) 지리
천문 기기(機器) 화훼(花卉) 금수(禽獸) 초목(草木)] 5. 각국역대(各國歷代)
6. 정치(각국조약법 및 부국용병술 포함)로 정해져 있었다. 실제로 가르쳤
던 것은 어학 외에 초등 보통학, 국제법과 정치경제학의 초보 정도였다고
한다.[52]

　이상과 같이 절목을 마련하고 8월에 첫 좌우원 학원을 선발하여, 육영공
원은 八月 卄六일(9/23)에 개학하였다.[53] 정부에서는 적극적으로 육영공
원을 지원하였다. 1887년 三월에는 장령(掌令) 지석영이 육영공원에 비해
성균관에 대한 지원이 박하다고 비판하는 상소를 올릴 정도였다.[54] 고종은
방학 동안에도 5일 간격으로 모여서 응강(應講)하게 하라고 지시하였다.[55]
八월에는 학원을 계속 선발하여 어학을 넓히도록 하라는 고종의 지시에
따라[56] 두 번째로 학원을 선발하였다. 1888년 4월 11일에는 당상(민종묵,
정하원)과 교사에게 고시를 명하여 이틀에 걸쳐 육영공원학원전강(育英公
院學員殿講)을 실시하고 음식을 내려주며 격려했다.[57]

　그러나 학원들의 학습이 점점 부진해지기 시작했다. 이에 대해 고종은
좌원의 재가이습(在家肄習)을 허용하고 3일마다 나와 강하게 하는 식으로
학업을 경감시켜 주는 한편, 네 절기의 마지막 달에 학업성과에 따라

52) Gifford, 앞의 책, 285면.
53) 위의 책, 같은 면.
54) 『高宗實錄』 고종 24년 3월 29일 조.
55) 『高宗實錄』 고종 24년 5월 2일 조.
56) 『高宗實錄』 고종 24년 8월 28일 조.
57) 『高宗實錄』 고종 26년 4월 11일, 4월 12일 조.

상벌을 적용할 것을 명했다.58) 학습은 점점 더 부진해져서 공원에 나왔던
교사가 그냥 돌아가는 지경이 되자, 좌원은 하루건너 나가고 우원은 매일
독학(篤學)케 하며, 불성실한 학생에 대해 그 부형이나 추천인을 벌할
것을 신칙하기도 하였다.59) 1889년 3월의 세 번째의 학원 선발은 우원의
학원만 선발하였다. 학업을 장려하기 위해서 6월에 육영학원응제(育英學
員應製)를 실시하고, 1891년 5월에는 육영공원의 학원 중에서 소시 초시의
합격자를 생진 복시의 방말(榜末 : 합격자 명단 끝)에 붙여주기도 하였다.
　1891년에 정부는 공원을 운영하는데 이미 흥미를 잃고, 교사의 재계약
때 벙커 1명만을 3년간 고용하기로 계약을 맺었다.60) 결국 정부에서는
공원운영 과정에서 나타난 학생들의 학업의 해이, 공원을 관리하는 관리들
의 부패 등의 문제61) 등을 해결하지 못하고, 운영을 단념하고 말았다.
육영공원은 1894년에 영어학교로 재편되어 어학을 가르치는 외국어학교
가 되었다.62) 1895년 一월 廿二일(2/16)에 정부는 아펜젤러와 위탁생 교육
협정을 맺고 인재양성을 위한 신식교육을 위탁했다.63) 육영공원의 교육목
적이었던 '영어 등 신지식을 배운 인재'를 양성하는 일은 배재학당이
이어 받게 되었다.

58)『高宗實錄』고종 26년 1월 13일 조.
59)『高宗實錄』고종 26년 3월 20일 조.
60) 李光麟, 앞의 책, 128면.
61) 위의 책, 123~127면 참조.
62) 1895년 현재 학과는 音讀, 譯讀, 書取, 習字, 會話였으며 독서용 회화책 THIRD
　　READER를 사용하고 있었다(『敎育時論』369호, 明治 28년 7월 15일).
63) 金仁會, 앞의 논문, 57면. 동문학의 기능을 대신했던 배재학당이 육영공원의
　　목적을 계승할 수 있었던 것은 그만큼 배재학당의 교육이 성장했기 때문이었다(위
　　의 논문, 57~62면 참조).

## 2. 육영공원의 학원 분석

지금까지 육영공원 학원들이 입학 후에 어떠한 활동을 했는지 이완용 외 몇 사람 정도밖에 알려져 있지 않다. 학원들의 주요 경력[64]에 대한 분석을 통해 학원들의 졸업 후 활동을 알아보고, 이와 관련하여 공원의 학업이 부진하게 될 수밖에 없었던 원인을 찾아보려 한다.

학원에 대한 분석에 앞서, 학원의 신분에 대하여 재고해 보려 한다. 선행연구에서는 이들이 모두 양반고관의 자제였다고 했으나,[65] 일부 중인 출신의 학원도 있었다고 보인다. 학도는 내외아문의 당랑이 추천을 하도록 했는데, 당랑이란 당상관과 당하관을 말하는 것으로, 당하관에는 양반뿐만 아니라 기술직 중인·양반서얼 등도 종사할 수 있었다. 당시에는 역관 출신의 중인이 내외아문의 주사로 임명되어 행정실무를 담당하고 있는 사람들이 상당수 있었다. 1886년 8월 처음 학원을 선발할 때 우원에 선발된 학원 중 고희경(高義敬)을 추천한 고영철, 이현상(李鉉相)을 추천한 이전(李㙂), 고희명(高義明)을 추천한 진상언(秦尙彦)은 모두 역과에 합격한 중인 출신의 주사이다.[66] 따라서 적어도 이들이 추천한 사람들은 중인이라 고 생각된다. 이러한 점을 미루어 볼 때, 1889년 우원 학원만 57명을

---

64) 『育英公院謄錄』, 『高宗實錄』, 『大韓帝國官員履歷書』. 학원들의 주요 경력은 <부록 1>을 참조.
65) 李光麟, 앞의 책, 111면.
66) 高永喆은 1876년 역과에 합격하고 領選使行의 학도로 파견되어 英語를 배웠으며, 귀국한 뒤 동문학 주사에 임명되었다. 李㙂은 1879년 한학 역과에 급제한 역관 출신이다. 秦尙彦은 영선사행의 학도로 파견되었으나 바로 귀국했고, 그해(1882년) 바로 역과에 합격했다(이성무·최진옥 편, 앞의 책, 382면). 고영철과 이전은 1886년 좌원에 입학한, 安東金氏의 세도가 金炳學의 아들인 金昇圭와 같은 詩社의 同人이었다(李光麟, 앞의 책, 270면). 이러한 점을 볼 때 중인 중에서 가장 지위가 높았던 역학 중인들은 富와 學識을 가지고 양반들과 교류하기도 했다는 것을 알 수 있다.

선발했을 때는 중인층이 보다 많이 입학했을 것이라고 추측해 볼 수 있다.

문무관리 중에서 뽑았던 좌원에는 1886년 八월(<부록 1>의 ①-1)에 14명, 1887년 八월(<부록 1>의 ②-1)에 6명이 입학하였다.

①-1) 14명 중 12명이 입학하기 전에 문과에 급제한 사람이었다. 이완용은 주미공사관 참찬관에 임명되었고 귀국한 후에는 전환국 총판 등에 임명되었다. 이용선은 유럽 5개국 참찬관에 임명되었으나 부임하지 않아서 간삭되었다. 이완용을 제외하고는 개화사업 관련 기관에 임명된 사람은 없었다. 1901년부터 김승규, 이용선, 민철훈, 민영돈이 영국 등의 주차특명전권공사에 임명되었다.67)

②-1) 6명 전원이 입학전 문과급제자였으며, 이들 역시 ①-1과 같이 특별히 새로운 기관에서 일한 사람은 없다. 서상집이 갑오개혁 때 군국기무처회의원으로 활동했으며, 윤헌이 1903년 주미특명전권공사에 임명되었다.

이완용과 이용선의 경우를 볼 때, 좌원에서는 외국과의 교섭업무를 담당할 참찬관급(參贊官級) 관리, 개화사업 관련 기관의 칙임관급(勅任官級) 관리를 양성하려던 것으로 보인다. 1880년대 후반 고종은 청의 간섭에서 벗어나기 위해 열강 간의 세력 견제를 이용하려 했는데, 그 정책의 일환으로 추진했던 것이 미국 및 유럽에 공사(公使)를 파견하는 일이었다. 그러나 이는 청의 압력으로 결국 실패하고 말았다.68) 개화사업도 전보사업

---

67) 주차특명공사 등이 반드시 서양어 및 서양에 관한 지식을 갖춘 사람으로 임명되었던 것은 아니었으므로, 반드시 육영공원의 學歷이 공사 임명에 유리한 조건이었다고는 할 수 없다.

68) 1887년 朴定陽을 駐美全權公使, 趙臣熙를 駐英德我義法 全權公使로 임명하여 부임케 하였으나, 조신희는 홍콩까지 갔다가 되돌아왔고, 박정양은 워싱턴에

외에는 거의 추진되지 못했다. 외교·개화사업이 부진한 상황에서 학원들은 굳이 신지식을 익히지 않고도 일반 관직에 임용될 수 있었다. 이러한 상황은 학원들이 신지식에 대한 흥미를 잃게 된 요인으로 작용했을 것이다. 그리고 '졸업하기 전에 공부를 그만두는 것을 불허한다'는 규정에도 불구하고, 이완용의 경우 수학한 지 1년도 되지 않았는데도 주미 파견을 명했다. 이는 급히 사람을 써야 할 상황이기도 했지만 육영공원의 교육에 대한 장기적인 계획이 없었다는 것을 보여주기도 한다.

우원에는 1886년 八월(<부록 1>의 ①-2)에 21명, 1887년 八월(<부록 1>의 ②-2)에 14명, 1889년 三월(<부록 1>의 ③)에 57명이 입학하였다.

①-2) 21명 중 12명이 육영공원 입학 후 문과에 급제하였다. 그 중 입학한 지 1·2년 내에 관학유생응제(館學儒生應製) 등에서 직부전시(直赴殿試)의 혜택을 받아 문과에 합격한 사람이 5명(민희식·홍순구·이만재·박승길·박태희)이었다. 이러한 사실은 이들이 공원에 입학하고 나서도 계속 과거준비를 했음을 의미한다. 1889년의 육영학원응제를 통해 과거혜택을 받거나 주사에 임명되었던 사람은 7명(심계택·민상현·정운성·서상훈·조한원·김필희·고희경)이었다. 이들은 그동안 과거에 합격하지 않았기 때문에 입학 후 3년 가까이 육영공원의 학업을 충실히 했다고 볼 수 있다. 그러나 주사로 임명되었던 심계택과 민상현, 진사 방말에 붙여졌던 조한원이 이후 문과에 합격하는 것을 볼 때, 육영공원의 학업만으로는 보다 높은 관직으로 나가기에 부족했음을 짐작할 수 있다. 즉 이들은 계속 서양의 신지식을 넓혀나가기 보다는 과거준비를 해야 했던 것이다. 이에 대해 중인 출신인 고희경은 갑오개혁 후 외부(外部)에서 주사, 번역관

---

공사관을 개설하여 주재한 지 채 1년이 되지 못하여 소환되었다(文一平, 앞의 책, 175~203면 참조).

보의 일을 하는 등 육영공원에서 학습한 성과를 활용했다. 이는 중인의
경우 문과에 급제한다 해도 문벌의 차별로 인하여 청현직(淸顯職)으로
승진하기는 거의 불가능했기 때문에[69] 기술관으로서의 전문성을 추구한
경우라고 생각된다. 고희경과 민상현, 김필희는 외국주재 공사관의 참서관
으로 근무했다.

②-2) 14명 중에서 육영학원응제로 직부전시한 신대균을 제외하고는
문과에 급제한 사람이 없다. 1889년의 육영학원응제로 주사에 임명되거나
과거혜택을 받은 사람은 3명(심낙승·신대균·신태무)으로 이들은 2년
가까이 학업을 계속한 셈이 된다. 이들 중 갑오개혁 후 신태무가 외부번역
관, 덕원부윤 겸 감리에 임명되었고, 신대균과 신태무가 서양주재 공사관
참서관으로 활동하였다.

③은 57명이나 선발했는데, 아무도 문과에 급제하지 않았다. 그러나
1891년의 진사시에 합격한 사람들이 있으므로(윤정규·정운호·정보
섭·고희천), 이들이 동년의 육영공원 장려책에 의해 소시 초시 합격만으
로 진사방말에 붙여진 것이라고 해도, 학원들이 여전히 과거준비에서
벗어나지 못하고 있었음을 알 수 있다. 그런데 이들과는 대조적으로 공원에
입학하기 전에 영어를 배운 사람도 있고(고영관·이정래), 공원 외에 전보
학당에서도 수학하여 전보국주사로 근무한 사람도 있다(고영관·이정
래·한종익). 1889년 6월의 육영학원응제에서 민진호가 입학한 지 불과
2~3개월만에 진사방말에 붙여졌던 것은 그가 공원에 입학하기 전부터

---

69) 韓永愚, 「朝鮮時代 中人의 身分·階級的 性格」, 『韓國文化』 8, 1988, 193~196면.
  중인들이 淸顯職에 兩班과 동등하게 참여하는 것을 '通淸'이라 하며, 중인들의
  통청운동은 庶孽의 경우 실효를 보았으나 技術官은 크게 실효를 보지 못한
  가운데 開化期를 맞이하였다(위의 책, 195, 209면).

영어를 학습하고 있었다는 것을 의미한다. 갑오개혁 후에는 한성사범학교, 관립영어학교에서 수학하는 사람도 있고(윤정규·이강식), 다수가 새로운 관서, 학교 등에서 활동하고 있다.

　이상 우원 학원의 변화를 살펴보면, ①-2에서는 60% 가까이가 문과에 합격했으므로 이들은 공원에 입학하고 나서도 과거준비를 하지 않을 수 없었음을 말해준다. ②-2부터는 육영학원응제로 합격한 신대균을 제외하고는 아무도 문과에 합격하지 못했다. 그러나 이들이 과거준비를 하지 않았다고는 볼 수 없다. ③의 학생 중에서 소시 합격자가 있기 때문이다. 한편 ③부터는 소수이기는 하나 공원 외 다른 곳에서 영어를 배우거나 전보기술을 배우는 사람들이 나타나고 있다. 이를 통해서 신분이 상대적으로 낮은 사람들이나 사회의 변화를 보다 빨리 감지했던 사람들 사이에서 외국어와 신기술의 유용성을 이해하고 활용하려는 분위기가 확산되어 갔음을 알 수 있다.

　한편 학원들의 수학기간은 1886년에 입학하여 1889년 육영학원응제에서 좋은 성적을 올렸던 사람들의 경우에도 3년이 채 되지 않았다. 대부분의 학원들이 육영공원에 들어와서 영어를 처음 접했다는 점을 생각할 때, 이들이 과연 어느 정도의 어학능력을 갖출 수 있었는지는 의문이다. 육영공원의 교육 목적이었던 내치외교를 담당할 인재는 장기적인 계획이 있어야 키울 수 있는 것이었다.

　이상의 결과를 통해서 육영공원 학원들의 학습이 부진했던 원인을 찾아볼 수 있다. 즉 1880년대 후반 서구제국과의 외교관계를 통해 국가의 독립을 꾀하고 개화사업의 지원을 얻으려던 정책이 실패로 돌아감에 따라 육영공원에서 배우는 신지식은 관직을 얻는 데 유리한 조건이 되지 못했다. 이러한 상황에서 우원의 학원들은 과거준비를 계속하지 않을

수 없었기 때문에 육영공원의 학업에 충실할 수 없었고,[70] 보다 높은
관직을 얻으려 했던 학원들은 서서히 신지식에 대한 흥미를 잃어갔던
것이다.

### 3. 육영공원의 교육과 과거제

조선시대의 가장 큰 교육장려책은 과거에 혜택을 주는 일이었다. 1889년
五월 卄二일부터 3일간 육영공원학원시강(育英公院學員試講)을 실시하
고 나서, 고종은 이들을 장려하고 선발하는 뜻을 보이기 위해서 영어시강
(英語試講)에서 우수한 사람들을 다시 시험하여 그 중 조(粗) 이상자에게
응제시(應製試)를 보이겠다고 하였다.[71] 6월 2일 경무대에서 육영학원응
제(育英學員應製)가 실시되었다. 시험과목은 시(詩)였다.[72] 즉 응제에서는
육영공원의 교육내용인 영어나 신지식이 아니라 유학의 교육내용으로
시험을 실시한 것이다. 관학유생응제(館學儒生應製)의 경우 본래는 성균
관과 사학에 재적 중인 학생들에 대한 시험이었으나 실제로는 시험응시자

---

70) 1891년 일어학교의 초대교사로 부임하여 2년간 조선에 체류했던 岡倉由三郎에
　　의하면, 과거시험 당일이 되면, 학생들이 대개 시험장에 가기 때문에 다른 語學校
　　들은 임시휴업을 해야 했고, 과거가 많을 때는 1개월에 3·4회 이상인 적도
　　있었다고 한다(岡倉由三郎, 「朝鮮國民敎育新案」, 『東邦協會會報』 2호, 1894,
　　5면).
71) 『高宗實錄』 고종 26년 5월 22일, 23일, 24일 조 應製란 王의 命에 의하여 儒生들을
　　대상으로 실시하는 製述시험이다. 시험 내용은 대개 表, 賦, 詩를 부과하고,
　　응시자들은 그 중 하나를 택하도록 하였다. 성적 우수자로 뽑힌 사람은 直赴殿試
　　의 특전이 부여되므로, 初試와 會試를 거치지 않고 바로 式年試 文科殿試에
　　참여하여 及第狀을 받게 된다(宋俊浩, 「朝鮮後期의 科擧制度」, 『국사관논총』
　　63, 1995, 163면).
72) 詩題는 '得天下英才敎育之'였으며, 이때 시험에 응시한 사람은 48명이고 모두
　　시험지를 제출했다(『日省錄』 고종 26년 6월 2일 조).

가 십만 명을 넘기도 했으므로,[73] 이에 비하면 육영학원응제는 경쟁률이 비교도 되지 않을 정도였으므로 큰 장려책이 될 수도 있었다. 그러나 육영학원응제가 영어시험이 아니었다는 점은, 학생들이 서양인 교사에게 신지식을 배움과 동시에 다른 유생들과 다름없이 유학의 교양을 계속 익히지 않으면 안 되었음을 보여준다. 즉 보다 상위의 관직을 얻기 위해서는 시무로서 신지식이 필요하기도 했지만, 절대적으로 갖추지 않으면 안 되는 것은 과거의 시험내용인 유학의 지식이었다.

응제시의 결과, 유학 신대균(申大均, 87년 우원 입학)·진사 서상훈(徐相勛, 86년 우원 입학)에게는 문과전시에 바로 응시할 수 있는 자격을 주고, 유학 민상현(閔象鉉, 86년 우원 입학)·심계택(沈啓澤, 86년 우원 입학)·신태무(申泰茂, 87년 우원 입학)·심낙승(沈樂昇, 87년 우원 입학)은 내외 아문의 주사로 임명하였으며, 유학 고희경(高羲敬)·김필희(金弼熙)·정운성(鄭雲成)·조한원(趙漢元) (이상 86년 우원 입학)·민진호(閔晉鎬, 89년 우원 입학)는 진사방말에 붙이게 하였다.[74] 진사시에 입격한 사람들이 문과로 나아가기 위해서는 계속해서 과거준비를 하지 않을 수 없었을 것이며, 심계택과 민상현은 주사에 임명되고 나서도 과거준비를 하여 문과에 급제했다.

그렇다면 전시직부란 얼마만한 혜택이 있는 것이었을까. 신대균과 서상훈이 전시직부로 급제한 1889년 十二月 十八日의 알성문과시(謁聖文科試)

---

73) 1889년 五월 卄五일의 관학유생응제에는 응시하러 입장한 자의 수는 13만 5천 3백 78명이고 거둔 시험지는 12만 3천 7백 57장이었다(『日省錄』 고종 26년 5월 25일 조).

74) 『高宗實錄』 고종 26년 6월 2일 조. 가장 성적이 좋은 두 명에게 文科殿試直赴의 혜택을 주고 그 다음의 사람들은 主事로 임명한 것은, 바로 육영공원의 교육이 실무관리보다 상위의 관리를 양성하기 위한 것임을 나타낸다.

의 급제자 수는 53명이다.[75] 이 중에서 당일의 시험에서 합격한 사람은
갑과(甲科)의 이면상부터 7인뿐이다. 나머지는 육영학원응제에서 직부한
두 사람과 명단 끝에 있는 송주현[76]을 제외한 43명이 일차유생전강(日次儒
生展講)(9명),[77] 춘추도기(春秋到記)(4명),[78] 절일제(節日製)(1명),[79] 황감
제(黃柑製)(2명),[80] 관학유생응제(館學儒生應製)(25명), 선파유생응제(璿

---

75) 『國朝榜目』, 499면, 『高宗實錄』, 『大韓帝國官員履歷書』 <부록 2> 참조.
76) 1888년 三월 廿二일 慶科 庭試에서 합격했으나, 시험지를 바꾸어 밀봉하여 바치는
   부정을 저질러 削科되었다가 復科되었다.
77) 殿講은 원래 館學儒生(成均館과 四學에 재적 중인 儒生)을 대상으로 매년 二·
   四·六·八·十·十二월 十六일에 실시하는 講書시험으로 시험내용은 三經 중
   一經으로 하였다. 純通은 直赴殿試 또는 直赴會試의 특전을 주고, 通은 二分,
   略은 1분의 給分을 주어 뒤에 과거시험에 통산해 주며, 粗는 紙筆墨을 주었다(李成
   茂, 『韓國의 科擧制度』, 集文堂, 1994, 121면 ; 宋俊浩, 앞의 논문, 164면). '日次'의
   의미에 대해서는 아직 밝혀져 있지 않다. 黃玹의 『梅泉野錄』에 의하면 "재상의
   자제들에게 三經 중에서 한 秩을 택하여 왕 앞에서 등을 지고 외는 것(背講)을
   日次科라고 한다"(黃玹, 『梅泉野錄』, 金濬 역, 敎文社, 1994, 75면)고 하지만
   이는 日次科가 곧 殿講이었다는 것을 의미한다. 북한의 사회과학원 민족고전연구
   소가 번역한 『이조실록』에는 日次儒生殿講을 '정기적인 날자에 유생들에게 보이
   는 전강시험'으로 번역되어 있다(『이조실록』, 사회과학원 민족고전연구소 역,
   여강출판사, 1993).
78) 到記란 원래 성균관이나 사학에서 수학하는 유생들의 일종의 출석부, 출석 점수이
   다. 즉 하루에 아침과 저녁 두 차례 식당에 들어가면 그것이 곧 1점이 되며,
   이때 거기에 비치된 출석부, 즉 到記에 圓點을 찍기 때문에 이 점수를 圓點이라고
   도 하였다. 到記科는 봄과 가을에 각각 한 차례씩 圓點이 50(때로는 30)에 달한
   관학유생들을 대상으로 실시한 시험이다. 시험과목은 講經과 製述의 두 가지가
   있어, 응시자는 그 중의 하나를 택하였다. 각 과목의 1등 한 사람씩 뽑아 직부전시
   의 특전을 주었다(李成茂, 앞의 책, 121면 ; 宋俊浩, 앞의 논문, 170면).
79) 節日製는 一월 七일(人日製)·三월 三일(三日製)·七월 七일(七夕製)·九월 九일
   (九日製)의 節日에 유생들을 시험하여 居首者에게 직부전시 또는 직부회시의
   특전을 주고, 次等人에게 給分한 것을 말한다. 고시과목은 주로 詩·賦·表
   중의 1題를 출제했다. 본래 성균관 유생의 사기를 높이기 위해 만든 것이었으나,
   왕의 특명에 의하여 方外 유생에게도 응시할 수 있게 한 경우가 많았다(曺佐鎬,
   「學制와 科擧制」, 『한국사』 10, 국사편찬위원회, 1977).

派儒生應製)(2명)[81]에서 바로 전시로 직부한 사람들이다. 이 시험들은 선파유생응제 외에는 원래 관학(館學 : 成均館과 四學) 유생을 대상으로 하는 문과별시이다. 반드시 관학유생만이 응시하는 것은 아니었지만, 관학유생의 학업을 장려하기 위한 시험에서 전시직부하여 급제한 사람이 전체 급제자의 80%에 가까운 비율을 차지했다는 사실은,[82] 유학의 공부도 게을리하지 않으면서 신지식도 익혀야 했던 육영학원의 학생들에게 응제의 혜택이란 그리 특별한 것은 아니었다고 볼 수 있다.

그리고 급제 후 처음 받은 관직을 살펴보면, 서상훈은 2년이나 지난 후에 관직을 받았으며, 이들이 배치된 자리는 홍문관(弘文館) 교리(校理), 시강원(侍講院) 겸설서(兼說書)로 직접 교제상무를 다루는 곳도 아니었다. 동문학의 경우에는 학생들이 배운 신지식을 시험하여 관련 업무를 담당하게 했지만, 동문학보다 상급의 관리를 양성하기 위한 육영공원에서는 유학의 교육내용을 가지고 등용을 하고 또 특별한 업무를 맡기지도 않았다. 즉 육영학원응제는 육영공원의 학업을 장려한다는 의미에서 베풀어졌으나, 시험 자체는 유학의 내용으로 치러졌고 그 혜택이 관직 임용에 유리하

---

80) 黃柑製는 원래 매년 12월 濟州牧使가 바치는 감귤을 성균관과 사학 유생에게 나누어 줄 때 실시하는 製述시험이었는데, 왕의 특명이 있을 때는 方外의 유생도 응시할 수 있었다. 시험과목은 절일제와 같다(위의 책, 150면).

81) 宗親 璿派의 儒生을 대상으로 하는 응제시이다(成大慶,「大院君政權의 科擧運營 -文科를 中心으로-」,『대동문화연구』19, 1985, 149면).

82) <표> 1889년 謁聖文科試의 及第者 분포

| 급제 유형 | 인원수(명) | 비율(%) |
|---|---|---|
| 당일 알성시에서 급제 | 7 | 13.2 |
| 육영공원응제에서 전시직부 | 2 | 3.8 |
| 관학유생 대상 별시에서 전시직부 | 41 | 77.3 |
| 선파유생응제에서 전시직부 | 2 | 1.9 |
| 복과 | 1 | 3.8 |
| 합 계 | 53 | 100 |

지도 않았으므로 거의 효과가 없었던 것이라고 생각된다.

그나마 육영학원응제는 그것이 처음이자 마지막이었다. 그 다음의 육영공원에 대한 장려책은, 1891년 五월 卄三일 육영공원에서 공부하는 사람 중 소시 초시에 합격한 사람들을 모두 전날 시행된 생진복시의 방말에 붙여준 일이다.[83] 이 혜택을 받은 사람은, 앞의 경력 조사가 가능했던 사람 중에서 1891년의 생진과에 합격한 윤정규 외 3명(89년 우원 입학)이라고 생각된다. 그런데 이 혜택은 육영공원에 대한 특별한 혜택이 아니었으므로,[84] 역시 학업을 장려하는 데 별 효과를 올릴 수 없었을 것이다.

이상의 사실을 통해서 볼 때, 정부가 육영공원을 설립했던 당시의 의도나 의욕은 컸다고 해도, 설립 목적을 이룰 수 있도록 적절한 운영을 했다고는 볼 수 없다. 막대한 비용을 들여가면서 서양인 교사를 초빙하여 신지식을 갖춘 인재를 키워내려고 했지만, 과거제의 혜택을 주는 이상의 방법은 강구하지 않았다. 1882년 말, 학교에서 신분에 따른 구별 없이 능력에

---

83) 『高宗實錄』 고종 28년 5월 23일 조.

84) 육영공원의 학원 외에 생진복시의 방말에 붙여진 사람들을 알아보면 다음과 같다. "時原任 師 傅 賓客, 侍講院 및 時任의 翊衛司(왕세자의 侍衛를 맡은 관청), 相禮의 아들, 사위, 아우, 조카들 중에서 생진복시에 응시할 사람은 모두 특별히 방말에 붙일 것. 만일 아들, 사위, 아우, 조카가 없는 사람인 경우에는 형이나 손자 및 성이 같거나 다른 사촌 중 한 사람을 특별히 방말에 붙일 것", "書筵官 金洛鉉의 손자의 이름이 解額에 있다고 하니 특별히 생진복시 방말에 붙일 것"(『高宗實錄』 고종 28년 5월 21일 조) ; "한성부의 생진초시 및 應製陞學 합격자 중 18세인 사람은 모두 이번 복시 방말에 붙이고, 각도 향시와 공도회 합격자 중 18세인 사람은 다음 식년 생진시 방말에 붙일 것", "平原·齊安 양 大君의 종손과 죽은 贊善 任憲誨의 아들의 이름이 해액에 있다고 하니 특별히 생진복시 방말에 붙일 것"(『高宗實錄』 고종 28년 5월 22일 조) ; "慶順公主, 慶淑郡主의 祀孫, 淑惠翁主, 貞謹翁主의 宗孫, 洪翼靖公의 宗孫, 先正 趙文正의 宗孫, 成文簡의 祀孫, 文忠公 金尙容의 宗孫, 忠貞公 尹集의 祀孫이 모두 해액에 들었다 하니 다 특별히 생진 방말에 붙일 것"(『高宗實錄』 고종 28년 5월 23일 조).

따라 공부하게 하겠다는 고종의 지시가 있었지만, 학원의 선발방법을 개선하여 광범하게 지원자를 모집하여 신학문의 능력을 가지고 평가·등용하는 식의 개혁은 취해지지 않았다.[85] 이는 당시 외교·개화정책이 실패함에 따라 신지식의 필요성을 그다지 절박하게 느끼지 않았기 때문이기도 하지만, 고급관리직은 반드시 유학의 교양을 익힌 인재가 담당해야 한다는 이념을 유지하고 있었기 때문이었다.

따라서 인재를 선발하는 과거가 유학의 지식을 시험 내용으로 고수하는 한, 과거의 혜택이 학원들의 신지식에 대한 학습의욕을 고취하기는 어려웠다. 어윤중이 간파한 바와 같이 유교교육과 과거제도의 고리를 끊지 않는 한, 서구의 지식이란 시무학 이상의 의미를 갖지 못하고, 서구지식을 습득하여 당시 조선이 당면했던 문제를 해결할 수 있는 인재를 길러낼 수 없었다. 조선의 유교교육과 과거제도 속에서 육영공원의 교육은 한계에 봉착하지 않을 수 없었다.

## 제4절 유교교육 강화책과 신교육

정부는 신지식을 가르치기 위해 육영공원을 운영하는 한편, 유교교육을 회복하기 위한 교육정책도 시행하였다. 이는 1882년의 교서(敎書)에서

---

85) 이미 1887년에 아펜젤러는 그의 일기에서 "어느 모로 보나 우리 학교가 서울에서 가장 큰 학교요, 한국사람의 말을 빌면, 3명의 교사가 있는 국립학교에서 하는 일보다 훨씬 나은 사업을 하고 있다는 것이다. 설명인즉, 나의 학생들은 가난하고 관직이 없는데 반하여 국립학교 학생들은 잘 살고, 공부를 하든 하지 않든 간에 벼슬을 할 게 확실하다는 것이었다"고 하여(이만열 편, 앞의 책, 306면), 관리들의 추천에 의해 입학한 육영공원의 학생들의 학습의욕이 그리 높지 않을 것임을 예상하고 있다.

"그 교(敎)는 물리치고 그 기(器)는 본받는 것은 원래 병행하여도 어그러지
지 않는다(斥其敎而效其器 固可以竝行不悖也)"라는 동도서기의 입장에
의한 조치였다. 다음의 지석영의 상소를 통해서 동도서기의 입장에서는
유교교육과 신교육의 관계를 어떻게 인식하는지를 알 수 있다. 그는 앞서
서구문물에 대한 민의 이해를 확대하기 위해 원을 설치하여 지식인층에게
먼저 서양지식과 기술에 대한 교육을 실시해야 한다는 상소를 올린 바
있다. 그로부터 5년이 지난 1887년 三월에 그는 다음과 같은 상소를 올리고
있다.

> 태학 문제입니다. 나라는 학교를 설립하고 학교는 나라를 세우며, 나라는
> 선비를 키우고 선비는 백성들을 가르쳐서, 우리 오백년간 학문을 숭상하여
> 교화시킴이 훌륭하였습니다. 그런데 지금 태학을 보면, 東西庠에 식량을
> 대주지 못해서 머리 흰 진사들의 얼굴에 굶주린 빛이 있고 봄가을 제사
> 때에 齋室이 다 무너져서 예복차림의 執事들이 몸 붙일 곳이 없습니다.
> 이에 대해 育英院은 대청이 환하고 방이 깨끗하며 교사에게 녹봉을 주고
> 학원들에게 음식을 주니, 누구는 굶주리게 하고 누구는 배불리 먹게 하며
> 어디는 후하게 하고 어디는 박하게 하는 것입니까. 신의 생각에는 시무를
> 생각해 볼 때 육영에서 어학을 배우는 것 역시 급선무이지만, 나라를
> 다스리는 계책을 거슬러 생각해보면 선비를 키우고 어진이를 대우하는
> 것을 뒤에 놓을 수는 없을 것 같습니다.[86]

즉 육영공원에서는 당장 필요한 어학 등의 지식을 갖춘 관리를 키워내는
일을 하고 있지만, 국가에서 학교를 설립하는 근본목적은 유교의 이념에
따라 나라를 다스리고 백성을 교화할 사대부 계층을 양성해내는 데 있다는

---

86) 『高宗實錄』 고종 24년 3월 29일 조.

100

말이다. 신교육은 어디까지나 시무를 위한 기를 가르치고, 유교교육은 불변의 도를 가르치는 것이다. 따라서 사회를 유지하기 위하여 수기치인 (修己治人)의 인재를 길러내려면 무엇보다도 유학의 본산인 성균관의 교육을 회복해야 한다는 주장이었다.

그런데 황현(黃玹)이 성균관에서 공부하는 선비들은 "모두 답답한 과거 꾼에 불과할 뿐더러, 그들은 뾰쪽하게 생긴 괴귀(怪鬼)처럼 춥고 배고파도 갈 곳이 없었다. 그들은 텅텅 빈 재실에 쪼그리고 앉아 밤낮으로 무슨 일거리를 만들려고 하다가 아무 것도 할 일이 없으면 죄없는 서원복설만을 주장하는"[87] 사람들이라고 묘사하고 있는 바에서 알 수 있듯이, 성균관은 이미 인재 양성의 기능을 하지 못하고 있었다.

성균관의 현실은 그렇다고 하더라도 고종을 비롯한 집권층은 성균관 교육을 강화하기 위한 정책을 추진하였다. 육영공원을 한창 운영하고 있던 1887년 七월에는 경학원(經學院)을 새로 설치하여 성균관 대사성이 성균관의 권학양사(勸學養士)에 힘쓰는 한편 경학원도 관장토록 하였다. 경학원 학생들은 원임(原任) 문형(文衡 : 大提學), 시원임(時原任) 문임(文任 : 提學)·반당반장(泮堂泮長 : 성균관 대사성)의 자서제질(子壻第姪) 중에서 각각 2인씩 추천하고, 교육을 관장하는 사(師)는 특별히 학문을 쌓고 행실이 바른 사람을 택하여 날마다 원에 머무르면서 학업을 성취하도록 하였다.[88] 그러나 경학원의 사를 택하기가 쉽지 않았는지, 경학원

---

87) 黃玹, 앞의 책, 149면. 이어지는 내용은 다음과 같다. "그리고 名賢의 陞廡에 대한 일을 무슨 기화로 생각한 나머지 팔도의 선비들과 서로 호응하여 외람되게 떼를 지어, 간혹 남의 집에서 돈을 거두기도 하고 혹은 강제로 鄕賻를 분배하기도 하였다. 그들은 그 인원을 계산한 후 돈 꾸러미를 나누어 자기들이 먼저 착복하고, 그 남은 돈으로 疏廳을 마련하였다. 그리고 머리에 수건을 두르고 도포를 입은 채로 매일 대궐문 앞에 부복하여 상소를 한다고 하였다".

개학에 즈음하여 고종은 "사학(四學)의 교수(敎授)가 돌아가며 원에 머무르면서 일체 장정(章程)에 따라 학도를 교수하도록 하라"고 지시하고 있다.[89]

학생을 정삼품 이상인 당상관의 자제들 중에서 추천하게 한 것은, 육영공원의 경우 당하관도 추천하게 했던 것과 비교해 볼 때, 육영공원보다 경학원을 더 상위에 설정하고 있음을 의미한다. 그런데 성균관에는 이미 정조대(正祖代)에 서출(庶出)의 생원·진사가 기숙하고 있었다고 하며,[90] 1884년의 도산서원(陶山書院)의 원임직(院任職) 소통(疏通)을 둘러싼 신유(新儒)와 구유(舊儒)간의 향전(鄕戰)문제 처리과정에서 조정과 성균관에서는 이미 서류를 제한하지 않는다는 사실이 밝혀져 있었다.[91] 그럼에도 불구하고 당상관의 자제들을 뽑아서 성균관 교육을 강화하려는 시책은, 실제 효과는 없었다고 해도 유교교육을 더 중시한다는 상징적인 의미를 갖고 있었다고 볼 수 있다.

유교교육 강화책은 지방의 학교에 대해서도 취해졌다. 1882년에는 새로

---

88) 『高宗實錄』 고종 24년 7월 20일 조.
89) 『高宗實錄』 고종 24년 10월 27일 조.
90) 金潤坤, 「李朝後期에 있어서의 成均館의 變遷과 改革」, 『대동문화연구』 6·7 합집, 1969, 11면.
91) 鄕戰이란 종래 鄕權(鄕村支配權)을 장악해왔던 士族(儒林)과 새로이 양반으로 상승해 가는 鄕品(鄕族)과의 대립을 말한다(金仁杰, 「朝鮮後期 鄕權의 추이와 지배층 동향」, 『韓國文化』 2, 1981, 189면). 1884년 가을 慶州 유생 진사 李能謨의 상소에 대해 고종은 道臣 趙康夏를 통해 조정과 성균관에서 이미 庶類를 許通하고 있으므로 서원의 직임에서도 新儒를 차별하지 말 것을 지시했다. 그러나 도산서원에서는 新儒의 分任 요구에 대해 舊儒들이 庶族의 新儒에게 폭력을 행사하며 '物許庶類'라고 써붙이기도 했다. 이에 대해 1885년 6월에 安東 유생 金晉祐 등이 다시 상소를 올리자, 1886년 12월 조정에서는 재차 소통 원칙을 밝히고 도산서원의 문제를 처리하게 했다(『高宗實錄』 고종 22년 6월 9일 조 ; 고종 23년 12월 8일 조).

운 교화의 방법으로 학교에서 인민의 생산성 향상에 필요한 기술을 가르칠
수도 있다는 생각이 싹트기도 했으나, 1886년 四월 고종은 학교가 유교교
화의 장소이고 인재를 양성하는 곳임을 다시 천명하였다. 즉 "나라가
다스려지고 안 되고는 순전히 그 도가 밝아지고 어두워지는 데 달려
있다"고 하면서,

옛날 사람을 가르치는 법은, 비록 범민의 자식이라도 8세에 소학에
들어가고 15세에 대학에 들어갔다. 가르치는 방법과 학교 설치가 모두
차례가 있었으며 또한 매우 주밀하게 갖추어져 있었다. 이 때문에 옛사람들
은 배우지 못한 사람이 없어서 풍속이 순미하고 교화가 쉽게 행해졌다고
하는 것이다.……이제부터 閭里村坊에 편한 데로 講舍를 설립하여 연소총
민하고 재덕이 있는 자를 선발하여 학업을 가르치고 효제를 알려주도록
하라. 이는 역시 家塾黨庠을 세우는 뜻이며 곧 조정에서 儒術을 존숭하고
즐겨 인재를 키우는 지극한 뜻인 것이다. 그러니 모든 설치하는 문제와
규정을 내무부에서 참작하여 짜는 동시에 글을 만들어 八道四都에 行會하
라.92)

고 지시했다.

1893년 동학(東學)의 활동이 활발해지자 이에 대한 위기의식으로 인하
여 성균관 및 지방의 학교교육에 대해 더 적극적인 정책이 시행되었다.
고종은 학교는 유도(儒道)를 구현할 수 있는 인재를 양성하여 이들이
나라를 다스리고 백성을 교화하도록 하는 곳이라는 유학의 학교 개념을
재확인하면서,93) 성균관을 비롯하여 주현학교(州縣學校)에서 남달리 총

---

92) 『高宗實錄』 고종 23년 4월 19일 조.
93) "學校者 所以講明斯道作育人材 制治敎化之所由本也".

명하고 재능과 덕망이 있는 선비(聰雋才德之士)를 선발하여 공부를 시키고, 나아가서 수용하기로 방침을 정했다.[94] 성균관에 유생을 모으기 위한 방법으로, 성균관에 진학한 다음에라야 비로소 첫 벼슬을 추천하고 출석일수가 찬 다음에라야 비로소 절제(節製)에 응시하게 하는 규제를 정하기로 하여,[95] 성균관 규제절목을 만들었다.[96]

과거에 관한 규제에 대해서는, 매해 연말 월과(月課)에서 등급에 든 사람과 각 도에서 추천받은 사람들을 다 명륜당에 모아놓고 면시(面試)를 보게 한 후 식년(式年)의 식년과(式年科) 회시(會試)에 응시하게 하는데, 정원 33명 중에서 아홉 자리를 월과에게 배정하여 매년 우등 세 사람씩 뽑아서 식년 회시 방말에 붙이게 하고, 3년간에 합격한 9명을 식년 회시의 원합격자와 같이 전시에 응시하게 하기로 정했다.[97] 이는 육영학원응제보다 훨씬 더 큰 혜택이었다. 이 규제에 따라 성균관에서는 三월부터 월과를 시행하였고, 十二월 卅六일 월과에서 합격한 유생 중 우등인에 대한 비교시험을 치루어 책(策)에서 합격한 유학 임홍준(任弘準), 진사 이일찬(李日贊), 유학 이상설(李相卨), 생원 장석신(張錫藎)을 식년의 식년시 회시 방말에 붙이라고 지시하였다.[98] 그러나 이러한 장려책도 곧 흐지부지하게 되었는지, 1894년 三월 三일 고종은 월과(月課)를 시행할 것을 신칙하고 있다.[99]

과거혜택을 통해 성균관의 교육을 회복시키려는 정책 역시 효과를

94) 『高宗實錄』 고종 30년 1월 24일 조.
95) 『高宗實錄』 고종 30년 2월 7일 조.
96) 『高宗實錄』 고종 30년 2월 17일 조.
97) 『高宗實錄』 고종 30년 3월 20일 조.
98) 『高宗實錄』 고종 30년 12월 26일 조. 이들은 모두 1894년 四월 十五일의 마지막 文科 殿試榜에 이름이 실려 있다(『國朝榜目』, 511, 512면).
99) 『高宗實錄』 고종 31년 3월 3일 조.

얻지 못하고 있는 것은, 과거제도의 문란[100]과 함께 과거 공부가 유교교육의 본래 목적에서 멀어져 있었기 때문이었다. 과거를 보기 위해서는 과문(科文)을 익혀야 했지, 궁리정심수기치인지도(窮理正心修己治人之道)를 익히는 과정을 통해 덕을 쌓는 공부가 필요한 것은 아니었기 때문이다. 빈발하는 민란을 해결하는 방법으로 제기된 것은 언제나 재정 절약과 함께 지방관을 잘 선택해야 한다는 원칙론이었다.[101] 그러나 이 시기의 유교교육은 과거제도와의 관련 속에서 수기치인의 인재를 길러내는 본래의 목적을 회복하기에는 이미 한계에 이르러 있었다.

사실상 유교교육을 강화하여 덕을 쌓은 인재를 길러내야 한다는 주장은 이념에 그치고, 기독교·동학 등 이단의 위협에 대해 유교 윤리를 확보하는 데 그 현실적인 목적이 있었다.[102] 군신·부자 등 사회 속의 인간관계가 상하로 이루어지는 것을 자연적이라고 생각하는 관점에서는 신분사회를 유지하는 일이 질서를 회복하는 방법이었다. 그러므로 사회가 점점 더 혼란되어감에 따라 인륜을 가르치는 유교교육이 교육정책의 중심이 되지 않을 수 없었다.

1880년대에 정부에서 새로운 교육기관을 설치했던 것은 소수의 새로운 인재를 양성하기 위해서였다. 유교교육을 통한 수기치인의 인재만으로는 당시 조선이 당면하고 있는 사태를 해결할 수 없었기 때문이었다. 신교육은

---

100) 과거의 문란상에 대해서는, 黃玹, 앞의 책, 75~87면 참조.
101) 『高宗實錄』고종 30년 8월 21일 조, 副護軍 李建昌의 상소. 1894년 六월 卄一일 일본군이 경복궁 쿠데타를 일으킨 다음날 발표된 綸音에서도 문제의 해결은 관리 추천의 문란을 바로잡고 財用 낭비를 막는데 있다고 하였다(『日省錄』고종 31년 6월 22일 조, "銓注之淆雜 宜有以澄之 財用之宂濫 宜有以節之").
102) 副護軍 朴奎燦은 東學의 倫常을 파괴하는 폐단은 佛敎나 老子의 학문보다 더 심하다고 비판하면서, 異端을 막기 위해서는 유학을 흥하게 해야 한다고 하면서 書院 복설을 주장하는 상소를 올렸다(『高宗實錄』고종 30년 5월 25일 조).

우선은 외국과의 외교통상 업무를 담당할 관리 양성을 목적으로 했지만, 궁극적으로는 서구의 기술과 지식을 습득하여 부국강병에 활용할 수 있는 인재를 키워내려 하였다. 그러나 불변의 동도를 가르치는 유교교육을 본으로 하는 교육정책 속에서, 시무학인 서기를 가르치는 신교육은 동도를 지키기 위한 수단으로서 유교교육의 틀 속에서 운영될 수밖에 없었다. 그 결과 신교육은 통역관과 약간의 서구지식을 아는 관리를 양성하는 것에 그치고 말았으며, 신교육의 주요 내용은 외국어로 인식되었다.

그리고 서기를 활용하여 부국강병을 이루기 위해서는 일단은 소수의 지식층이 이를 익혀야 하지만, 그 다음에는 이를 재구성하여 보통교육으로서 인민에게 분배하여 인민의 생산력을 향상시키도록 해야 한다. 그러나 이러한 작업은 서구의 기술·지식의 도입과 습득이 제대로 이루어지지 않음에 따라 시도되지 못했다. 이로 인해 1880년대 초에 싹트기 시작했던 학교 개념에 대한 새로운 이해, 즉 학교에서 유교교육만이 아니라 인민에게 여러 가지 기술을 가르칠 수도 있다는 생각이 정책상으로는 더 이상 나타나지 않았다. 『한성순보』와 『한성주보』에 서양 부강의 근원으로서 국민교육과 보통교육에 대한 기사가 여러 번 게재되었지만, 이러한 교육이 현실적으로는 논의되지 않았던 것도 이러한 사정 때문이었다고 생각된다.

# 제4장 갑오개혁과 근대교육제도의 도입

## 제1절 학무아문 시기의 교육개혁

### 1. 과거제 폐지와 국문의 등장

1894년 7월 23일 일본군의 경복궁 점령으로 김홍집(金弘集) 내각이 성립하고 갑오개혁(甲午改革)이 시작되었다. 군국기무처(軍國機務處)는 8월 3일(七/三) 과거제도를 폐지하였다. 의안(議案)에 의하면, "과문취사(科文取士)는 조가(朝家)의 정제(定制)이지만, 허문(虛文)으로 실재(實才)를 수용하기는 어려우므로 과거법을 상재(上裁)를 거쳐 변통한 뒤 선거조례(選擧條例)를 별정(別定)할 것"이라 하여,[1] 과거제도의 문제점은 허문인 과문으로 능력을 평가하는 점에 있다고 지적하였다. 그동안 과거제를 운영하는 과정에서 폐단이 속출하였으나, 언제나 시험 절차를 규정대로 엄격하게 시행할 것을 신칙하고 시관(試官)과 부정응시자를 처벌하는 정도에서 그쳤을 뿐, 그 폐지를 논의한 적은 없었다. 과거제가 폐지되기 두달 전인 6월 18일(五/十五)에도 식년 문무과 전시를 실시하여 문과 59명, 무과 1,147명의 급제자를 배출하였다.[2] 과거제 폐지를 주장했던 유길준과

---

1) 『日省錄』 고종 31년 7월 3일 조.
2) 『高宗實錄』 고종 31년 5월 15일 조.

김윤식, 어윤중 등의 개화세력이 정권에 참여하여 개혁을 주도하면서
이제 그 실현을 보게 되었다.[3]

  8월 12일(七/十二)에는 새로운 선거법이 제정되었다. 각 부(府) 아문(衙
門)의 대신들은 조야신사(朝野紳士) 경향귀천(京鄕貴賤)을 논하지 않고
품행 재서(才諝) 예술(藝術)이 있으며 겸하여 시무를 아는 자를 선취하여
전고국(銓考局)에 보내 시험을 치게 한 후 수용한다고 하였다. 즉 과거제
폐지는 관리등용의 방법을 바꾸는 데 그치는 것이 아니라, 관리가 갖추어야
할 자질까지도 바꾼다는 것을 의미했다. 전고국에서 시행하는 시험 중
보통시험의 과목은 국문·한문·사자(寫字)·산술·내국정략·외국사
정으로 정했다.[4] 과목은 유학의 내용은 포함되어 있지 않고 이른바 시무학
으로 구성되어 있어서, 관리가 갖추어야 할 지식 내용이 완전히 바뀌게
되었다. 그리고 학교를 광설하여 인재를 양성하기 전까지는 향공법(鄕貢
法)에 의하여 천거하도록 한다고 하여, 새로운 선거법은 새로운 학교교육
을 전제로 하고 있음을 밝히고 있다.[5] 이는 바로 새로 설치할 학교의
교육내용이 과거와는 획기적으로 다른 것으로 변화함을 의미하였다. 그
중에서 산술과 국제법·정치경제학과 같은 교과목은 육영공원에서 가르
친 적이 있기 때문에, 보다 중요한 변화는 국문이었다.[6]

---

  3) 유길준과 김윤식은 7월 27일(六/卄五) 군국기무처회의원에 임명되었다(『日省錄』
   고종 31년 6월 25일 조). 김윤식은 1887년 유배되어 서울을 떠나 있다가 처음
   회의소에 도착한 것은 8월 5일(七/五)이었으므로(『續陰晴史』上, 고종 31년 7월
   5일 조) 과거제 폐지 의안을 제출하는 자리에는 없었다. 어윤중은 8월 2일(七/二)의
   군국기무처 회의를 통해 임명되었으므로 8월 3일의 회의에 참석하기는 어려웠을
   것이라고 생각된다(『日省錄』 고종 31년 7월 3일 조).
  4) 『日省錄』 고종 31년 7월 12일 조, 「銓考局條例」.
  5) 『日省錄』 고종 31년 7월 12일 조, 「選擧條例」.
  6) 이전까지 한글은 『千字文』을 가지고 漢字의 訓音을 익히는 과정에서 자연스럽게
   익힐 수는 있었으나 그 자체가 학습 내용인 것은 아니었고, 대부분의 지식인들은

12월 17일(十一/廿一)에는 「공문식(公文式)」 제14조에 "법률칙령은 모두 국문을 본으로 하고 한문은 부역(附譯)하며 혹 국한문을 혼용한다"[7])고 하여, 언문으로 불려 왔던 한글이 국문으로서 본의 위치에 오르게 되었다. 1895년 1월 7일(갑오년 十二/十二)의 종묘서고문(宗廟誓告文)은 관보에 한문(大君主展謁宗廟誓告文)·순한글(대군쥬게셔 종묘에 전알ᄒ시고 밍셔ᄒ야 고ᄒ신 글월)·국한문혼용(大君主게셔 宗廟에 展謁ᄒ시고 誓告ᄒ신 文)의 순으로 발표되었다.[8]) 5월 31일(五/八)에 개정된 「공문식」의 제9조에는 "법령칙령은 다 국문으로써 본을 삼고 한역(漢譯)을 부(附)ᄒ며 혹(或) 국한문(國漢文)을 혼용(混用)홈"이라고 하여 앞의 규정을 재확인하고 있지만, 이 칙령을 시행하기로 한 6월 5일(五/十三) 이후에도 「공문식」규정 자체의 표기와 같이 국한문혼용으로만 표기하고 있어서, 결국 국문은 국한문혼용을 의미하는 것처럼 되었다.

1886년의 『한성주보』에 순한글로 쓴 기사가 실린 적이 있었으나, 갑오개혁 전부터 국문사용을 시도했던 사람들은 대개 국한문혼용체를 사용하였다. 1886년 정병하(鄭秉夏)가 저술한 농서(農書) 『농정촬요(農政撮要)』의 본문이 국한문혼용으로 되어 있다.[9]) 유길준은 1883년에 박영효의 부탁으로 신문발행 준비를 하면서 창간사 등을 국한문혼용체로 쓴 적이 있다.[10])

---

한글 사용을 기피하였다. 1883년 協辦交涉通商事務 金晩植은 영국과 통상조약을 체결하면서 영국 측에서 英文을 韓譯하려는 데 대해 자신은 배우지 않아서 조선글을 읽지 못한다고 하였고(『尹致昊日記』1883년 9월 18일), 金弘集 역시 윤치호가 언문 사용을 권하자 "나는 조선 언문을 못 배왓소"하고 성을 냈다고 한다(尹致昊, 宋炳基 譯, 「風雨 十年」, 『國譯 尹致昊日記』下, 探求堂, 1977, 344면).

7) 宋炳基·朴容玉·朴漢卨 編著, 『韓末近代法令資料集』1, 大韓民國國會圖書館, 1970, 120면.
8) 『官報』개국 503년 12월 12일.
9) 李光麟, 『韓國開化史硏究』, 220~221면.

110

그는 1889년에 완성한 『서유견문(西遊見聞)』에서 국한문혼용체를 우리나라 칠서언해(七書諺解)의 방법에서 배웠다고 하여[11] 나름대로 국문체에 대한 연구를 했다고 보인다. 박영효는 갑신정변 후 일본 망명 중에 쓴 건백서에서 '인민을 국사와 국어국문으로 가르쳐야 한다'고 주장했다.[12] 또한 1894년 12월 17일(十一/卄一) 내무대신에 임명되어 각도에 내린 내무 아문 훈시 중에는 '인민을 몬져 본국사와 본국문을 교(敎)홀 사'라는 조항이 포함되어 있다.[13] 그는 1882년의 수신사행 기록인 『사화기략(使和記略)』을 서술하면서 자신의 연설 부분을 국한문혼용으로 썼고,[14] 갑오기의 법령 중 최초로 「감옥규칙(監獄規則)」을 국한문혼용체로 공포한 것[15]을 볼 때 박영효 역시 국문을 국한문혼용의 형태로 사용하려 했다는 것을 알 수 있다.

---

10) 위의 책, 64~66면.
11) 兪吉濬, 『西遊見聞』序, 『兪吉濬全集』 1, 一潮閣, 1971, 6면, "我邦 七書諺解의 法을 大略 倣則ᄒ야 詳明홈을 爲홈이라".
12) 「朴泳孝建白書」, 307면. 그는 "本國의 歷史와 文章을 가르치지 않고 淸의 역사와 문장만 가르쳐서 인민이 淸을 本으로 삼아 중시하고 자국의 典禮와 故事를 모르게 되는 것은 本을 버리고 末을 취하는 것이다"라 하여, 조선이 중국문명으로부터 독립된 하나의 국가라는 인식을 바탕으로 국문과 국사교육의 필요성을 주장하였다.
13) 『高宗實錄』 고종 32년 3월 10일 조.
14) 『使和記略』, 국사편찬위원회 편, 『修信使記錄』, 국사편찬위원회, 1958, 238면, 254면.
15) 『韓末近代法令資料集』 1, 126~128면. 『한말근대법령자료집』에는 12월 21일(十一/卄五)의 「監獄規則」을 법무아문이 제정한 것이라고 보고 있다. 그러나 국한문혼용으로 표기된 1895년 1월 6일(甲午十二/十一)의 「巡檢懲罰例(巡檢의懲罰ᄒ는例)」가 내무아문(대신 박영효)과 법무아문(대신 서광범)이 관련 아문으로 되어 있으므로 「감옥규칙」 역시 내무아문이 관련되어 제정된 것일 수 있으며, 법무아문이 단독으로 관련되어 있는 11일(十二/卄六)의 칙령 제24호가 한문으로 표기되어 있는 것을 볼 때, 「監獄規則」의 표기방식은 박영효에 의해 채택된 것이라고 생각된다.

이제 과거제가 폐지됨으로써 조선의 교육은 신지식을 적극적으로 도입할 수 있게 되고, 국문을 사용함으로써 보다 많은 인민이 교육에 접근할 수 있게 되었다. 이미 문벌 반상의 등급을 벽파하고 관리등용의 신분적 차별을 없앤다는 의안도 의결되었으므로[16] 누구나 능력에 따라 새로운 지식을 습득하여 관직에 나갈 수 있는 가능성을 갖게 되었다.

## 2. 학무아문의 고시문 공포

1894년 학무아문(學務衙門)에서는 소학교와 사범학교의 설립을 추진하면서 고시문(告示文)을 9월 1일(八二)과[17] 10월 1일(九三) 잇달아 발표하였다. 고시문은 학무대신 박정양(朴定陽)이 작성한 것으로, 당시가 경장의 때라는 인식 하에서 영재교육을 위해 소학교와 사범학교를 설립하겠다고 하면서, 신교육에 대한 구상을 밝히고 있다. 먼저 9월 1일의 고시문은 다음과 같다.

孟子가 말하기를, 王者에게는 三樂이 있는데 英材를 얻어 교육하는 것이 일락이라고 했다. 어려서는 배우고 커서는 행하여 국가에 수용되고자 한다. 자주 나는 새는 어려서부터 익혀야 마침내 잘 날게 되고, 수레에 매는 말은 어려서부터 길을 들여야 끄는 법을 그르치지 않는다. 사람이 태어나서 어린아이 때부터 때에 따라서 가르치고 반드시 스스로 행하게

---

16) 『日省錄』 고종 31년 6월 28일 조, "劈破門閥班常等級 不拘貴賤選用人材事".
17) 이 고시가 공포된 날짜가 小田省吾의 『朝鮮敎育制度史』(53~54면)와 李萬珪의 『朝鮮敎育史』(43면)에는 7월(음)로 되어 있다. 당시 告示의 전문을 게재한 일본의 신문·잡지 기사에도 7월로 되어 있다(『日本』明治 27년 9월 19일 ;『敎育時論』 340호, 明治 27년 9월 25일 ;『敎育報知』441호, 明治 27년 9월 29일). 그러나 이를 작성한 學務大臣 朴定陽의 「告示文」(『朴定陽全集』 4, 373면)에 따라, 甲午 八月 初二日, 양력 9월 1일로 바로잡는다.

하여 뿌리를 북돋으며 가지를 발달시켜 훌륭하게 키워내어 각각 그 쓰임에 맞게 하는 것이 낙이 아니겠는가. 모든 제도를 경장하는 때에 즐거이 영재를 기르는 일은 제일의 급무이다. 그래서 소학교를 제정하여 먼저 京內에서 행하도록 하여 7세 이상의 남자를 뽑아서 모두 이 학교에 들여보내 五倫行實, 眞文, 修身, 文字 및 我國과 萬國의 地誌, 歷史初步 등의 학문을 이습케 한다. 삼년으로 배움을 마치게 하고 일년을 2기로 나누어 능력을 헤아려 가르친다. 어릴 때 강하여 익히게 하면, 익힘이 지혜와 같이 자라고 교화가 마음과 함께 이루어져서, 이들이 서로 거슬려 가르침을 감당하게 되지 못할 근심이 저절로 없어진다. 무릇 우리 동몽에게 바라는 것은 이 초학인 入德之門에 들어가 모두 힘쓰는 것이다.

옛날 배우는 자는 반드시 스승이 있었다. 스승은 도를 전해주고 학업을 가르쳐주기 때문이다. 스승이 제자보다 현명하지 않으면 많은 어린아이들을 깨우쳐 줄 수 없다. 이 때문에 漢나라의 董仲舒는 태학을 일으켜 훌륭한 스승을 두는 것을 가장 중요시하였는데, 그 뜻이 어찌 중하지 않겠는가. 바로 지금 시급히 해야 할 일은 영재를 교육하는 것보다 앞서는 것은 없고, 교육하는 방법은 오직 현명한 스승을 얻는 데 있다. 그래서 사범학교를 제정하여 먼저 경내에서 행하도록 하여, 15세 이상 20세 이하의 남자로 조금 한문 실력이 있는 공부하는 사람을 특별히 뽑아 학원으로 하여 諺文綴字, 國文記事, 眞文記事, 論說 및 아국과 만국의 역사, 지리, 경제, 법률, 박물, 산수 등의 학문을 강습하여 학업을 이루어내면 발탁하여 소학교 사범으로 삼아 先知가 後知를 깨우치게 하려 한다. 인재를 모아 차례로 성취시키는 것 역시 아름답지 아니한가. 무릇 우리 뜻있는 선비들은 각각 소문을 듣고 와서 배우고 때에 따라 익혀서 일국의 모범이 되도록 할 것이다.

대저 나라를 잘 다스리는 길은 인재를 만들어 내는 것을 본으로 한다. 사람이 태어나 8세에는 모두 소학에 들어가게 하고 15세에는 대학에 들어가게 하여 차례로 성취시킨다. 三代의 明倫立敎와 前漢·後漢의 관리

등용제도는 魏晋唐宋의 通經宏詞에 이르기까지 그 규제는 달라도 각 적용하는 원칙은 하나였다. 하물며 우리나라는 공맹 만을 숭상하는 것을 으뜸으로 가르쳤다. 안으로는 태학, 사학, 象譯之學을 두고 밖으로는 주현에 庠塾을 두어, 현명한 사람을 불러오고 훌륭한 사람을 뽑아서 인재를 독실하게 함으로써 장차 국가가 필요로 하는 일에 쓰려고 했다. 지금 시국이 크게 바뀌어 모든 제도를 전부 새롭게 고쳐야 함을 생각해 볼 때, 영재를 교육하는 것은 가장 급히 해야 할 일이다. 따라서 본 아문에서는 소학교와 사범학교를 세워 먼저 경내에서 행하려 하니, 위로는 공경대부의 아들로부터 아래로는 모든 백성의 준수한 자에 이르기까지 모두 이 학교에 들어와서 경서, 子傳, 六藝와 百家의 글을 아침에 외우고 저녁에 익히도록 하라. 요는 장차 해야 할 일을 잘 알아 세상을 구하도록 내수외교에 각각 맞게 쓰려고 하니 진실로 큰 기회이다. 대학교와 전문학교도 앞으로 차례로 설치하려고 한다. 모든 우리 사방의 공부하는 자들은 책을 펴들고 학습을 시작하여 專心으로 가르침을 들어서, 훌륭한 임금이 다스리는 세상을 이루어내려는 뜻을 어기지 말라.[18]

---

18) 위의 책, 373~377면, "孟子曰 王者有三樂 得英材而敎育之一樂也 幼而學之壯而行之 欲以需用於國家也 數飛之鳥幼而習之終至翺翔 繫車之馬幼而馴之不失範御 人之生自孩提時敎固已行 培根達枝卓乎樹立 使之各適其用不亦樂乎 當此百度更張之時 樂育英材第一急務也 玆制定小學校先行於京內 而將擇男子年七歲以上皆入此學 肄習五倫行實民文修身文字及我國與萬國地誌歷史初步等學 以三年爲終業一年爲二期量力而敎之 講習於幼稚之時 習與智長化與心成 自無扞格不勝之患也 凡厥求我童蒙 入此初學入德之門盍相與勉之
    古之學者必有師 師者所以傳道授業也 師不賢於弟子則無以牖解群蒙矣 是以漢之董仲舒 以興太學實明師爲至要其意豈不重歟 顧今切急之務莫先於敎育英才 而敎育之道寔在乎得賢師也 玆制定師範學校先行於京內 另擇年十五歲以上二十歲以下男子 梢有漢文之力學者爲學員 講習諺文綴字國文記事員文記事論說 及我國與萬國之歷史地理經濟法律博物籌數等學 攷藝拔尤將爲小學校師範使先知覺後知 蒐羅人才次第成就不亦美乎 凡我有志之士 其各聞風而來學而時習俾作一國之模楷焉
    夫國家致治之道 以作成人材爲本 人生八歲皆入小學十五入大學有次第成就之

박정양은 고시의 첫머리에서 『맹자』의 군자의 삼락 중 영재교육의 낙을 '왕의 일락'으로 바꿈으로써, 교육의 주체를 왕으로 하여 모든 교육을 국가에서 담당하겠다는 의지를 밝히고 있다. 이전까지는 국가에서 성균관과 사학, 향교를 설립하여 운영했지만, 이들 학교는 소학 이상의 단계로서 소학의 교육은 서당 등의 사적 교육에 맡기고 간간이 장려책을 실시하는 정도에 그치고 있었다. 이제 직접 소학교를 설립하고 운영하는 일도 담당하겠다고 하였다.

정부가 설립할 소학교와 사범학교의 교육대상은 다른 제한은 없이 남자로만 한정했다. 고종은 이미 1882년에 학교에서 신분에 관계없이 능력에 따라 공부하게 하라는 교서를 내린 바 있다.

교육내용을 학과목으로 분류하고, 수업 연한(소학교 3년)과 학기(1년 2학기)를 정한 것은 새로 채택한 방식이다. 소학교에는 오륜행실과 한문(眞文)과 같은 이전 교육과 같은 내용의 교과가 있고, 아국과 만국의 지지·역사 초보 등의 새로운 교과목을 도입했다. 사범학교에는 산수를 비롯하여 경제, 법률, 박물 등의 교과목도 있었다. 교육내용에서 가장 중요한 변화는 국문 교과가 등장했다는 점이다. 소학교 과목에서 '문자'라고 한 것이 바로 한글의 '가나다'를 의미한다고 생각되며, 사범학교 교과목에는 언문철자와 국문기사라는 과목이 들어있어서 학교교육의 역사상 처음으로

---

功 三代之明倫立教 兩漢之課程選擧 以及魏晋唐宋之通經宏詞 其規制或殊而代各適用則一也 況我國宗教專尙孔孟 內而太學四學象譯之學外而州縣庠塾 招賢選良因其材而篤之 將以需國家之用也 顧今時局丕變凡百制度咸與維新 而教育英材尤爲第一急務也 茲由本衙門 立小學校師範學校先行京內 上自公卿大夫之子下至凡民俊秀皆入此學 經書子傳六藝百家之文朝誦暮習 要將識務而救時 內修外交各適其用誠一大機會也 大學校專門學校亦將次第設實 凡我四方學者橫經鼓篋專心聽教 無負聖世作成之意焉".

국문이 교육과정에 포함되게 되었다.

　그런데 신교육의 목적은 영재를 기르는 일이라고 하였다. 영재가 구체적
으로 어떠한 능력을 갖추어야 하는지에 대해서는 언급이 없지만, 국가가
등용하여 내치외교에 쓰기 위한 사람이라면 시무학을 잘 아는 사람이어야
할 것이다. 그런데 소학교교육에 대하여, 『소학』의 「소학서제(小學書題)」
의 구절을 인용하여19) 유학의 원리를 지식으로 알기 이전에 유교윤리를
익히게 함으로써 지식과 행동이 함께 나아갈 수 있도록 하는 점에 교육의
의의가 있다고 하면서, 소학교를 '입덕지문'이라 하고 있다. 이는 인재가
갖추어야 할 근본적인 덕목은 덕이며, 소학교교육의 목적은 소학과 같이
덕을 쌓은 인재의 기초를 형성하는 것으로 설정하고 있다는 뜻이다. 소학교
교육의 목적이 인재의 기초를 형성하는 것이라면, 박정양은 소학교를
국민 양성을 위해 보통교육을 실시하는 곳으로 인식하지는 않았다는
의미이다. 또한 사범학교도 국민 양성을 위한 교사를 교육하는 곳이 아니
라, 이전의 태학과 같이 영재를 키우는 일을 담당할 스승을 가르치는
곳이 된다. 사범학교는 학교의 명칭 상으로는 처음 설립되는 학교이지만,
태학에서 공부한 사람이 출사하지 않을 경우에는 사숙이나 서재를 설치하
고 제자를 가르치기도 했다는 점에서, 태학의 기능을 계승한다고 할 수
있다.

　박정양은 소학교와 사범학교가 새로운 제도이기는 하지만, 유교교육의
이념을 실현하고 전래의 교육제도를 잇는 것이라는 점을 명시하고 있다.
즉 국가 정치의 근본을 인재양성에 두고 신분의 구별없이 모두에게 소학과
대학에서 학습하게 하여 이들 중에서 인재를 등용하여 쓰는 것은 삼대

---

19) 「小學書題」, 『小學』, "必使其講而習之於幼穉之時 欲其習與智長 化與心成 而無
　　扞格不勝之患也".

이래의 제도를 이어받는 것으로,[20] 조선에서도 오로지 공맹을 숭상하면서 한성에는 태학·사학·사역원, 지방에는 상숙에서 인재를 키워 국가에 써 왔다고 하였다.[21] 그와 마찬가지로 새로 설립할 학교는 시대의 변화에 따라 새로운 형식의 교육을 통하여 유학의 이념을 구현하기 위한 곳일 뿐이라는 것이다.

이상과 같은 고시문의 내용을 통해서, 학무아문에서 추진했던 신교육은 국문·국사와 실용적인 교과목을 새로운 교육내용으로 도입하면서, 교육 목적은 덕을 갖춘 인재의 양성이라는 유교교육의 목적을 그대로 유지하고 있음을 알 수 있다.

박정양은 1888년 주미전권공사(駐美全權公使)로 워싱턴에 주재하면서 사관학교를 비롯하여 여학교, 대학 등 교육기관을 방문하는 등 미국의 교육제도에 관심을 보였다.[22] 그는 신교육을 구상하면서 미국에서 본 교육제도를 염두에 두었으리라 생각된다. 그는 미국의 학교제도와 교육내

20) 「大學章句序」, 『大學』, "三代之隆 其法寢備 然後 王宮國都 以及閭巷 莫不有學 人生八歲 則自王公以下 至於庶人之子弟 皆入小學 而教之以灑掃應對進退之節 禮樂射御書數之文 及其十有五年 則自天子之元子衆子 以至公卿大夫元士之適子 與凡民之俊秀 皆入大學 而教之以窮理正心修己治人之道 此又學校之教 大小之節 所以分也".

21) 이 학교들은 유학에서 이상으로 삼던 중국의 古例의 학교제도인 家의 塾, 黨의 庠, 州의 序, 國의 學을 모범으로 한 것이었다("古之教者 家有塾 黨有庠 州有序 國有學"『禮記』, 「學記」). 조선시대의 成均館은 國學, 鄕校는 州序, 書院은 塾庠에 해당한다("今我朝之太學 古之國學 鄕校 古之州序 書院 古之塾庠", 『高宗實錄』 고종 10년 11월 3일 조, 최익현의 상소). 그리고 象譯之學, 즉 사역원의 교육은 원래 學校의 범주에 들어가는 것이 아니었는데도 학교의 하나로 포함시킨 것은 1880년대 이후 외국어 교육이 중요한 위치를 차지하게 되었고, 또 이미 운영되고 있던 英語, 日語學校를 염두에 두고 있기 때문이라고 생각된다.

22) 韓哲昊, 「1880~90年代 親美 開化派의 改革活動 硏究-貞洞派를 중심으로-」, 한림대학교 박사학위논문, 1996, 48면.

용을 다음과 같이 기술하였다.

    교육 한 가지 일은 정부가 가장 힘쓰고 있어서, 위로는 都府로부터 아래로는 洲郡·閭巷에 이르기까지 학교를 대중소 3등으로 나누어 설립하고 있다. 남녀가 태어나 6, 7세가 되어 겨우 말을 이해하게 되면 곧 소학교에 들어간다. 3년을 기한으로 졸업하여 교사에게 증서를 받고 난 후 중학교 입학이 허가된다. 또 3년을 기한으로 졸업증서를 받고 나서야 비로소 대학에 들어가서 4년을 기한으로 졸업하여 마친다. 그 학업에는 두루 과목이 있는데, 천문·지리·물리·사범·정치·醫業·測筭·農·商·工·기계·鑛務·光·化 및 海陸軍兵學, 각국어학 등 갖추지 않은 학문이 없다. 재예에 따라 각자 원하는 바에 따른다. 비록 工商의 小技라도 대학교 졸업증서가 없으면 사람이 불신하여 세상에서 살아갈 수 없다.[23]

    여기서 그가 주목하고 있는 부분은 미국에서는 남녀 모두에게 소학교교육을 실시한다는 점과 함께[24] 대학에서 여러 전문과목을 가르치고 있다는 점이다. 그는 고시문에서 앞으로 대학교를 설립하겠다는 계획을 밝혔는데, 대학교가 성균관과 어떠한 관계가 되는지에 대해서는 밝히지 않았다. 학무아문 관제에 의하면 성균관에는 교육기관으로서의 기능은 주어져

---

23) 朴定陽,『美俗拾遺』,『朴定陽全集』6, 612~613면, "教育一事政府最爲用力 上自都府下至州郡閭巷 設立學校分大中小三等 男女始生六七歲纔解方言便入小學校 限三年卒業受敎師證書然後許入中學校 又三年受卒業證書始入大學校 限四年卒業第 其學業均有課目 曰天文曰地理曰物理曰師範曰政治曰醫業曰測筭曰農曰商曰工曰機械曰鑛務曰光曰化及海陸軍兵學各國語學無學不備 隨才藝各遵其願 雖工商小技若非大學校卒業證書 人不信之而不得行于世".

24) 당시 미국은 義務敎育法이 보급되고 있는 중이었지만, 이를 구체적으로 촉진할 만한 조건이 충분히 정비되어 있지 않았기 때문에 취학률이 급격하게 상승하지는 않았다(眞野宮雄,「南北戰爭以後の義務敎育」, 眞野宮雄 外,『義務敎育史』,『世界敎育史大系』28, 講談社, 1977, 204면).

있지 않았다.[25] 따라서 박정양은 대학교에 이전의 성균관이 해 왔던 역할과 같이 중견관리, 또는 사회를 지도해 나갈 지식인을 양성하는 일을 담당하게 하고, 교육내용에는 미국의 대학과 같이 전문적인 지식·기술을 포함시키려 했을 것이라고 짐작할 수 있다. 박정양이 생각하는 영재는 당시 조선이 처한 급박한 상황을 해결할 수 있는 전문적 지식·기술을 갖춘 사람이면서, 전통적인 인재의 덕목이었던 덕을 갖춘 사람이었다. 박정양은 이러한 인재를 키우기 위해서 우선 소학교에서 오륜행실을 중심으로 교육을 하고, 나아가서 대학교를 설립하여 전문적인 교육을 실시하려는 계획을 구상하고 있었던 것이다.

학무아문에서는 10월 1일(九/三) 다시 고시문을 발표했다.

대저 사람이 태어나 어릴 때 소학에서 익히지 않으면 방심(放心)을 거두고 덕성(德性)을 기름으로써 대학의 기본을 이루어 낼 수 없다. 장성하여 대학에 나아가지 않으면 의리(義理)를 살피고 많은 사업을 다룸으로써 소학에서 이룬 공을 거두어들일 수 없다. 따라서 옛날에 사람이 나서 8세가 되면 위로는 왕공에서부터 아래로는 서인의 모든 자제에 이르기까지 다 소학에 입학시켜 예악사어서수(禮樂射御書數)로부터 효우목인임휼(孝友睦婣任恤)의 가르침에 이르기까지 절(節)이 있었으며, 15세가 되면 격물치지로부터 성정수제치평(誠正修齊治平)의 가르침에 이르기까지의 도가 있었다. 어릴 때부터 장성할 때까지, 어릴 때 이를 배우고 장성해서도 이를 배운다. 장성해서부터 늙을 때까지, 장성해서 이를 배우고 늙어서도

---

25) 7월 28일(六/廿八) 공포된 學務衙門 관제에 의하면, 학교를 담당하는 학무국과는 별도로 '成均館 및 庠校書院 事務局'을 두어 '先聖 先賢의 祠廟 및 經籍을 保守하는 등의 사무를 관장'한다고 하여 성균관에는 더 이상 교육기관으로서의 기능은 주어져 있지 않았다. 1895년 9월 27일(八/九) 「成均館經學科規則」에 의해 다시 교육기능을 회복했으나 근대 고등교육기관의 역할을 부여한 것은 아니었다.

이를 배운다. 이것은 성인이 펴신 가르침이다. 이미 소학 중에서 길러져 나중에 대학으로 다시 열어주는 것이다. 따라서 이런 배움(學)을 존숭하는 것은 군사(君師)요, 이런 배움(學)을 강명(講明)하는 것은 종사(宗師)이다. 그러므로 배움(學)이 있는 곳에 또한 가르침도 반드시 있다. 사람으로서 배우지 않으면 이 생(生)이 거의 허생(虛生)이고, 배우는데 가르침이 없으면 이 배움이 거의 헛된 배움이지 않겠는가. 지금 온갖 것이 새로 변화하는데 배우는 것(學)이 먼저 해야할 일이다. 먼저 학무아문을 설치하여 사방의 배우는 사람들로 하여금 보고 느끼는 바가 있어 흥기하게 하고자 한다.…… 그러므로 오늘날 학업을 권하는 방법은 다른데 있지 않고, 오로지 군사(君師)가 존숭하고 종사(宗師)가 강명하는 데 있다. 그러나 큰 한나라의 많은 백성들을 실제로 한 두 학교로 가르칠 수는 없으므로 가숙이 나누어 맡아 가르침을 베푸는 것 만하지 못하다. 그러나 그들에게 강제로 하게 하려는 것은 아니고 다만 그 뜻이 있는 바를 볼 뿐이다. 모든 우리 뜻있는 사람들이 그 자제를 가르쳐 키우려 하면 반드시 먼저 사숙을 설치하고 본 아문에 와서 고하면 장차 학업의 차례를 일러주려 하며 아울러 장차 規則 책자를 일일이 나누어주려고 한다. 이는 이른바 사람의 본성에 따라서 밝게 이끌어 가는 것이다. 관립과 사립은 본래 다르고 같음이 없는데 앞으로 성취할 일을 어찌 헤아릴 수 있겠는가. 각각 깨닫고 권려하여 성세의 사람을 키우려는 가르침을 저버리지 말라. 이것이 바라는 바이다.26)

---

26) 朴定陽, 「告示文」, 『朴定陽全集』 4, 377~379면, "夫人之生方其幼也不習於小學 則無以收其放心養其德性 而爲大學之基本 及其長也不進於大學 則無以察夫義 理措諸事業 而收小學之成功 是以古者人生八歲 上自王公下至庶人凡爲子弟者 皆入小學 自禮樂射御書數以至孝友睦嫻任恤敎之有節 及其十五 自格物致知以 至誠正修齊治平敎之有道 由幼而壯幼此學壯亦此學 由壯而老壯此學老亦此學 此聖人之施敎也 旣已養之於小學之中 後復開之以大學者也 然尊崇此學者君師 也 講明此學者宗師也 故學之所在敎亦必在 人而不學則此生不幾乎爲虛生 學而 無敎則此學不幾乎爲徒學乎 今者萬化更新學爲先務 首設學務衙門 欲使四方學 者有所觀感而興起 特於有事者常以無心爲誕 溺於無事者常以有心爲累 有心於

박정양은 이 고시문을 통해 소학과 대학의 유교교육의 이념을 재확인하는 한편, 소학교교육을 보다 확대하기 위하여 서당 등을 활용하려는 생각을 밝히고 있다. '교육을 존숭하는 것은 군사이고 강명하는 것은 종사'임을 강조하여, 교육에 있어서 국가(왕)가 지침을 마련하고 책자 등을 나누어 주는 일을 담당하고, 직접 학교를 설립하여 가르치는 일은 민의 일임을 설득하였다. 관립과 사립은 다를 것이 없고, 국가가 운영하는 한 두 개의 학교만으로는 만인을 가르칠 수 없으므로, 가숙이 이를 분장하여 사숙을 설치하고 학무아문에 와서 고하면 교육과정을 일러주고 규칙과 책자도 나누어주겠다고 하였다. 이는 국가의 재정이 부족한 상태에서,27) 광범위하게 운영되고 있던 서당 등을 활성화시켜 신교육의 장으로 활용하려는 것이었다.28)

---

事則不知所以爲化 無心於事則失其所以制化 化之所以爲貴者不容其私心 而使得其眞性而已矣 是以善根于人心 而衆人不能以自明敎行于聖人 而聖人亦不以立異 因人之自然而明以導之俾天下之人 因吾之說以求己之性 然則今日勸學之方 不在於他直在乎君師之尊崇而宗師之講明矣 然一國之大萬人之衆誠不可以一二學校敎之 則莫如家塾之分掌設敎 而亦不欲使之强設者 只觀其志之所在耳 凡我有志之倫欲敎養其子弟 必先設私塾來告于本衙門 則當以爲學之次第告之 幷將規則冊子——分給 此所謂因人之自然而明以導之也 官立私立自無異同他日成就其可量哉 其各警省勸勵毋負聖世作人之化 是所望焉".

27) 1894년 4월 이래 충청·전라 兩道 및 경상도의 반은 갑오농민전쟁과 청일전쟁의 戰場이 되었기 때문에 이 지방에서의 稅 수입은 아무것도 없었고, 오히려 피해 농민을 구휼하지 않으면 안되었다. 그런데도 전쟁과 내정개혁에 의해 세출이 증가되어 재정은 완전히 파탄에 이르고 있었다(田保橋潔, 「近代朝鮮にをける政治的改革」, 『近代朝鮮史研究』(朝鮮史編修會研究彙報) 第一輯, 朝鮮總督府, 1944, 145면).

28) 지금까지는 書堂과 같은 전래의 학교를 신교육으로 전환시키려는 정책이 없었다고 알려져 있지만 이 고시문을 통해서 그렇지 않았음을 알 수 있다. 학무아문이 구상하고 있는 소학교에서는 유교교육이 가장 중요시되고 있었고, 1880년대부터 時務에 관련된 개화서적을 읽기 시작했던 私塾의 존재 가능성을 생각할 때, 전래의 서당을 소학교로 전환하는 것이 그리 큰 반발을 야기하는 것은 아니었을

이상과 같이 학무아문은 유교교육을 기반으로 하면서 국문·국사 및
실용적인 지식을 추가한 소학교교육을 구상하고 있었다. 이는 바로 교육내
용 면에서 1880년대의 신교육의 구상을 계승·발전시킨 것이다. 그리고
학무아문은 이러한 신교육을 보다 많은 인민(남자)에게 실시함으로써
인재를 널리 취할 수 있도록 하려고 했다. 이는 '왕공 이하 서인의 자제까지
모두'에 대한 소학의 교육을 기반으로 하여 자질있는 서인도 인재로 양성
시키려 했던 유학교육의 이상을 실현해 보려는 것이었다.29) 유학의 이상은
이 시기에 이르러 신분제 폐지에 의해 비로소 현실성을 갖기 시작하면서,
교육대상의 양적 확대를 보증할 수 있게 되었다. 그러나 소학교의 목적은
여전히 인재를 양성하기 위한 대학의 교육목적에 종속되어 있었고, 국민을
양성하기 위한 교육으로의 질적 전환은 아직 이루어지지 않고 있었다.

### 3. 소학교와 사범학교의 설립

1894년 9월 20일(八·卄一) 학무아문은 내무아문에 한성 내에 사범학교와
소학교를 설치할 것을 보고하고 각 아문에 학생 추천을 의뢰하였다.30)
각 학교에는 교수를 1명씩 두고, 사범학교에는 40명, 소학교에는 60명의
학생을 두기로 하였으므로, 각 아문은 사범학교 학원은 4명, 소학교 학도는
6명씩 추천하여 각 학생의 연령, 본관, 거주지, 부명(父名) 및 추천인과
보증인의 이름을 써서 10월 3일까지 보내달라고 하였다.31) 학생의 자격요

---

것이라고 생각된다.
29) 이러한 점에서 박정양의 신교육 구상은 조선후기 實學의 교육개혁론을 계승하고
    있다고 할 수 있다. 실학자들의 교육론은 儒學의 經典에 대한 재해석을 통해서
    儒學의 敎育的 理想을 재확인하는 과정에서 형성된 것이다(禹龍濟, 「朝鮮後期
    敎育改革論 硏究」, 서울대학교 박사학위논문, 1995 참조).
30) 「關草存案」, 『各司謄錄』 63, 국사편찬위원회, 225면.

건은 사범학원의 경우에 17·18세부터 22·23세로 충분히 한문 실력이 있어야 하고, 소학 학도는 9·10세부터 13·14세로 조금 한자를 아는 정도였다. 그리고 이와 같이 각 아문으로부터 추천받아 선발하는 것이 바로 널리 인재를 취하는 방법에 부합된다고 하였다.[32]

학무아문은 각 아문에서 학생을 추천받아 10월 15일(九/十七)에 예비소집을 하고 10월 16일(九/十八)에 교동(校洞) 전(前) 광무국(礦務局) 자리에서 두 학교를 개학했다.[33] 학생을 추천하고 이들을 입학시키는 일이 그리 쉽게 진행된 것 같지는 않다. 개학 당일에 오지 않은 사람도 있었고 결원을 다른 사람으로 교체하기도 했기 때문이다.[34] 이때 입학한 학생 중 외무아문에서 추천한 사람들의 명단만 알려져 있다.[35] 그 중 사범학도 최항석은 1894년 10월 16일에 입학하여 1895년 4월 14일 우등생으로 부속소학교에 임명되었으나 바로 사임하였다.[36] 이용원은 1894년 10월 13일에 입학하여 1896년 11월 2일 한성사범학교 2회로 졸업함으로써 2년간 재학했으며, 다음해 11월 3일 관립소학교 교원으로 임명되었다.[37] 학무대신 박정양은

---

31) 이때 英語·日語·漢語 등의 외국어학교도 전부 개학하여 학생을 각각 40명씩 두기로 하였는데, 원래 학생이 있던 곳은 20명을 더 뽑아 40명의 수를 채우기 위해 각 아문에 각 학교당 2명씩 추천해 줄 것도 아울러 의뢰하였다. 자격은 14·15세부터 24·25세, 혹은 26·27세로 충분히 한문실력이 있는 사람이었다.

32) 「關草存案」, 225면, "并由各衙門 薦拔幾人 則恐合於廣取人才之道".

33) 朴定陽,『從宦日記』고종 31년 9월 17일, 9월 18일 조;『統署日記』1894년 9월 14일, 9월 18일 조.

34)『統署日記』고종 31년 9월 18일 조.

35)『統署日記』고종 31년 9월 14일 조.

36) 그 후 4월부터 6월까지 법관양성소 속성과를 마친 후 7월에서 8월까지 한성고등재판소에서 실무연습을 거친 후 9월 11일에는 학부주사, 1896년 11월부터 관립소학교장을 겸임하였다(『大韓帝國官員履歷書』).

37) 1906년 1월에는 관립소학교장을 겸임하였다(『大韓帝國官員履歷書』,『官報』469호, 1896년 10월 31일).

10월 16일 사범·소학 양 학교 개학에 참석하고 이후에도 수시로 두 학교를 방문하면서,[38] 학무아문에서 추진하고 있던 신교육 운영에 큰 열의를 보이고 있다.

당시 일본의 신문과 교육잡지에는 이때 설립된 사범학교와 부속 소학교에 대한 기사가 실려 있다.

사범학교는 정원 40명으로 하여 17세 이상 다소 한학 실력이 있는 자를 뽑아 생도로 하고 당분간은 옛날 방식으로 교수하기로 하여, 개교일에 이미 정원 만큼의 생도를 얻어 수업을 시작했으며, 매 오전 10시부터 오후 3시까지 1일 4시간씩 공부를 한다. 먼저 오륜행실, 동몽선습 및 사서류의 한서(漢書)에 대해서 독법강의(讀法講義)를 하고 산술은 주산으로 가감승제를 가르치고 있다. 그런데 사범학교의 어려움은 교사를 얻지 못함에 있고 학무아문에서도 다만 당분간만 옛날 방식대로 교수를 하고 불일간 보통교육이 있어 각 아문에 봉직하는 참의 혹은 주사 중에서 적당한 인물을 선택하여 교사로 충당하여 신교육법을 실행할 예정이다. 소학교는 규칙상 남녀 7세 이상은 반상을 막론하고 취학해야 한다고 해도, 실제로는 남아만 응모하고 여아는 부형이 남녀가 자리를 같이하지 않는다는 가르침을 지켜서 감히 학교에 보내려고 하지 않아서, 정원 60명 내에 한 명의 여아도 볼 수 없다. 그리고 학령이 7세라고 해도 실제로는 최저 9세, 최고 15세로 모두 똑같이 「가나다」[39]부터 배우고 있을 뿐이다.

---

38) 10월 18일(九/卄), 10월 21일(九/卄三), 10월 25일(九/卄七), 10월 30일(十/二), 11월 1일(十/四), 11월 14일(十/十七), 11월 23일(十/卄六), 11월 28일(十一/二), 12월 6일(十一/十), 12월 14일(十一/十八), 1895년 1월 3일(十二/八), 3월 9일(二/九), 3월 25일(二/卄九), 4월 11일(三/十七), 4월 29일(四/五), 5월 24일(五/一), 5월 30일 (五/七)(『從宦日記』). 1894년 11월 5일(十/八)의 鑄洞의 일어학교(교사는 일본인 長島) 개학과 11월 16일(十/十九)의 磚洞의 영어학교(교사는 영국인 허치슨) 개학 때에도 참석하고 이들 학교도 가끔 방문하고 있다.

39) 기사에는 'いろは'를 배운다고 되어 있는데 이것은 한글의 '가나다'를 의미하는

사범학교도 소학교도 차차 학력의 차등이 나타남에 따라서 등급을 나눌 예정이지만 지금은 각 일급(一級)씩이다. 두 학교 모두 교실의 테이블, 의자 또한 일본식이며 큰 흑판 한 개를 꾸며놓고 있다고 한다.[40]

이 기사를 통해서, 양 학교는 유학 교재를 중심으로 하면서 산술을 새로운 과목으로 추가하고, 새로운 교육시설 및 수업시간의 규정과 같은 새로운 형식을 갖추고 교육을 시작하였음을 알 수 있다. 그러나 신교육을 하는데 가장 중심적인 역할을 할 교사와 교과서를 갖추지 못하여 초기에는 서당의 교육내용과 크게 다르지 않았다.[41]

1895년 3월 무렵에는 다음과 같이 양교 모두 학생이 두 배로 증가하고, 등급을 나누었으며, 교과목의 대강을 갖추었다.

◎ 師範學校 및 小學校(在京城校洞) [學務衙門直轄]

師範學校 生徒 總數 八十名 단 二等으로 나누어, 二校에 屬하게 함. 각 四十名.

小學校 生徒 總數 百二十名 단 三等으로 나누어, 四校에 屬하게 함.

◦小學校 敎科目

　修身　　人倫五常의 道 口述

　讀書　　國文讀法　五倫行實　小學의 類

　書取　　讀書의 字句를 받아쓰게 함

---

것이라고 생각된다. 이때 소학교에서 일본어를 가르쳤다는 기록은 없기 때문이다.

40) 『日本』明治 27년 11월 5일 ; 『教育時論』345호, 明治 27년 11월 15일.

41) "조선의 사범학교와 소학교는 有名無實하며 단지 老儒敎授를 기계적으로 담당하여 마치 寺子屋과 같다. 빨리 교육자를 초빙하여 改良해 나가지 않으면 안된다"(『教育時論』357호, 明治 28년 3월 15일, 35면). 이것은 木村知治의 2월 25일 보고에 의한 기사이다.

作文    國俗日用文
地理    本邦[42] 地誌의 大要  地璆略論  朝鮮輿載地誌
書法    일정한 習字帖 없음
算術    加減乘除 (筆算을 사용)
◦ 師範學校 科程
讀書    四書
地理    萬國地誌  天野爲之著[43]  本邦諺文 혼용 譯述
歷史    萬國歷史  仝上
算術    加減乘除부터 開方까지(筆算)
       다른 것은, 小學校와 대동소이하고, 한걸음 나아간 것일 뿐.
       이외 규칙에는, 政治學, 經濟學, 法律學, 演說 등의 제과목이
       있지만, 현재 실시하고 있지 않은 것으로 판단된다.
       각 토요일에는 교사의 講話가 있다. (小學校 同上)
       나머지는, 師範學校規則書에 상세하다. 고로 이를 생략함.
       小學校規則은 당시 개정 편찬 중이라 볼 수 없었음.

學員年齡 사범학교는, 15세이상 25세이하이지만, 왕왕 30세인 자도 있다.
       대개 20세 내외가 다수이고, 소학교는 13·14세가 다수이다.

---

42) 이 기사는 일본 熊本縣 사립교육회원 有次滿象이 조선교육의 실황을 시찰하기
    위해 1월에 조선에 와서 4월 10일 귀국하기까지의 견문록이지만, '本邦'은 일본을
    가리키는 것이 아니라 朝鮮을 의미한다. '本邦 地誌의 大要'를 가르치는 교재인
    『地璆略論』, 『朝鮮輿載地誌地』이 조선에 관한 지리서이기 때문이다.
43) 이 시찰기를 쓴 有次滿象의 견해에 의하면, 당시 史書의 편집이 아직 이루어지지
    않아서 자국역사를 覺知시키기 이전에 만국의 역사를 익히게 하는 폐단에 빠졌다
    고 하였다. 그런데 당시 사범학교에서 사용하고 있던 天野가 쓴 역사책은 유럽사
    로서, 동양·일본과 같은 것은 모두 게재되어 있지 않으므로 교과서로는 부적당하
    다고 하였다. 근래 한성 일본거류지 소학교장 早川淸範이 일본 고등소학교 수준
    으로 萬國地誌歷史를 편집하고 이를 조선 언문으로 번역한 것이 있는데 이
    저술이 가장 사범학교의 수준에 알맞다고 생각하여 학무아문에 채용할 것을
    권고해 두었다고 하였다(『敎育時論』 364호, 明治 28년 5월 25일, 33면).

　　　작년 변란 후 창설하여, 연령의 不同은 탓할 수 없다.
◦ 師範 職員 (校長은 敎授를 담당하지 않음)
　校長　　李應翼[44]　學務衙門 參議 겸 小學校長
　敎授　　鄭雲樓(56세)
　助敎授　申海永
◦ 小學校 職員
　李敦行(66세) 외 사범학교 敎生 3명
　양교 모두, 식비(점심), 筆墨紙도 衙門이 지불함.
　소학교는 당시 사범학교 부속뿐이지만, 점차 京城의 사방에 설치할
　예정이다.[45]

　이상의 기사 내용을 보면 당시에 사범학교와 소학교 규칙서가 있었음을
알 수 있다. 이것은 1894년 10월 1일의 학무아문의 고시문에서 사숙을
설립하는 사람에게 나누어 주겠다고 한 바로 그것일 것이다. 전래의 교육내
용과 비교해 보면, 소학교에서는 학과목이 분리되어 수신·독서·서취(書
取 : 받아쓰기)·작문·서법(書法)으로 되었고, 새로운 과목으로 산술과
지리가 있는데 사범학교에는 이에 더해 만국역사가 있다. 양교 모두 수위에
놓인 수신과 독서의 내용이 유교의 교육내용이나 서적으로 이루어져
있어서, 소학교교육의 요점이 고시문에서 밝힌 바와 같이 유교도덕을
익히게 하는 것임을 알 수 있다. 교육내용의 변화 중에서 가장 중요한

---

44) 이응익은 1883년 五월 卄五일 機器局 司事로 임명된 적이 있으며, 1894년 7월
　25일 工曺參議에 임명되어 7월 27일에는 군국기무처회 위원으로 임명되었고,
　8월 20일에는 학무아문 참의가 되어 있었다. 1895년 4월 25일에 학부 학무국장에
　임명, 1896년 2월 23일 법부 참서관으로서 법부 인사국장에 임명되고 4월 27일에
　는 한성재판소 판사에 임명되었다(『高宗實錄』, 『日省錄』).
45) 『敎育時論』 364호, 明治 28년 5월 25일, 33면.

것은 국문독법을 가르치기 시작한 일이다.

교과서로는 사서와 함께 오륜행실·동몽선습 등의 한문서적을 사용했을 것이고, 처음에는 양교 모두 조선독본이라고 할 것이 없었다고 한다.[46) 국문으로 된 교과서를 언제부터 사용했는지는 알 수 없지만, 학부에서 처음으로 펴낸 독본이 1895년 8·9월 경(음력 7월)에 간행된『국민소학독본(國民小學讀本)』이므로 그 전에는 유교서적의 언해본을 사용했을 수도 있다고 생각된다. 지리는 소학교에서『지구약론(地球略論)』과『조선여재지지(朝鮮輿載地誌)』를 사용했다고 하는데,『지구약론』은 그동안 광무연간에 간행되었다고 알려져 있었으나,[47) 이미 1895년 초에 교과서로 사용되고 있었음을 알 수 있다. 그리고 사범학교에서 이때는 일본인이 지은 책을 국한문혼용으로 번역하여 사용하고 있었지만, 학무아문에서 1895년 3월경에『여재촬요(輿載撮要)』와『본국지도(本國地圖)』를 간행했으므로,[48) 곧 이 책을 사용했을 것이다.

---

46)『敎育時論』349호, 明治 27년 12월 25일.

47)『韓國圖書解題』, 505면. 한글로 되어 있고 중요단어는 한자를 병기하였으며, 20장의 소책자로 모두 196문항의 문답식으로 풀이되어 있다. 크게 지구·조선지지·세계지지의 3부로 나누어져 있다. 지구는 모양·운동·크기, 육지와 해양의 비율, 대륙과 대양 등을 다루고, 조선지지는 위치·행정구역·백두산과 大池(天池)·監營·監司·營門에 대하여 기술한 뒤 팔도의 지지를 도별로 다루고 있다. 각 도의 지지는 산·강·포구·감영·병영·읍·산물·명소·嶺 등을 다루었다. 세계지지에서는 대륙별로 주요 국가를 다루고 있는데 주로 위치·수도·행정구역·산·강·포구 등을 설명하였다. 그러나 국가마다의 특색을 고려하여 인도에서는 백성의 品數, 유다국(이스라엘)에서는 기독교에 대한 문답을 더하고 있다. 마지막으로 세계에서 가장 더운 곳과 추운 곳, 여러 인종의 피부색과 특징, 대륙별 분포 등을 백과사전식 문답으로 다루고 있다(李燦,「지구약론」,『한국민족문화대백과사전』21권, 209면).

48)『統署日記』3, 고종 32년 을미 2월 4일 조. 학부에서 간행한『輿載撮要』는 1893년 固城知府 吳宏默이 10권으로 저술한『輿載撮要』를 1권으로 만든 것이다. 세계와 우리나라 지리를 모두 포함하고 있으며, 세계지리는 1886년에 영국에서 발간된

사범학교 교원인 정운경에 대해서는 이상의 자료에서 나이를 알 수 있을 뿐 어떠한 학력이나 배경을 가진 사람인지는 알 수 없다. 다만 앞의 일본 자료에서 각 아문의 참의나 주사 중에서 적당한 사람을 선택한다고 했고, 이후에 그가 사범학교 교관으로 활발하게 활동하는 것을 볼 때,[49] 적어도 1880년대에 시무학을 공부하고 개화정책과 관련된 기관에서 실무관리로 일을 했던 사람이 아닐까 생각된다. 사범학교 조교수인 신해영은 다음해인 1895년 관비유학생으로 일본 게이오의숙(慶應義塾)에서 공부하였고 귀국하여 사립 흥화학교(興化學校), 광흥학교(光興學校)의 교사, 독립협회 회원으로 활동하였다.[50]

사범학교는 개교할 때 입학했던 최항석이 1895년 4월에 부속소학교에 임명되었다고 하므로, 그가 바로 사임하기는 했지만 5월에 한성사범학교가 재편되기 이전에 이미 소학교교원을 배출했음을 알 수 있다. 그런데 사범학교 생도들은 소학교 교원을 사범학교 생도 중에서 발탁하지 않았다는 이유로 동맹파교를 하기도 했다. 동맹파교의 또 하나의 이유는 관급의 점심을 비용절감 때문에 폐지했던 것[51]이었다. 신교육은 학비를 받지 않고 식비와 지필묵비까지 주기로 했지만 출발하자마자 재정부족에 시달

---

정치연감의 내용을 요약하였고, 우리나라 지리는 1890년대의 전국 및 각 지방의 읍지를 요약, 집성한 것이다(李燦, 「여재촬요」, 『한국민족문화대백과사전』 15권, 181면).

49) 정운경은 1898년 3월에 사범학교 교관으로서 각 학교 교관과 졸업생들이 모인 자리에서, 학교는 국가의 기초인데 전국 인민에게 학문상의 이익을 줄 수 있는 특별한 방략을 토론하자고 연설하고, 토요일 마다 열리는 토론회의 회장으로 선정되었다(『독립신문』 광무 2년 3월 26일).

50) 1897년의 『獨立協會會報』 16호에 「漢文字와 國文字의 損益如何」라는 글을 실었고, 『산술신편』(1902)을 번역하였으며 『倫理學敎科書』(1906, 1908)를 編述하였다(康允浩, 『開化期의 敎科用 圖書』, 敎育出版社, 1973, 185~186, 190면).

51) 『敎育時論』 363호, 明治 28년 5월 15일.

리기 시작했음을 알 수 있다.

일본의 한 신문 기사에 의하면, "조선 소학교는 이제 겨우 교칙 규모를 고쳐서 학과 중에도 창가(唱歌)를 더하여 한음(韓音)을 지르며 일제히 고창시킨다고"[52]라 하여 소학교가 새로운 과목을 추가해 가고 있음을 보여주고 있다. 앞의 일본 자료에서 "소학교는 당시 사범학교 부속뿐이지만, 점차 경성의 사방에 설치할 예정이다"라고 한 것에서 알 수 있는 것처럼, 학무아문에서는 부속 소학교의 교육을 운영해 나가면서 이와 같은 소학교를 점차 한성에 증설할 예정이었다.

학무아문은 학생을 모집하면서 '광취인재(廣取人才)'라 하여 교육목적을 인재양성에 두었고, 전 인민을 국민으로 키워내기 위한 근대 초등학교의 교육목적은 아직 도입하고 있지 않았다. 그렇지만 교육의 역할은 인간에게 덕성을 갖추게 하는 것이라는 유교교육의 전통을 이어나가면서, 국문과 조선의 지리 · 역사 등의 보통학과를 도입하고 교육을 보다 많은 인민에게 확대해가는 방식으로 근대교육을 향해 나아가고 있었다.

## 4. 배재학당의 위탁생교육 계약

학무아문의 고시문에는 대학교와 전문학교 설치 계획이 언급되어 있지만 당시의 상황은 그러한 전문적인 교육을 실시할 만한 여건을 갖추고 있지 못했다. 서양인 교사를 초빙하고 많은 국가경비를 투입했던 육영공원이 7 · 8년 만에 실패로 끝남에 따라, 육영공원이 목적으로 했던 새로운 지식을 갖춘 내치외교를 담당할 인재를 키워내지 못했을 뿐만 아니라 근대적인 전문교육을 실시할 발판도 상실하고 말았기 때문이다.

---

52) 『日本』 1895년 7월 4일.

정부는 1895년 2월 16일(一/卄二) 배재학당과 위탁생교육 계약을 체결했다. 육영공원은 1894년 11월 16일 영국인 허치슨을 교사로 하여 영어학교로 재편되었고53) 이때 학부에서는 각 아문의 추천을 받아서 학생을 보내기도 하였다.54) 영어학교가 있는데도 배재학당에 위탁생을 파견한 것은 보다 많은 사람들에게 영어 교육을 시키기 위한 것이기도 했지만,55) 배재학당에 대해 영어학교와는 다른 기대를 가지고 있었기 때문이었다. 영어학교는 어학만 가르치고 있었으나,56) 배재학당은 영어를 주로 가르치는 예비과정부의 윗 단계로 영어 외에 보통학도 가르치는 교양과정부를 두고 있었으므로,57) 신지식을 갖춘 인재를 양성하기에는 더 적절했다. 더구나 육영공원에서는 실패하고 만 신교육을 배재학당에서는 성공적으로 수행하고 있었기 때문에58) 인재양성의 역할을 맡기기에 더욱 알맞았다.

또한 배재학당이 미국인이 운영하는 학교라는 점에서 이곳은 일본의 압력을 피해서 인재를 양성할 수 있는 곳이기도 했다. 고종은 1880년대 중반 이후 청의 간섭에서 벗어나기 위한 친미정책의 일환으로 육영공원에 미국인 교사를 초빙한 적도 있었다. 1894년 12월 이후 청일전쟁의 승리를 앞두고 일본의 내정간섭이 본격화되어 국내에서 고등교육이 아예 제외되게 되자,59) 정부에서는 배재학당에서 일본을 견제할 수 있는 세력을 형성

---

53) 『從宦日記』 고종 31년 10월 19일 조.
54) 「關草存案」, 225면.
55) 외국어학교의 정원은 40명으로 했으나(「關草存案」, 225면), 영어학교는 개학할 때 64명이었다(Gifford, 앞의 글, 286면). 배재학당의 위탁생은 200명 정도로 계획하고 있었다.
56) 1895년 현재 학과는 音讀, 譯讀, 書取, 習字, 會話였으며 독서용 회화책 THIRD READER를 사용하고 있었다(『教育時論』 369호, 明治 28년 7월 15일).
57) 이만열 편, 앞의 책, 332면.
58) 金仁會, 「교육자로서의 H. G. 아펜젤러의 韓國敎育史的 意味」, 57면.
59) 일본이 9월의 平壤會戰에서 승리한 후 明治 정부의 중추부서에서 활약하고

할 수 있을 것으로 기대했을 수 있다.

배재학당 위탁생교육 계약의 주요 내용은 다음과 같다.


一. 본학당은 장차 조선 정부가 보내는 학생 200명을 교육하며 학생은
학당의 제반규칙을 준수한다.

一. 학생은 영문을 배우는 외에 때에 따라 지리, 산학, 화학, 의학도 공부하
며, 반드시 교사의 지휘를 받는다.

一. 학생의 입학과 퇴학은 전적으로 외국인 교사에게 맡긴다.

一. 이번 2월 1일부터 탁지아문이 은화 200元을 학무아문에 보내면, 학무아
문은 그것을 학당에게 전교하여 학생들의 책과 학용품을 구입하는
비용으로 쓰게 한다. 단 학생의 수가 200명이 되지 못할 때는 학생
1명에 1원씩을 줄이되 학생의 다과에 따라 학당에 보낸다. 이번에는
50명에 미치지 못하나 50원을 보낼 것이니 예비비로 충당토록 하고,
앞으로 60명이면 60원, 70명이면 70원을 보낼 것이다. 이런 식으로
200의 수를 채우도록 한다. 일본화폐도 은화와 동등하게 쓴다.

一. 월말마다 학당에서 학생의 수와 이름을 외무아문에 보내고, 외무아문
이 이를 학무아문에 전교한다.

一. 과실을 저질렀거나 능력이 없어 쫓겨난 자를 제외하고 3년을 기한으로
하여 임의로 진퇴할 수 없다.

一. 학생이 200명이면, (외국인)교사는 반드시 3, 4명을 필요로 할 것이나,
이들에게는 따로 보수를 주지 않는다. 오직 부교사는 조선인이어서


있던 井上馨이 조선공사로 부임한 것은 조선 내정에 대한 직접적인 간섭을
강화하기 위해서였다(朴宗根, 朴英宰 譯, 『淸日戰爭과 朝鮮』, 一潮閣, 1989, 190
면). 10월 27일 부임한 井上馨은 "일반공사의 자격에 그치지 않고 국왕 및 정부의
고문관"임을 자처하면서(『日本外交文書』 27-1, 19면), 11월 20, 21일에 20조의
내정개혁강령을 제시하였다. 그의 개혁안에는 교육에 관련된 것으로는 "유학생
을 일본에 파견할 것"(위의 책, 114~115면)이라는 조항만 있어서, 일본 유학으로
조선의 고등교육을 대신하게 하려는 의도가 드러나 있었다.

학생 50명마다 1명이 필요하므로 이들에게 은화 20원을 급한다. 명년 1월부터는 5원씩을 더 가산하여 준다. 교육에 힘쓰지 않는 부교사는 정부로부터 해고된다.60)

계약내용에는 학생들이 영문 외에 지리·산학·화학·의학도 공부한다고 규정하여 위탁교육이 어학교육만이 아님을 나타내고 있다. 위탁생 수는 200명까지로 하여 정부가 직접 운영하는 외국어학교보다 정원이 훨씬 많이 책정되어 있다. 정부는 학생의 교육비와 부교사의 보수를 지불하면서도 학생의 학업과 생활, 진퇴에 관한 모든 권한을 학당에게 주고, 그 대신 학당은 매월 말 학생 수와 이름을 외무아문을 통해 학무아문에 보고하게 되어 있다. 이와 같은 계약내용은 조선 정부가 배재학당의 교육을 활용하여 안정적으로 영어를 비롯한 신지식을 갖춘 인재를 집중적으로 양성하고자 했음을 말해 주고 있다.

## 제2절 학부 시기의 교육개혁

### 1. 「교육에 관한 조칙」

1894년 12월 17일 이노우에(井上馨) 일본공사에 의해 김홍집·박영효 내각이 성립된 후, 고종은 1895년 1월 7일 종묘에서 「홍범14조(洪範十四條)」를 맹세하였고, 2월 26일(二/二)에는 「교육에 관한 조칙」을 발표하였다.61)

60) 李光麟, 『開化派와 開化思想 研究』, 114~115면.
61) 『高宗實錄』 고종 32년 2월 2일 조 이 조칙은 『日省錄』에는 '勅政府設學校養人才'로 제목이 달려 있으나(『日省錄』 고종 32년 2월 2일 조), 흔히 '教育立國詔書'로 불리고 있다. 이는 李萬珪가 『朝鮮教育史』(44면)에서 '教育立國詔書'라고 이름 붙임으로써 비롯된 것이라 생각되는데, 이보다 앞서 高橋濱吉이 『朝鮮教育史考』

……宇內의 形勢를 環顧ᄒ건디 克富ᄒ며 克强ᄒ야 獨立雄視ᄒᄂ 諸國은 皆其 人民의 知識이 開明ᄒ고 知識의 開明홈은 敎育의 善美ᄒ므로 以홈인則 敎育이 實로 國家保存ᄒᄂ 根本이라 是以로 朕이 君師의 位에 在ᄒ야 敎育ᄒᄂ 責을 自擔ᄒ노니 敎育도 ᄯᅩ흔 其道가 有흔지라 虛名과 實用의 分別을 先立ᄒ미 可ᄒ니 書를 讀ᄒ고 字를 習ᄒ야 古人의 糟粕만 掇拾ᄒ고 時勢의 大局에 蒙昧흔 者ᄂ 文章이 古今을 凌駕ᄒ야도 一無用흔 書生이라 朕이 敎育ᄒᄂ 綱領을 示ᄒ야 虛名을 是祛ᄒ고 實用을 是崇ᄒ노니 曰德養은 五倫의 行實을 修ᄒ야 俗綱을 紊亂치 勿ᄒ며 風敎를 扶植ᄒ야뼈 人世의 秩序를 維持ᄒ고 社會의 幸福을 增進ᄒ라 曰體養은 動作에 常이 有ᄒ야 勤勵ᄒ므로 主ᄒ고 惰逸을 貪치 勿ᄒ며 苦難을 避치 勿ᄒ야 爾筋을 固케 ᄒ며 爾骨을 健케 ᄒ야 康壯 無病흔 樂을 享受ᄒ라 曰智養은 物을 格호미 知를 致ᄒ고 理를 窮ᄒ미 性을 盡ᄒ야 好惡 是非 長短에 自他의 區域을 不立ᄒ고 詳究博通ᄒ야 一己의 私를 經營치 勿ᄒ며 公衆의 利益을 跂圖ᄒ라 曰此三者ᄂ 敎育ᄒᄂ 綱紀니 朕이 政府를 命ᄒ야 學校를 廣設ᄒ고 人才를 養成홈은 爾臣民의 學識으로 國家의 中興大功을 贊成ᄒ기 爲홈이라 爾臣民은 忠君愛國ᄒᄂ 心性으로 爾德 爾體 爾智를 養ᄒ라 王室의 安全홈도 爾臣民의 敎育에 在ᄒ고 國家의 富强홈도 而臣民의 敎育에 在ᄒ니……國家의 愾를 敵홀이 惟 爾臣民이며 國家의 侮를 禦홀 이 惟 爾臣民이며 國家의 政治制度를 修述할 이 亦惟 爾臣民이니 此皆爾臣民의 當然흔 職分이어니와 學識의 等級으로 其 功效의 高下를 奏ᄒᄂ니 此等事爲上에 些少흔 欠端이라도 有ᄒ거든 爾臣民도 亦惟 曰호디 我等의 敎育이 不明흔 然故라 ᄒ야 上下 同心ᄒ기를 務ᄒ라……

(101면)에서 "王은 此의 決心의 下에 詔를 내려 敎育立國의 大方針을 宣明했다"고 한 바 있다. 조칙의 내용 중에는 立國이라는 말이 없으며 "爾臣民의 學識으로 國家의 中興大功을 贊成ᄒ기 爲ᄒ미라"고 하여 '中興'이라는 말로 표현되고 있다. 이후의 성균관관제에 관한 議奏와 소학교교칙대강에서 '敎育에 關ᄒᄂ 詔勅'으로 칭하고 있으므로 이 조칙은 '敎育에 관한 詔勅'으로 부르는 것이 타당하다고 생각된다.

134

이 조칙은 학무아문의 「고시문」과 교육인식의 차이를 보이고 있다.
「고시문」이 국가의 운영을 담당할 인재양성에 관한 교육을 말하고 있다면,
조칙은 '인민의 지식 개명'과 '국가보존'을 관련시킴으로써, 인민과 국가
와의 관계 속에서 인민에게 어떠한 교육을 실시해야 하는가를 논하고
있다. 여기에는 일찍이 인민을 적극적으로 교육해야 할 필요성을 인식하고
있었던 박영효와 유길준의 교육론이 반영되어 있다고 볼 수 있다.[62]

그런데 조칙에는 "학교를 광설ᄒ고 인재를 양성홈은 이(爾) 신민의
학식으로 국가의 중흥대공(中興大功)을 찬성(贊成)"한다고 하여, 신교육
이 인재를 양성하는 데 요점이 있다는 생각 역시 나타나 있다. 이는 개화파
들에게 국가의 주체는 사회의 지도적 역할을 담당할 인재로 인식되고
있기 때문이다. 이와 관련하여 '신민'이라는 용어는 이전까지의 윤음(綸音)
에서 사용된 바와 같이 '신과 민'을 의미하며,[63] 이들은 "상하 동심"해야
하는 것이다. 따라서 전 인민은 국가와의 관계에서는 '충군애국'의 심성을
가져야 하고, 사회 내에서는 인간 간의 상하관계를 규율하는 오륜의 행실을
따라야 하는 것이다. 즉 조칙에는 인민에 대한 국민교육의 사상이 나타나
있으면서도 인재 양성 중심의 교육인식 또한 지속되고 있다.

그리고 조칙은 전래의 독서·습자 중심의 교육을 허명(虛名)한 것이라
고 비판하면서 실용할 수 있는 교육으로 전환해야 한다고 하였다. 실용적인

---

62) 박영효는 인민에게 才德文藝를 가르쳐 文明으로 나아가도록 해야 한다고 했고(「朴
泳孝建白書」, 305~308면), 유길준은 『西遊見聞』에서 국가의 부강은 국민교육에
있음을 역설하였다(兪吉濬, 『西遊見聞』, 兪吉濬全書編纂委員會 編, 『兪吉濬全書』
1, 一潮閣, 1971, 98~107면).

63) 1894년 8월 4일(七/四)의 '綸音于大小臣民'의 臣民은 '凡大小臣工曁國內土民'(『日
省錄』 고종 31년 7월 4일 조), 1895년 1월 8일(甲午 十二/十三)의 '綸音于中外臣民'
의 臣民은 '爾百執事庶土曁庶民'(『日省錄』 고종 31년 12월 13일 조)을 의미하는
것이었다.

교육의 강령으로는 덕양(德養)·체양(體養)·지양(智養)이 제시되어 있다. 덕양은 그 내용을 유교의 오륜을 그대로 가지고 있다. 그런데 교육의 제일 강령의 위치에 있기는 하지만, 유교교육에서 덕양이 교육의 핵심이었고 「고시문」에서도 교육의 기본으로서 중시되었던 것에 비하면, 사회질서 유지를 위한 윤리 덕목을 기르는 것으로 범위가 축소되어 있다. 개인적인 수양으로부터 시작하여 사회 전체를 규율하던 도덕에서 사회도덕의 성격으로 바뀌고 있는 것이다. 체양은 양생의 한 방법에 지나지 않았던 것이 교육강령의 하나로 도입되어 건강과 함께 근면을 강조하고 있다. 그리고 지양은 본래 궁극적으로는 덕의 원칙을 이해하기 위한 지였으나 여기서는 주로 사물에 대한 지로 바뀌고 있다. 또한 지를 인식하는 방법인 격물치지·궁리진성(窮理盡性)은 서양의 학문을 하는 방법으로 제시되어 있다.[64] 즉 세 강령의 내용에서 유교교육은 오륜에 대한 교육을 제외하고는 모두 배제되었다. 이와 같은 교육의 세 강령은 앞으로 모든 교육의 지침이 되어야 할 것이었다. 이에 따라 군사로서의 왕의 역할은 전래의 유교의 가르침을 지켜나가는 일이 아니라 새로운 교육을 시행해나가는 것으로 바뀌게 되었다.

그런데 유길준이 국민교육의 주요 내용을 정덕(正德)·이용(利用)·후생(厚生)의 개념을 통해서 도덕교육, 재예교육, 공업교육으로 구성하고 있는데 대해,[65] 조칙에서는 덕양·체양·지양을 제시하고 있다. 이는 바로 일본에서 교육의 영역을 분류하는 방법이었다.[66] 즉 조칙을 작성한 주요

---

64) 유길준은 국민의 교육을 日用하는 교육과 학문하는 교육으로 구별하고, 서양 여러나라는 格物과 窮理하는 학문하는 교육을 통해서 부강해졌다고 하였다(『西遊見聞』, 209~212면).
65) 위의 책, 107면.
66) 1885년 일본의 초대 文部大臣으로 취임했던 森有禮는 德育·智育·體育으로

인물이라고 생각되는 유길준은 신교육의 방침을 정하면서, 자신의 교육론을 반영하는 한편 실행을 위한 구체적인 방법론은 일본의 것을 도입하고 있다.

강윤호에 의하면 1895년 7월 27일 발행된 기무라(木村知治)의『신찬교육학(新撰教育學)』은 위의 교육조칙에 나타난 바와 전부 동일한 내용을 담고 있으며, 덕양·체양·지양에 관한 자세한 설명이 수록되어 있다고 한다.[67] 기무라가 2월 25일『교육시론(敎育時論)』에 기고한 기사에 의하면, "(조선 학무아문의) 대신 협판 모두 교육에 열심이어서 담론하기를 좋아한다. 특히 열심인 사람은 인천 감리사 박세환(朴世煥)으로 재삼 교육의 방침 설비법 등을 나에게 묻고, 때때로 내가 머무르는 곳에 방문하기도 한다"[68]고 하여, 신교육의 전문가로서 조선 관료들과 접촉하고 있음을 과시하고 있다.

그리고 정부의 각 아문에는 1894년 12월 초부터 일본인 고문관이 배치되

---

국민교육을 위한 학교교육의 내용을 구성하였다(稻垣忠彦,「敎育課程」, 海後宗臣 외,『森有禮の思想と敎育政策』,『東京大學敎育學科紀要』8, 1965, 124면). 그는 1879년「敎育論－身體の能力」에서 교육의 要는 智識·德義·身體의 三能力의 조화적 발전이라고 했으나, 이후 德育을 가장 중시하였다(稻垣忠彦,「敎育思想の系譜」, 위의 책, 34면). 일본의 교육계에서 學的인 自覺에 의해 씌어진 최초의 敎育學書인 伊澤修二의『敎育學』(1882년 상권, 1883년 하권)은 總論 외에 智育·德育·體育의 三篇으로 구성되어 있다(『明治文化全集』16 敎育編, 458~461면). 이러한 삼분법은 스펜서의 교육론과 동일한 것이다(위의 책, 39면).

67) 康允浩, 앞의 책, 225면. 木村知治는 당시 조선 정부의 고문이었다고 하나 당시 조선 정부의 고문명단에는 나와 있지 않으므로 정식 고문의 지위에 있었던 것은 아니다.

68)『敎育時論』357호, 明治 28년 3월 15일. 박세환은 1894년 9월 인천 감리에 임명되어 (『高宗實錄』고종 31년 8월 7일 조), 1895년 관립일어학교의 지교인 인천일어학교를 설립하였다(稻葉繼雄,「仁川日語學校について－舊韓末'日語學校'の一事例」,『文藝言語研究 筑波大』11, 1986 참조).

기 시작했다. 박정양이 1월 3일(十二/八) 사범학교를 방문했을 때, 12월 26일 의정부 고문관으로 임용된 이시츠카(石塚英藏, 日本 法制局 參事官)가 와서 만났다고 하므로[69] 이시츠카가 교육에도 관여하고 있음을 알 수 있다. 그리고 1893년부터 일어학교 교사로 근무하고 있던 나가시마(長島喦次郎)는 정식 고문은 아니었으나 1894년 말부터 학무아문에 관계하고 있었다.[70] 즉 유길준은 이러한 일본인들의 영향을 받으며 덕체지의 삼분법을 조선의 교육에 도입했다고 생각된다.

한편 『교육시론』 1895년 1월 5일자의 사설에는, 당시 조선에 와서 조선 교육을 담임하려는 일본인들 사이에서 "교육제도의 개조를 비롯하여 지덕체 삼육의 방법에 관하여 시비의 의견이 일정하지 않"다고 하여, 일본인들은 정부 관련 사람이든 민간인이든 조선교육을 제도적으로 개혁함과 함께 교육내용을 지덕체의 삼육으로 구성하려 했음을 알려주고 있다.

## 2. 한성사범학교관제와 사범학교의 재편

1895년 4월 23일의 각의에서 「각대신간규약조건(各大臣間規約條件)」의 하나로 '지방 제학교 교원양성을 위하여 한성부에 1개 학교를 설립할 사'가 의결되었다.[71] 이미 사범학교가 교동에 세워져 운영되고 있었음에도 불구하고 마치 처음으로 사범학교를 설립하는 듯한 안이 등장하는 것은 무엇 때문일까.

정부는 이보다 앞선 3월 30일 일본과 차관도입 계약을 맺고 나서[72]

---

69) 『從宦日記』 1894년 12월 8일 조.
70) 『日本』 明治 27년 12월 20일자에 의하면, 그는 12월 7일 이래 사실상 학부의 고문이 되어 매일 출근하고 있었다고 한다.
71) 『議奏』 1, 서울대학교 규장각, 1994, 202면.

138

4월 19일에는 관제를 개편했다. 그 중 학부관제 상에 나타난 주요한 변화는, 학무아문이 관장하도록 되어 있던 학교 중에 대학교가 없어지고 외국유학생에 관한 사무가 추가된 점이다. 이는 대학교를 설치한다는 목표는 버리고 고등교육을 일본유학으로 대체한다는 것을 의미한다. 1894년 11월 20일 이노우에가 조선 정부에 제시했던 개혁안에 '유학생을 일본에 파견할 것'이라는 조항이 있었기 때문에,73) 이러한 변화는 일본 측의 주장에 따른 것임을 알 수 있다. 「각대신간규약조건」은 새 관제가 4월 25일부터 실시됨에 따라 각 부에서 우선적으로 추진해야 할 개혁목록을 명시한 것이었다.

목록 중에는 특히 조선 정부의 각 부에 배치된 일본인 고문관의 간섭을 반드시 받도록 하는 조목이 포함되어 있는 등,74) 당시 청일전쟁의 승리를 배경으로 일본의 간섭이 최고조에 달했던 시기의 일본 측의 의도가 강하게 반영되어 있다. 즉 「각대신간규약조건」의 내용은 주로 일본이 중시하는

---

72) 1894년의 농민전쟁, 청일전쟁, 한발, 기근으로 徵稅源이 파괴되었고, 이와 함께 그 때까지 누적되어 온 각종 國債로 인해 국가재정은 바닥이 나다시피 한 상태였다. 개혁 자금은 말할 것도 없고 官員, 軍人의 俸給조차 마련할 수 없었기 때문에, 조선 정부는 일본으로부터 차관 300만圓을 도입하였다. 300만원 차관 도입을 염두에 두고 정부가 작성한 1895년도 세출계획안에 의하면, 총세출액 3,290,000원 중에 학무아문 경비는 60,000원으로 1.7%가 채 되지 않았다(金正起, 「淸日戰爭 前後 日本의 對朝鮮經濟政策」, 『淸日戰爭과 韓日關係』, 一潮閣, 1985 참조).
73) 『高宗實錄』 고종 31년 10월 23일 조.
74) 五十三 內閣 各部 其他 各廳에셔 閣令 部令 廳令 訓令 等을 發ᄒ며 指令을 下홀 時ᄂ 其 辦理案을 協辦(內閣에셔ᄂ 總書 其他 官廳에셔ᄂ 其 廳長官)에 提出ᄒ기 前에 반다시 各其 顧問官의 査閱에 供홀 事
五十四 前項外에 內閣 各部 其他 各廳에셔 接受 發送ᄒᄂ 公文書類ᄂ 一切 各其 顧問官의 査閱에 共홀 事
五十五 各 顧問官은 內閣會議에서 各其 主務에 屬ᄒᄂ 案件의 會議에 當ᄒ야 辯說ᄒᄂ 必要가 有ᄒᄂ 時에ᄂ 參席ᄒ야 意見을 陳述ᄒᆷ을 得홀 事.

개혁내용을 포함하고 있으며, 이에 반하는 조선 전래의 법령이나 군국기무
처 시기에 정한 법령의 효력을 정지시키려는 의도가 내재해 있었다.[75]
한성사범학교 설립에 관한 의안은, 학무아문에서 운영하고 있었던 사범학
교와 부속소학교는 무시하고 새로 설립한다는 의미였던 것이다.[76] 「규약
조건」에는 '일본국 파견ᄒᆞ는 유학생을 학부대신이 일체 관리ᄒᆞ미 가홀
사'도 포함되어 있어서, 학부는 유학생 파견과 함께 사범학교의 개혁을
주요 업무로 하게 되었다. 일본에서는 교육칙어에 따른 충량한 신민을
육성해 낼 소학교 교원에 대한 교육을 특히 중시하고 있었는데, 고등교육이
없는 조선의 교육에서 사범학교는 더욱 핵심적 위치에 있었다고 할 수
있다.

5월 10일에 한성사범학교관제(漢城師範學校官制)가 반포되었다.[77] 관
제는 모두 13조로 되어 있다. 본과 2개년과 속성과 6개월의 두 과를 두었다.
사범학교에서는 최항석의 경우와 같이 학습기간에 관계없이 교원에 임명
하는 경우도 있었지만, 이제 2년과 6개월로 학습기간을 정했다. 한성사범
학교에 부속소학을 두게 하여, 각각 3년씩의 심상과와 고등과 두 과를
두었다. 이전의 부속소학교는 학습기간을 3년으로 정하고 있었으나 고등
과 3년을 더 둔 것이다. 소학교를 심상과 고등으로 나누는 것은 일본의

---

75) 田保橋潔은 "朝鮮國內에는 經國大典 공포 이래의 舊法令이 전과 다름없이 효력을
가지고 있고, 게다가 작년 7월 이래 軍國機務處會議의 의결에 의한 법령도 시행되
고, 또 議政府·各 衙門 및 所屬官廳의 규정도 있어서 법령은 몹시 복잡했다"고
「각대신간규약조건」을 정한 배경을 설명하고 있다(田保橋潔,「近代朝鮮における
政治的改革」,『近代朝鮮史研究』(朝鮮史編修會研究彙報 제1집), 1944, 166면).
76) 일본은 통감부 설치 후, 1906년의 보통학교령에 의해 小學校를 普通學校로 바꾸면
서 소학교를 폐하고 보통학교를 새로 창립시켜, 창립연수도 그 이전의 것은
부정하고 보통학교의 창립으로부터 계산하게 하였다. 그 단적인 예가 漢城府公立
小學校의 후신인 京城渼洞公立普通學校의 경우이다.
77)『官報』17호, 개국 504년 4월 19일.

140

예를 참조한 것이다.[78] 학교장은 학부참서관으로 겸임케 하고, 학부대신
의 명을 받아 교무를 장리하고 소속 직원을 통독(統督)하게 한 것은 사범학
교의 때와 같다. 본과와 속성과, 부속 소학의 학과 정도는 학부대신이
정한다고 하여 교무와 교과 내용을 학부에서 직접 관할할 것을 규정했다.
이상과 같은 내용의 한성사범학교관제는 관제의 형식 상 학교구성에
관한 규정 정도만을 정하여, 새로 사범학교를 설립하는 데 근거를 제공하고
있다.

이 관제에 의거하여, 『관보』에 학생 모집 광고를 게재하였다.[79] 5월
24일(五/一) 개학하는 한성사범학교의 본과 학생(2개년 졸업) 100명과 속성
과 학생(6개월 졸업) 60명을 뽑기로 하고, 5월 21일(四/廿七)에 입학시험을
치른다고 하였다. 이전에는 학생선발을 할 때, 관리의 자제 등에서 추천하
게 하거나 각 관서에서 추천하게 했었는데, 처음으로 『관보』를 통해 광고하
고 입학시험을 부과하였다. 본과 입학자의 연령은 20세 이상 25세 이하로
하고 시험과목은 국문의 독서와 작문, 한문의 독서와 작문이었으며, 속성
과 입학자의 연령은 22세 이상 35세 이하로 정하고 시험과목은 국문의
독서 작문, 한문의 독서 작문, 조선지리, 조선역사였다.

5월 21일과 22일 이틀에 걸쳐 시험이 있었다.[80] 학생들은 대부분 속성과
를 지원했던 것 같다. 박정양의 『종환일기(從宦日記)』에 의하면 속성학교

---

78) 일본은 1886년의 소학교령부터 소학교를 高等과 尋常으로 나누었다(敎育史編纂
會 編, 『明治以降敎育制度發達史』 3, 龍吟社, 1938, 37면). 단 일본의 경우는
수업연한을 1886년에는 각각 4개년으로 했다가(위의 책, 39면), 1890년의 소학교
령부터는 심상소학교는 3개년이나 4개년, 고등소학교는 2개년·3개년이나 4개
년으로 했다(위의 책, 57면).
79) 『官報』 17호, 개국 504년 4월 19일(양력 5월 13일).
80) 『從宦日記』 고종 32년 4월 27일, 4월 28일 조.

지원 학생을 국한문으로 시험을 치르게 하여 초해자(稍解者) 60명을 뽑아서 속성학교로 보내고 그 나머지 26인을 사범학교로 보냈다고 한다.

박정양은 5월 24일(五/一) 사범·소학 양 학교를 방문하고 또 초천동(苕泉洞) 속성학교 학원들의 소집에 갔다고 하였다.[81] 지금까지는『관보』의 한성사범학교 학생 모집 광고에 근거하여 음력 五月 一일에 한성사범학교가 처음 설립되었다고 알려져 왔다. 그러나 박정양의 일기를 통해서 볼 때, 이 날은 1894년부터 운영하고 있던 사범학교를 개편하여 본과와 속성과의 구분을 갖추고 속성과를 처음으로 시작한 날이었음을 알 수 있다.

사범학교의 교장이었던 학부 학무국장 겸 참서관 이응익(李應翼)이 한성사범학교장, 사범학교 교수였던 정운경(鄭雲樓)이 한성사범학교 교관으로 다시 임명되고[82] 한의용(韓義容)이 부교관으로 임명되었다.[83] 한의용은 1863년생으로 1886년 부산항의 일어사숙에 들어가서 공부한 후 1889년 부산항 감리서에서 번역을 주관하였고, 1895년 1월에 학부 통역 및 편집국 번역 사무를 수행하다가 3월에 한성사범학교 부교관으로 임명되었다.[84] 그의 이력으로 볼 때 사범학교 교원의 자격으로 일어 실력이 중요시되고 있음을 알 수 있다. 그는 사범학교 부교관으로 있으면서 번역사무를 겸하여 월봉 외 가봉(加俸)도 받았다. 한의용은 7월 13일 사임하고 대신 현백운(玄百運)이 임명되었다.[85] 현백운은 1872년생으로 1891년부터 1894년까지 일어학교에서 수학한 학력이 있다.[86] 그는 왜학 전공의

---

81)『從宦日記』고종 32년 5월 1일 조, "師範小學兩學校進 速成學校(苕泉洞)學員會同時進".
82)『官報』32호, 개국 504년 5월 7일(양 5월 30일).
83)『官報』34호, 개국 504년 5월 9일(양력 6월 1일).
84)『大韓帝國官員履歷書』, 290면.
85)『官報』72호, 개국 504년 윤5월 24일.
86)『大韓帝國官員履歷書』, 385면.

역관인 현석운(玄昔運, 1858년 식년 역과), 현성운(玄星運, 1870년 식년
역과), 현만운(玄晚運, 1885년 증광 역과)과 같은 운(運)자 돌림인 것으로
보아 역학중인 집안의 일원일 것으로 짐작된다. 1880년대부터 외국어의
효용에 일찍 눈을 떴던 중인계층이 근대교육의 담당자로 진출하고 있는
것이다. 또한 육영공원의 교육이 제대로 기능하지 못하는 가운데, 1891년
에 설립되었던 일어학교가 일어 외에 지리, 역사, 이화학(理化學) 등의
보통학도 가르치면서[87] 신지식을 배운 사람을 키워내고 있었음을 보여준
다. 일본 거류민 소학교 교원이었던 일본인 아사카와(麻川松次郎)도 사범
학교 교사로 고용되었다.[88]

부속 소학교교육을 담당할 한성사범학교 교원에는 박지양(朴之陽), 최
연덕(崔延德), 한명교(韓明敎)가 임명되었다.[89] 이들이 어떠한 이력을 가
진 사람들이었는지는 알 수 없으나, 9월에 관립소학교 교원으로 임명되는
사람들이 1894년의 사범학교에 입학했던 사람이므로, 이들 역시 사범학교
출신자일 가능성이 크다. 10월 2일의 한성사범학교 학생수는 본과 40인,
속성과 60인, 부속소학교 136인이었다.[90]

---

87) 『日案』 2, 문서번호 2402, 446면. 鈴木信仁의 『朝鮮事情』(1894)에 의하면, 일어학
교의 학과는 讀方, 書取, 作文, 修身, 地理, 歷史, 動植物 등이었고, 그 정도는
일본 高等小學校에 가까웠다고 한다(增田道義, 「朝鮮近代敎育の創始者に就い
て(一)」, 『朝鮮』 333호, 1943. 2, 42면).
88) 『日本』 明治 28년 7월 14일. 그는 1892년 5월부터 한성의 일본인 거류민 소학교의
교원으로 근무하고 있었다(稻葉繼雄, 「甲午改革期の朝鮮敎育と日本」, 『國立敎
育硏究所紀要』 121, 1992. 3, 28면).
89) 『官報』 34호, 개국 504년 5월 9일. 한성사범학교 교관 정운경과 한성사범학교
교원 박지양은 경학과가 설치되어 새로 교육기능을 갖게 된 성균관의 敎授를
겸임하게 되었다(『官報』 141호, 개국 504년 8월 19일 ; 142호, 개국 504년 8월
20일).
90) 『官報』 137호, 개국 504년 8월 14일.

## 3. 한성사범학교규칙의 제정

1895년 6월에 이완용이 학부대신에 임명되고,[91] 학부 보좌관으로 다카미(高見龜), 노노무라(野野村金五郎)가 고용되었다.[92] 조선 정부의 각 부에 1894년 12월 초부터 다음해 1월 초에 걸쳐 40여 명의 일본인 고문관 및 보좌관이 배치되었던 것에 비하면, 학부에는 상당히 늦게 보좌관만 채용된 것이다. 또한 다른 부의 고문관은 '일본국 정부·군부의 우수분자가 초빙'[93]되었는데 비하여, 다카미는 청일전쟁 발발 무렵 조선에 파견되었던『시사신보(時事新報)』기자 출신이었다.[94] 이러한 점으로 보아 학부에서는 상대적으로 일본의 간섭을 적게 받았다고 볼 수도 있다. 그러나 근대식 법제를 만들어가는 과정에서 일본인에게 의지하고 일본의 자료를 참조할 수밖에 없던 상황에서는 일본의 영향이 그만큼 크게 작용하지 않을 수 없었다.

9월 11일(七/卄三)  한성사범학교규칙(漢城師範學校規則)을  공포했다.[95] 규칙의 내용은 일본의 사범교육 관련 법령을 상당히 참조하였다.[96]

---

91)『高宗實錄』고종 32년 5월 10일(양력 6월 2일) 조.

92)「學部來案」照會 제7호, 개국 504년 6월 3일(양력 7월 24일),『學部來去文』, 奎章閣圖書 圖書番號 17798. 學部來案에 의하면 이들이 학부에 고용된 것은 7월경이지만,『敎育時論』367호(明治 28년 6월 25일)의 기사에서는 이들이 이미 학부에 고용되어 있다고 하므로, 6월경부터 학부에서 일을 하고 있었다고 생각된다.

93) 田保橋潔, 앞의 논문, 142면.

94)『日本』明治 27년 7월 18일. 高見은 1년 후 재고용되었다(「學部來案」, 건양 원년 7월 3일, 奎章閣圖書 圖書番號 17798).

95)『官報』121호, 개국 504년 7월 24일.

96) 일본이 1886년에 제정한 師範學校令에 의하면, 사범학교는 高等과 尋常으로 나누어지는데, 고등사범학교는 東京 한 곳에만 두고 尋常師範學校의 교장 및 교원을 양성하고, 심상사범학교는 府縣에 각 한 곳에 두고 공립소학교의 교장 및 교원을 양성하는 곳으로, 고등사범학교는 한성사범학교 보다 수준이 높은

144

먼저 한성사범학교의 교육목적을 보면, 순량공검(順良恭儉)하고 신애위
중(信愛威重)한 기질을 가진 교원을 양성한다고 하여 교원의 품성을 기르
는 데 교육의 초점을 맞추었다.[97] 이는 일본 사범학교의 교육목적으로
규정되어 있는 '순량신애위중(順良信愛威重)'한 기질[98]에 '공검(恭儉)'이
라는 말을 더한 것이다. 일본의 사범교육에서, '순량'은 문부성 및 교장의
명령에 유순하게 따르게 하기 위한 것이고, '신애'는 교원간의 우정을
중시하여 직무를 공동으로 수행하게 하기 위한 것이며, '위중'은 생도에
대해서는 위엄을 갖고 교육을 하게 하기 위한 것으로, 좋은 교원의 자질로
서 문부성이 기대하는 덕목이었다.[99] 그리고 '공검'은 1890년에 공포된
일본의 '교육칙어' 속에 나오는 덕목이다.[100] '공검'은 소학교 수신 교과의
중요한 덕목이기도 한데, 한성사범학교관제를 만들면서 이것까지 포함시
킨 것이다.

　그런데 일본의 사범교육은 '좋은 인물을 만드는 것을 제1로 하고 학력(學
力)을 키우는 것을 제2로 하'였다.[101] 이에 따라 일본 심상사범학교(尋常師
範學校) 교육의 요지는 품성교육에 관한 조항(1~5항)과 교수기능교육에

　　　학교였고, 심상사범학교는 규모가 훨씬 컸다(『明治以降敎育制度發達史』 3, 497
　　　면). 이하 일본 「師範學校令」(1886)과 「尋常師範學校의 學科 및 그 程度」(1892)는
　　　『明治以降敎育制度發達史』 3, 497면 및 599~600면에 의함).
　97) 제1조 漢城師範學校는 勅令七十九號에 依ㅎ야 敎員에 應用홀 學員을 養成홈.
　　　但 學員으로 順良恭儉ㅎ며 信愛威重홀 氣質을 備홀 事에 注意홈이 可홈.
　98) 「師範學校令」 제1조 師範學校는 敎員이 될 者를 養成하는 곳으로 함. 但 生徒로
　　　順良信愛威重한 氣質을 備하게 함에 注目해야 함.
　99) 沖田行司, 「明治絶對主義敎育體制의 確立(1881~1890)」, 石島庸男 외 편, 『日本
　　　民衆敎育史』, 木辛 出版社, 1997, 140면.
100) 『明治以降敎育制度發達史』 3, 17면.
101) 沖田行司, 앞의 책, 140면. 이것은 일본의 절대주의 교육체제를 성립시킨 文部大臣
　　　森有禮가 사범교육의 목적으로 진술한 것이다.

관한 조항(6~10항)으로 되어 있다.[102] 한성사범학교의 교육요지는 일본
사범학교의 교육요지 중에서 품성교육에 관한 부분만 그대로 옮겨놓고
있다.


제13조 漢城師範學校 敎育의 要旨는 左와 如홈

一. 精神을 鍛鍊ᄒ며 德操를 磨勵홈은 敎員者에 重要혼 비라. 故로 學員으
로 ᄒ야곰 平素에 此에 用意홈을 要홈

二. 尊王愛國의 志氣에 富홈은 敎員者의 重要혼 비라 故로 學員으로 ᄒ야곰
平素에 忠孝의 大義에 明ᄒ며 國民의 志操를 振起홈을 要홈

---

102) 「尋常師範學校의 學科 및 그 程度」 제9조
　　尋常師範學校의 敎育의 要旨는 左와 함.
　　一. 尋常師範學校에서는 師範學校令의 趣旨에 基하여 生徒를 敎育해야 함.
　　二. 精神을 鍛鍊하며 德操를 磨勵함은 敎員인 者에 있어서는 殊히 重要함. 故로
　　　　生徒로 하여 平素 意를 此에 用하게 함을 要함.
　　三. 尊王愛國의 志氣에 富함은 敎員인 者에 있어서는 殊히 重要함. 故로 生徒로
　　　　하여 平素 忠孝의 大義를 明하며 國民의 志操를 振起시킴을 要함.
　　四. 法律을 守하며 秩序를 保하고 師表될 威儀를 具함은 敎員인 者에 있어서
　　　　殊히 重要함. 故로 生徒로 하여 平素 長上의 命令 訓誨에 服從하며 起居
　　　　言動을 正하게 함을 要함.
　　五. 身體의 健康은 業을 成하는 基이다. 故로 生徒로 하여 平素 衛生에 留意하여
　　　　體操를 勉하여 健康에 增進시킴을 要함.
　　六. 敎授는 敎員인 者에게 適切하게 小學校校則大綱의 趣旨에 副케함을 旨로
　　　　함.
　　七. 敎授는 항상 其 方法에 注意하고 生徒로 하여금 業을 授할 際 敎授의 方法을
　　　　會得시킬 것을 務함.
　　八. 言語의 明瞭正確함은 敎員된 者에 있어서는 특히 必要로 함. 故로 敎授의
　　　　際 늘 生徒로 하여금 其 口述을 正하게 함으로써 言語를 練習시킬 것을
　　　　務함.
　　九. 學習의 法은 오로지 敎授에만 의지해야 하는 것이 아님. 故로 生徒로 하여금
　　　　항상 스스로 學識을 進하고 技藝를 硏하고 習慣을 養할 것을 務함.
　　十. 學科는 規定의 敎科書에 基하여 敎授할 것을 要함.

三. 法律을 守 며 秩序 保 고 師表될 威儀 具 은 敎員者의 重要 
비라 故로 學員으로 야곰 平素에 長上의 命令과 訓誨에 服從 며
起居와 言動의 正 을 要 

四. 身體의 健康 은 成業의 基本이라 故로 學員으로 야곰 平素에 衛生에
留意 야 體操 勉 야 健康에 增進 을 要 

五. 敎授의 方法은 敎員者의 適切 비니 小學校校則에 副케 을 主旨로
.

요지에 제시되어 있는 덕목이 모두 일본의 사범교육에서 중시되는
것이지만, 특히 2항의 '존왕애국'의 '존왕'은 일본에서 천황의 절대적
권위를 인정하여 황실을 존숭해야 한다는 의미로 사용하는 말로서, 메이지
이후 절대주의적 천황제 이데올로기를 상징하는 용어였다. '교육에 관한
조칙'에서 '충군애국'이라는 낱말을 사용했으면서도, 여기에는 일본의
것을 그대로 쓰고 있는 것이다.

그리고 한성사범학교 본과의 학과목은 수신·교육·국문·한문·역
사·지리·수학·물리·화학·박물·습자·작문·체조였다. 이것은 일
본 남자 심상사범학교의 교과목을 참조했는데,[103] 한성사범학교에는 작
문이 있고 도화·음악이 없다. 한성사범학교 속성과의 학과목은 수신·교
육·국문·한문·역사·지리·수학·이과·습자·작문·체조로, 일본
여자 심상사범학교의 교과목을 참조했는데,[104] 한성사범학교에는 작문이

---

103) 「尋常師範學校의 學科 및 그 程度」제1조 尋常師範學校의 男生徒에 課할 學科目
은 修身 敎育 國語 漢文 歷史 地理 數學 物理 化學 博物 習字 圖畵 音樂 體操로
.
104) 「尋常師範學校의 學科 및 그 程度」제2조 尋常師範學校의 女生徒에 課할 學科目
은 修身 敎育 國語 漢文 歷史 地理 數學 理科 家事 習字 圖畵 音樂 體操로
.

있고 가사, 도화, 음악이 없다. 일본 사범학교에서 작문은 국어에 포함되어 있다. 1896년 7월 현재 한성사범학교에서 실제로 가르치고 있던 학과목은 역사(한국사와 만국사), 간단한 산술, 지리, 한문과 언문 작문, 중국 고전이 었다.105)

이상과 같이 한성사범학교규칙은 교육의 중점을 교원의 품성을 기르는 데 두었는데, 그 덕목을 일본 사범학교령에서 그대로 취하면서 일본 교육칙어의 주요 덕목까지 포함하였다. 일본 교육칙어까지 참고한 것을 볼 때, 한성사범학교규칙을 제정하는 과정에서 단순히 일본의 관련 법률을 참조한 정도 이상으로 일본의 영향이 크게 작용했다고 생각된다.

### 4. 소학교령과 소학교교칙대강의 제정

1895년 9월 7일(七/十九)에는 소학교령(小學校令)이 공포되었다.106) 학부에서 소학교령을 기초하여 학부대신 이완용이 내각에 청의(請議)한 것이 9월 2일이었다. 내각에서는 학부의 '소학교 규칙을 해(解)하는 관원'이 내각 고문관의 처소로 가서 강정(講定)하라고 지시했고, 학무국장 이응익이 내각심의가 있기 전날인 6일 상오 9시에 내각 고문관 이시츠카에게 가서 규칙에 대하여 면상조사(面商調査)하였다.107) 그리고 9월 7일의 각의

---

105) Gifford, "Education in the Capital of Korea", 283면.
106) 『官報』 119호, 개국 504년 7월 22일. 이 시기에 칙령이나 법률은 다음과 같은 과정을 거쳐 시행되었다. 즉 각부 대신이나 내각총리대신이 案件을 기초하여 請議書를 내각에 제출하면 내각에서는 閣議案을 만들어 내각회의에 부치고, 내각회의의 결과가 內閣決定書가 되었다. 내각 회의후 왕에게 상주하여 재가를 받았고, 재가를 받은 안건은 칙령안이나 법률안 등으로 해당 부서에 회부되어 시행되는 것이다(「解說」, 『議奏』 1).
107) 「學部來文」 개국 504년 7월 19일, 奎章閣圖書 圖書番號 17798.

에서 몇 가지 수정을 거친 후 고종의 재가를 받아 반포하였다.

먼저 소학교령에 나타난 소학교의 교육목적을 분석해 보면 다음과 같다. 소학교령 제1조는 소학교교육의 목적을 밝히고 있다.

> 제1조 小學校는 兒童身體의 發達홈에 鑒ㅎ야 國民敎育의 基礎와 其 生活上
> 必要호 普通智識과 技能을 授ㅎ므로뻐 本旨로 홈

소학교령 수정안 각의결정 문서를 보면, 소학교령을 공포하는 목적은 '점차로 각 지방에 소학교룰 설치ㅎ야 국민교육이 보급ㅎ믈 도ㅎ고져 홈'이라 했고, 원안에서 심상과의 수업연한이 3개년이나 4개년으로 되어 있는 것을[108] 3개년으로 수정하고 그 이유를 '보통교육은 소수자에 깁히 급ㅎ는 것 보담 엿터도 일반인민에게 협흡(浹洽)ㅎ믈 주지로 ㅎ'기 때문이라 하였다.[109] 여기서 소학교교육은 국민교육으로서 보다 많은 인민에게 보급해야 할 보통교육인 것으로 이해되고 있다. 또 원안에서 소학교의 편제, 교과목과 교원자격 등의 규정을 관립소학교에만 적용했던 것을 공사립소학교에도 적용하도록 수정한 이유는 '보통교육의 통일'을 기하기 위해서라고 하였다. 즉 소학교교육은 모든 인민에게 동일한 내용과 체제로 보급되어야 한다고 생각하고 있다. 또한 여아교육에 대하여, '여아교육이 긴절ㅎ기는 남아에 비ㅎ야 소차(小差)업'다는 이유로 각의에서

---

108) 앞서 제정한 한성사범학교관제에서 부속소학교의 심상과와 고등과의 수업연한을 각각 3개년으로 정했음에도 불구하고, 원안에서 소학교 심상과의 수업연한을 일본 소학교령 제8조의 심상소학교 수업연한과 같이 3개년이나 4개년으로 했다는 점은, 학부에서 소학교령을 제정을 하면서 일본의 것을 모방하는데 급급했다는 것을 나타낸다.

109) 『議奏』 2, 425면.

새로 규정하여 포함시켰다. 이를 학무아문 고시문의 교육인식과 비교해
볼 때, 소학교교육의 목적이 소수의 인재양성에서 국민양성으로 바뀌어지
면서 모든 인민을 대상으로 하는 보통교육의 개념110)이 도입되어 있음을
알 수 있다.

그런데 소학교령 제1조는 일본의 소학교령(1890) 제1조111)에서 '도덕교
육'이라는 낱말만 빼고 그대로 옮겨 놓았다. 일본 소학교령에서 '도덕교육'
은 일상적인 도덕교육을 의미하고, '국민교육의 기초'는 애국심 교육을
가리킨다.112) 그렇다면 조선 소학교령에서는 일상의 도덕교육은 제외하
고 애국심 교육만 강조하는 것이 된다. '입덕지문'이라 생각되던 소학교의
교육목적을 규정하면서, 이 낱말을 뺀 것은 무슨 까닭일까. 도덕교육에
관한 교과인 수신과에 대해 설명한 소학교교칙대강(小學校校則大綱) 제2
조는 다음과 같다.

---

110) 보통교육의 개념에 대해서는 1883년의 『漢城旬報』에서 서양의 학교를 소개하면
　　서 소학교에서 국민의 일상생활의 기본이 되는 것을 가르치는 것을 보통교육이라
　　고 한 바가 있고(『漢城旬報』 15호, 1883년 2월 21일), 프랑스의 교육은 나이가
　　6세부터 13세에 해당되는 모든 사람을 학교에 입학하게 하는 보통교육이라고
　　소개하였다(『漢城旬報』 17호, 1883년 3월 11일). 또 1886년의 『漢城周報』에서는
　　유럽 여러나라들의 소학교는 閭井 사이에 설립하는데 그 교육의 내용은 보통적인
　　것으로, 이는 곧 모든 백성들이 보통적인 도움을 받을 수 있다는 뜻이라 하여(『漢城
　　周報』 제1호, 1886년 1월 25일, 「論學政第一」) 내용면에서 보통교육의 개념을
　　정의하였다. 그리고 소학교교육의 목적에 대해서는 "글을 통하고 이치를 밝혀
　　公守法을 받들도록 하고, 읽고 쓰는데 능하여 먹고 살도록 하는 것"(『漢城旬報』
　　32호, 1883년 7월 11일)이라 하였다.
111) 일본 「小學校令」 제1조 小學校는 兒童身體의 發達에 留意하여 道德敎育 및
　　國民敎育의 基礎와 其 生活에 必須的인 普通의 知識 技能을 授함으로써 本旨로
　　함(『明治以降敎育制度發達史』 3, 56~73면).
112) 小松周吉, 「近代國民敎育制度の成立」, 小松周吉 外, 『日本敎育史』 I, 世界敎育
　　史硏究會 編, 『世界敎育史大系』 1, 講談社, 1975, 311면.

150

제2조 修身은 敎育에 關흔 詔勅의 旨趣에 基ㅎ고 兒童의 良心을 啓導ㅎ야
其 德性을 涵養ㅎ며 人道롤 實踐ㅎᄂ 方法을 授흠을 要旨로 흠
尋常科에ᄂ 孝悌 友愛 禮敬 仁慈 信實 義勇 恭儉 等 實踐ㅎᄂ 方法을
授ㅎ고 別로히 尊王愛國ㅎᄂ 士氣롤 養흠을 務ㅎ고 또 <u>臣民으로써</u>
國家에 對ㅎᄂ 責務의 大要롤 指示ㅎ고 兼ㅎ야 廉恥의 重흠을 知케ㅎ고
兒童을 誘掖ㅎ야 風俗과 品位의 純正에 趨흠을 注意흠이 可흠
高等科에ᄂ 前項의 旨趣롤 擴ㅎ야 陶冶의 功을 牢固케흠을 務흠이
可흠
女學生은 別로히 貞淑흔 美德을 養케 흠이 可흠
修身을 授ㅎᄂ 時에ᄂ 近易흔 俚諺과 嘉言과 善行 等을 例証ㅎ야 勸戒롤
示ㅎ고 敎員이 몸소 兒童의 模範이 되야 兒童으로 ㅎ야곰 浸潤薰染케
흠을 要흠113)(밑줄은 필자)


조선 소학교 수신의 대강은 일본의 소학교교칙대강114)을 그대로 번역
하여 옮기면서도 '신민으로서'라는 말을 추가하였다. '신민'이라는 말은
수신이 그 '취지에 기ㅎ고' 있는 '교육에 관한 조칙'에 나온 바 있다.
조칙에서 사용한 신민이라는 용어는 '신과 민'을 의미하였다.

---

113) 『官報』138호, 개국 504년 8월 15일(양력 10월 3일).
114) 제2조 修身은 敎育에 關한 勅語의 旨趣에 基하고 兒童의 良心을 啓導하여 其
德性을 涵養하며 人道實踐의 方法을 授함으로서 要旨로 함. 尋常小學校에서는
孝悌 友愛 仁慈 信實 禮敬 義勇 恭儉 等 實踐의 方法을 授하고 殊히 尊王愛國의
志氣를 養할 것을 務하고 또 國家에 對한 責務의 大要를 指示하고 兼하여 社會의
制裁 廉恥의 重해야 함을 知케하고 兒童을 誘하여 風俗 品位의 純正에 趨할
것에 注意해야 함. 高等小學校에서는 前項의 旨趣를 擴하여 陶冶의 功을 堅固케
할 것을 務해야 함. 女兒에 있어서는 殊히 貞淑의 美德을 養케 할 것에 注意해야
함. 修身을 授하는 데에는 近易한 俚諺 및 嘉言 善行 等을 例証하여 勸戒를
示하고 敎員 스스로 兒童의 模範이 되어 兒童으로 하여금 浸潤薰染케 할 것을
要함(『明治以降敎育制度發達史』3, 95면).

그런데 일본의 수신이 그 취지에 기하고 있는 '교육에 관한 칙어'(교육칙어)에서 사용되는 '신민'은 천황만을 주권자로 규정한 메이지 헌법 하에서의 일본의 인민을 의미한다.[115] 즉 군(君)인 천황에 대해 정부관리뿐만 아니라 일반 인민도 신이라는 것이다. 교육칙어는 모든 인민이 신민이라는 자각을 갖도록 교화시켜 인심을 천황에게 귀일시킴으로써 애국심을 이끌어내려는 데 의의가 있었다.[116] 조선 소학교교칙대강의 '신민'은 바로 일본에서와 같은 의미로 사용되고 있다고 볼 수 있다. 소학교교육의 대상을 '신과 민'으로 분리하여 생각할 수는 없기 때문이다.

그리고 수신의 덕목은 양국이 똑같다. 조선 측의 수신은 '교육에 관한 조칙'의 취지에 기한다고 했는데, 조칙에서 덕양은 오륜을 사회윤리로 제시하였다. 그런데 수신의 덕목 중에서 특히 '의용'이나 '공검'은 오륜에 포함된다고 하기 어렵다. 이는 바로 일본의 '교육에 관한 칙어' 속에 명시되어 있는 덕목이다.[117] 그리고 조칙에서는 충군애국을 국민윤리로 제시하였는데, 수신에서는 '존왕애국'[118]으로 되어 있다. '존왕'은 앞에서 기술한 바와 같이 천황의 절대적 권위를 인정하여 황실을 존숭해야 한다는 의미로

---

115) '臣民'이라는 말은 본래 중국의 고전에는 없는 용어로, 일본에서 明治憲法을 제정하는 과정에서 새로 만들어진 成語이다(飛鳥井雅道,「明治天皇·'皇帝'と '天子'のあいだ」, 西川長夫·松宮秀治 編,『幕末·明治期の國民國家形成と文化變容』, 新曜社, 1995, 46면).

116) 松本三之介,『明治思想史』, 新曜社, 1996, 112~113면 ; 小松周吉, 앞의 책, 312면.

117) 특히 義勇은 일본이 임오군란 이래 대륙침략을 목표로 군비확장을 추진하면서 强兵을 양성하기 위해 필요로 했던 덕목이다(위의 책, 312~313면). 申海永의 『倫理學敎科書』(1906)에는 일본 교과서를 토대로 하여 編述한 義勇에 대한 내용이 있다(康允浩, 앞의 책, 185면).

118) '尊王愛國ᄒᆞᄂᆞᆫ 士氣'에서 '士氣'는 일본 소학교교칙대강의 '志氣'를 잘못 옮긴 것이라고 생각된다. 한성사범학교규칙 제13조 2항에는 '尊王愛國의 志氣'로 되어 있기 때문이다.

152

쓰이고 있었다. 따라서 수신은 고종의 '교육에 관한 조칙'이 아니라 메이지 천황의 '교육에 관한 칙어'의 취지에 기하고 있는 셈이다. 즉 조선인을 일본에서와 같이 왕의 절대적 권위에 순종하는 '신민으로서'의 자각을 갖게 하기 위해 일본식 도덕교육을 한다는 것을 의미한다. 이상과 같은 수신의 내용을 볼 때, 소학교령 1조에서 '도덕교육'이라는 낱말이 없는 것은, 국민(신민)으로서의 애국심 함양을 강조하면서, 조선인의 일상생활을 지배하는 오륜 중심의 조선식 도덕교육을 배제하고 일본식 도덕교육을 도입하려 했기 때문이었다고 해석할 수 있다.

다음에 소학교의 교육내용을 살펴보면 다음과 같다. '국민교육의 기초와 기 생활상 필요호 보통지식과 기능'을 담고 있는 것은 다음과 같은 학과목이다.

제8조 小學校의 尋常科 敎科目은 修身 讀書 作文 習字 算術 體操로 하고, 時宜에 依ᄒ야 體操를 除ᄒ며 ᄯ 本國地理 本國歷史 圖畵 外國語의 一科 或 數科를 加ᄒ고 女兒를 爲ᄒ야 裁縫을 加ᄒ믈 得홈(밑줄은 필자)

제9조 小學校 高等科의 敎科目은 修身 讀書 作文 習字 算術 本國地理 本國歷史 外國地理 外國歷史 理科 圖畵 體操로 하고 女兒를 爲ᄒ야 裁縫을 加함. 時宜에 依ᄒ야 外國語 一科를 加ᄒ며 ᄯ 外國地理 外國歷史 圖畵 一科 或數科를 除ᄒ믈 得홈.

학과목은 일본 심상소학교와 고등소학교의 교과목119)과 비교해 볼

119) 제3조 尋常小學校의 敎科目은 修身 讀書 作文 習字 算術 體操로 함. 土地의 情況에 依하여 體操를 缺함을 得. 또 日本地理 日本歷史 圖畵 唱歌 手工의

때 수의과(隨意科)가 약간 다르기는 하지만 교과명뿐만 아니라 교과배열
순서도 동일하다. 그런데 주목할 것은 외국어가 조선의 소학교 고등과와
일본의 고등소학교 모두 수의과목으로 들어가 있으나, 조선의 소학교
심상과와 일본의 심상소학교에서는 조선 쪽에만 있다는 점이다. 조선에서
는 외국어를 '장래 생활상에 긴요한 지식'으로 인정할 경우에 채택하고,120)
일본에서는 심상소학교 4년의 학습 후의 고등소학교에서 '장래 생활상
그 지식을 요하는 아동이 많은 경우에  한하여' 채택하도록 하고 있다.121)
일본에서는 고등소학교의 수의과목임에도 불구하고 채택요건을 더 제한
하고 있다.

그런데 이 외국어과는 소학교령보다 4일 늦게 제정된 한성사범학교규
칙의 학과목에는 포함되어 있지 않다. 그 대신 소학교령 부칙 29조에서
소학교에 외국인교사를 둘 수 있게 하였다.122) 소학교령의 수정안을 보면,
부칙 29조는 원안의 글씨체와 다르므로(문서 1 참조) 내각 심의 과정에서

---

一科目 또는 數科目을 加하고 女兒를 爲하여는 裁縫을 加함을 得.
제4조 高等小學校의 教科目은 修身 讀書 作文 習字 算術 日本地理 日本歷史
外國地理 理科 圖畵 唱歌 體操로 하고 女兒를 爲하여는 裁縫을 加함. 土地의
情況에 依하여 外國地理 唱歌의 一科目 또는 二科目을 缺함을 得. 또 幾何의
初步 外國語 農業 商業 手工의 一科目 또는 數科目을 加함을 得.
120) 제12조 敎科에 外國語를 加홈은 將來 生活上에 其 智識의 緊要를 認홈이라
近易호 單語 短句 談話 文法 作文을 授호고 外國語로써 簡易호 會話及通信
等을 解케 홈이 可홈. 外國語를 授홈이 항상 其 發音과 文法에 注意호고 正確호
國語를 用호야 意解케 홈을 要홈.
121) 제15조 高等小學校의 敎科에 外國語를 加함은 將來의 生活上 其 知識을 要하는
兒童이 많은 경우에 限하여 讀方 譯解 習字 書取 會話 文法及作文을 授하여
外國語로서 簡易한 會話及 通信 等을 행함을 得하게 해야함. 外國語를 授함에는
항상 其 發音及文法에 注意하고 正한 國語를 用하여 譯解하게 함을 要함.
122) 제29조 現今間은 官立小學校 및 公立小學校의 經費 豫算內에셔 外國敎師를
備入홈을 得홈.

추가된 것임을 알 수 있다. 그런데 각의결정서에는 추가한 이유에 대한
설명이 없다.

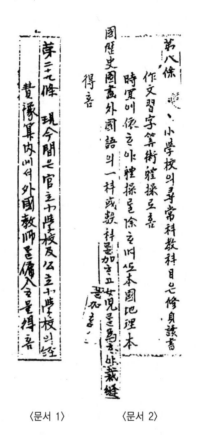

〈문서 1〉          〈문서 2〉

한편 제8조는 수정한 흔적이 남아 있다(문서 2 참조). 그 중 네 번째
줄에는 '국역사(國歷史)'의 세 자가 다른 행보다 단 위로 올라와 있다.
이는 바로 학부에서 작성한 원안에는 없던 '외국어'라는 세 자가 첨입됨으
로써 밀려 올라오게 된 것임을 나타낸다. 그러나 이 부분의 수정에 대해서
는 아무런 설명이 없을 뿐 아니라 글씨체가 원안의 것과 같으므로 내각회의

에서 수정한 것은 아니다. 따라서 '외국어'라는 말이 첨입된 때는 각의 하루 전에 있었던 이용익과 이시츠카 간의 면상조사 중이었다는 것을 알 수 있다. 이시츠카가 이러한 정도의 간섭을 행사할 수 있다는 것은, 각의결정서의 오른쪽 난 밖에 '고문관'이라는 글자 아래에 이시츠카의 도장이 찍혀있는 것을 통해서 짐작할 수 있다. 소학교 심상과의 교과목에 '외국어'라는 글자가 추가됨으로써 외국어는 '생활상에 긴요한 보통지식' 이 되었다.

　소학교령이 『관보』에 실린 것은 9월 10일이었는데, 그 전날인 9일, 한성에서 일본인이 발행하고 있었던 『한성신보(漢城新報)』는 곧 공포될 소학교령에서 소학교 과목 중에 외국어과를 두어 일본어를 교수하게 된다고 보도하였다.[123] 또 9월 16일에는 『관보』에 장동(壯洞)·정동(貞洞)·계동(桂洞)·주동(紬洞)의 네 곳에 소학교를 설립하여 보통각과(普通各科)와 외국어를 교수한다는 광고가 실리는데, 그 전날 『한성신보』는 새로 설립되는 "소학교에 수의과로서 일본어를 더하여 방과후 1, 2시간 교수하고, 동교의 생도 외에도 희망자에게는 동과를 배울 수 있게 한다고" 보도했다.[124] 이틀 후에도 『한성신보』는 "소학교의 교과목의 외국말은 바로 일본말이며 보통과를 가르친 후 간간 일본말을 가르친다"[125]고 보도하는 등 소학교의 일본어 교육에 대해 비상한 관심을 보였다. 즉 소학교의 수의과목인 외국어는 곧 일본어였던 것이고, 부칙 제29조에 의해 소학교에는 외국인 교사, 곧 일본인 교사를 고용할 수 있게 되었다.

　소학교는 설립주체에 따라 관립·공립·사립으로 나누었다.[126] 원안에

---

123) 『漢城新報』 明治 28년 9월 9일.
124) 『漢城新報』 明治 28년 9월 15일.
125) 『漢城新報』 明治 28년 9월 17일.

156

는 공립소학교 규정이 없었으나 각의에서 첨입하였고, 부칙 28조로 '공립소학교 경비는 현금간 국고에서 지변'한다는 내용을 추가하였다. 이 28조에 의거하여 1896년 2월 20일에 보조공립소학교규칙(補助公立小學校規則)이 정해져서, 일정한 조건을 구비하면 국고금에서 보조를 받을 수 있게 되었다.127) 그리고 원안에서는 편제와 교과목과 교원자격 등의 규정을 관립소학교에만 적용하도록 했으나 각의에서 공사립소학교에도 적용하는 것으로 수정했다. 학무아문의 고시문에 의하면 사립소학교에 대해 아문에서 규칙과 책자 등을 나누어 주는 정도였는데, 소학교령이 제정됨에 따라 편제나 교과목, 교원자격 등의 규정을 적용하게 되었다. 학부에서는 소학교령을 사립학교였던 을미의숙에 주로 적용하고 종래의 서당도 소학 조직으로 변경시킬 생각이었다고 한다.128)

이러한 규정은 소학교교육을 확대하기 위해 정부가 직접 관립학교를 설립하는 한편 서당과 같은 전래의 학교를 소학교로 전환시켜 나가기 위한 것이었다. 이는 또한 소학교교육이 보급될수록 일본식 도덕과 일본어도 전파될 수 있음을 의미했다. 학무아문에서 추진하던 소학교가 유교도덕을 비롯하여 국문과 조선지리 · 역사를 가르치면서 점차로 보다 많은 인민에게 교육을 확대해 나가려고 하면서도 교육의 목적은 인재 양성에 두었던 과도기적 형태였다면, 학부의 소학교는 일본식 근대도덕을 비롯하여 국문

126) 제2조 小學校를 分ᄒ야 官立小學校 公立小學校 及 私立小學校의 三種으로 홈. 官立小學校는 政府의 設立이오 公立小學校는 府或郡의 設立이오 私立小學校는 私人의 設立에 係ᄒ는 者를 云홈.
127) 『官報』 257호, 건양 원년 2월 25일.
128) 『敎育報知』 491호, 明治 28년 9월 28일, 17면. 이 기사에 의하면 당시 한성에는 서당이 30개가 넘게 있었다고 한다. 『日本』도 조선 소학교령의 발포를 보도하면서, '私立은 종래의 서당교육에 대하여 교과서 기타의 감독을 하는데 있다'고 하였다(『日本』 明治 28년 9월 21일).

과 산술·체조 및 일본어를 가르치면서 국민(신민)을 형성해 나가려는 근대교육이라고 할 수 있다. 그러나 이 근대교육은 자국의 국민을 양성한다는 목적에서 벗어나 자국에 대한 정체성을 갖지 못하는 사람들을 키워내는 식민지교육이 되어 버릴 위험성이 있었다.

# 제5장 근대학교의 운영과 근대교육의 형성

## 제1절 소학교의 설립과 운영

### 1. 관공립소학교의 설립

#### 1) 관립소학교의 설립과 을미의숙

학무아문은 1894년 설립한 교동의 사범학교 부속소학교를 운영해나가면서 점차 한성 내에 소학교를 증설해 나갈 계획이었다. 그러나 소학교령이 제정됨에 따라 소학교령에 의거하여 관립소학교를 설립하게 되었다. 학부는 우선 네 곳에 관립소학교를 설립하면서 구 을미의숙의 교사(校舍)를 사용하기로 하였다.[1]

을미의숙은 1895년 김윤식을 비롯한 온건개화파 관료가 중심이 되어 한성 내에 7개교 정도를 설치·운영하고, 아유카이(鮎貝房之進)[2] 등의

---

1) 『漢城新報』 明治 28년 9월 15일.
2) 鮎貝房之進은 1864년생으로 日本 仙臺縣立師範學校를 졸업한 후, 小學校長을 맡았으나, 1884년 동경외국어학교 조선어학과에 官費生으로 입학, 5개년의 과정을 마치고 졸업했다. 1894년 11월에 조선 주재 일본 公領事館에 근무하던 語學校 시절의 親友들의 권유로 한성에 왔다(「略年譜」, 『書物同好會會報』 17호(鮎貝房之進先生喜壽祝賀號), 1942, 2면 ; 增田道義, 「朝鮮近代敎育の創始者に就いて(二)」, 『朝鮮』 334호, 1943. 3, 34면). 鮎貝는 을미의숙 설립 즈음에 한성 주재 『日本』신문 통신원이었다고 하는데(『國學院雜誌』 5호, 1895년 3월), 『日本』 1895년 1월 27일, 2월 7일자에 그의 기사가 실려 있다. 당시 한성 발 기사는 대부분

160

일본인이 교육을 담당했던 일어학교였다.3) 을미의숙을 설립할 무렵에는
정부에 일본인 고문관이 고용되기 시작했고, 경인철도 부설, 우편제도
실시 등에 관련하여 통역을 비롯한 일본어 수요가 증가하고 있었다.4)
"경성에는 관립의 일어학교가 있어 학생을 양성하고 있지만, 40명의 정원
으로서 다수의 사람을 다 취학시킬 수 없어서, 이들의 결(缺)을 보(補)하기
위해"5) 일어학교를 다수 설립한 것이다.

그런데 외부대신 김윤식, 탁지부대신 어윤중, 총리대신 김홍집 등 1880
년대 중반까지 개화정책을 담당했던 사람들이 단지 통역만을 양성하기
위해 을미의숙을 설립했다고는 볼 수 없다. 김윤식은 을미의숙을 점차
지방에도 설치하려는 계획도 갖고 있었다.6) 그는 1890년 유배 중에 쓴

청일전쟁과 조선내의 정치 상황에 대한 것인데 비하여, 그의 기사는 국왕의
행렬, 한국인의 의식주 생활과 度量衡 제도에 대한 것이다. 1896년 이후 點貝는
계속 조선에 머물러 있으면서도 교육사업에는 거의 손을 대지 않았고, 平壤産
無煙炭의 판매나 京釜鐵道 敷設 請負 등에 관계하는 한편 조선의 古美術品·典籍
을 수집하고 조선의 문화에 대해 연구했다.
3) 김경미, 「乙未義塾의 性格 糾明에 관한 小考」, 『韓國敎育史學』 20, 1998 참조.
4) 일본 측의 기록에 의하면, '朝鮮의 百政改革에 따라, 日本語의 必要가 매우
커서, 日本語를 解하는 자는, 우리 商店에 雇用되어 있는 자까지 불러 官職을
주고 있는 정도이고, 將來 이것이 더욱더 必要하여 일본어는 조선학계의 大流行
이 되리라'(『敎育時論』 357호, 明治 28년 3월 15일), '日本語의 유행은 밀물과
같은 형세이다. 종래 좋은 물건을 주어 꾀었으나, 지금은 이미 50명에 이르고,
기타 회화책과 같은 것은 금새 다 팔려 버리고, 일본 유학을 바라는 자 기수백인임
을 알지 못한다'(『日本』 明治 28년 3월 5일)고 하여 당시 일본어가 대유행하고
있었다고 한다.
5) 『敎育時論』 357호, 明治 28년 3월 15일, 34면.
6) 金允植이 후에 點貝房之進에게 보낸 편지에 다음과 같이 을미의숙의 설립과
소멸에 관한 간략한 내용이 기술되어 있다. 金允植, 「與點貝槐園房之進書」, 『金允
植全集』 2, 361면, "乙未年間 僕在外署 與足下議 建乙未義塾于中央 將以仿設于
各都市 廣布敎育之制 而足下實主其事 雖草刱未幾 因亂旋廢 然我邦學校之興
實源于此 足下之功曷可少之哉".

「십육사의(十六私議)」에서, 당장의 긴급한 일을 해결하기 위해서는 일시적인 구차한 방법이지만 1·2년동안 사람들에게 수행지위미(修行之爲美)와 독서지위호(讀書之爲好)를 가르쳐 인재를 배출해야 한다고 한 적이 있었다.[7] 그리고 1907년의 「신학육예설(新學六藝說)」에서는, 먼저 중외(中外)에 학교를 널리 설립하여 신학을 가르치는 것이 급선무라고 하고, 신학의 육예의 하나로서 '서지예(書之藝)'를 제시하여, 지금은 만국이 서로 왕래하고 있어서 그 언어 문자를 익히지 않으면 교섭할 수가 없으므로 육서이외에 각국 국문을 배우지 않을 수 없다고 하였다.[8] 이것은 을미의숙을 설립한 때부터 십여 년이 지난 후의 글이기는 하지만, 그가 이미 영선사행을 통해 외국어의 필요성을 인식했고 동문학 설립에 관여했으며 또 육영공원 설립 당시 교섭당사자였음을 감안할 때, 이 시기에 이미 학교를 설립하여 외국어를 가르쳐야 한다는 생각을 품고 있었다고 볼 수 있다. 그리고 그것은 단기적으로는 당장 필요한 통역, 관리 등을 양성하는 일을 하겠지만, 장기적으로는 한문을 수단으로 해서 중국의 선진문물을 도입해 왔던 것처럼 일어를 매개로 하여 서구의 지식과 기술을 도입하는 역할을 할 수 있을 것이라 생각했던 것이다.

을미의숙은 3월 경 묘동(廟洞)에 첫 학교가 설립된 후 이어서 계동(桂洞)

---

7) 金允植,「十六私議」,『金允植全集』1, 474~475면, "苟欲取士 先須養才……若於京外學校 選聰俊子弟 聚學於其中 循序漸進優游涵泳 積數十年之功 於是乎全才成德之士出 而國家用人之道可以無憾矣 然今官不擇人久矣 百度俱弛日趨於危方急於需用 何暇遠俟數十年之久乎 故姑爲此苟且之法 以捄目前之急 若行之一二年 人知修行之爲美讀書之爲好 則士風丕變學校可以漸興 人才可以輩出 此法其坯璞也 嗚呼歐洲諸國之能雄長於四海者 以有學校教育之盛也".

8) 金允植,「新學六藝說」,『金允植全集』2, 26면, "古者以六書教人 僅行於東亞大陸 謂之同文之國 今焉萬國交通梯航相續 不習其言語文字 安能交涉 故六書之外各國國文不可不學 此非書之藝乎".

직조국(織造局) 자리에 설립되었고,[9] 5월에는 여섯 곳에 생도 300명, 6월에는 일곱 곳에 생도 500명이 있었다고 한다.[10] 학교가 남대문, 정동, 동현(銅峴), 주동(鑄洞), 종로, 동대문, 북장동(北壯洞) 등에 있었다는 주장도 있다.[11] 을미의숙에서는 일본어 외에 수학, 지리, 역사, 체조 등도 가르쳤으며 특히 체조는 당시 일본에서 하고 있던 대로 가르쳤는데 대단히 환영을 받았다고 한다.[12] 한편 을미의숙의 교사였던 요사노(與謝野鐵幹)[13]에 의하면, 일본문전(日本文典)과 일본창가 정도를 가르쳤다고 하였다.[14] 각 의숙에는 일본인이 대체로 2명씩 배치되고 조선인 직원은 통역을 담당했다.[15]

그런데 소학교령이 공포될 무렵의 『교육시론』에는 '구 을미의숙은 금회 관립이 된다'[16]는 기사가 실려 있다. 당시 한성의 각 학교는 악역(惡疫) 유행 때문에 개교하지 못한 채 휴교 중이었다.[17] 악역은 콜레라를 말하는 것으로, 그 해 7·8월에 콜레라가 크게 유행하였다.[18] 학교의 여름방학은

---

9) 金允植, 『續陰晴史』 上, 乙未年 4월 7일 조.

10) 『續陰晴史』 上, 乙未年 4월 18일(양력 5월 12일), 5월 14일(양력 6월 6일) 조.

11) 增田道義, 앞의 논문, 35면.

12) 위의 논문, 35면.

13) 與謝野鐵幹은 소학교 학력 밖에 없으나 漢詩, 漢籍, 英語 등을 배웠고, 17세부터 3년간 일본 德山女學校에서 교편을 잡았던 경험이 있었다. 與謝野鐵幹은 을미의숙 개교 직후 點貝房之進이 불러 조선에 왔다고 한다(「年譜」, 『明治文學全集』 51, 391~395면).

14) 위의 책, 19면.

15) 增田道義, 앞의 논문, 35면. 일본인 교사 중에 이름이 밝혀진 사람은 點貝房之進, 與謝野鐵幹外에 本名儀十郎이 있다(『京城府史』 2, 637면). 本名儀十郎의 인적 사항은 알 수 없으나, 廟洞學校의 교사로 있으면서 운동회의 기부금을 얻기 위해 학부대신 박정양의 집에 갔다가 무례한 언행을 하여 물의를 일으킨 일이 있었다(『舊韓國外交文書』 3, 日案 3, 문서번호 3601, 3602).

16) 『敎育時論』 374호, 明治 28년 9월 5일, 30면.

17) 『敎育時論』 374호, 明治 28년 9월 5일, 30면.

대개 초복부터 말복까지였으므로 을미의숙은 늦어도 7월 12일부터는 방학에 들어갔을 것이다. 즉 을미의숙은 콜레라 때문에 개학을 하지 못하고 운영이 중단된 상태에서 관립소학교로 전환되었던 것이다.

을미의숙이 한때 학생 수가 500명에 이를 정도였고 또 김윤식의 구상에 의하면 장차 지방에도 설립할 예정이었는데도 불구하고 관립소학교로 전환된 데는 당시의 정치적 상황이 관련되어 있다고 생각된다. 4월 23일의 삼국간섭 이후 일본세력이 약화됨에 따라 사회 내에서 일본어에 대한 열의도 줄어들었고,19) 김윤식 등 온건개화파의 정치적 입지도 불안하게 되었다. 5월 말에 김홍집은 총리대신 직을 사임했고 김윤식과 어윤중은 관직에는 있다고 해도 이미 고종과 거리가 멀어짐에 따라 영향력은 줄어들었다. 이러한 상황에서 여러 곳의 을미의숙을 운영하기는 어려웠을 것이라 생각된다. 학부는 소학교령을 공포하면서, 더 이상 교육활동을 해 나가기 어렵게 된 상태에 있는 을미의숙을 관립소학교 설립에 이용하려 한 것이다.

『관보』에 실린 소학교 학생모집 광고에 의하면, 소학교에서 보통각과와 외국어를 가르친다고 하였고, 학생의 연령은 8세 이상 15세 이하로 정했다. 그리고 장동소학교는 9월 26일, 정동소학교는 9월 27일, 계동소학교는 9월 30일, 주동소학교는 10월 1일 개학하기로 했다. 을미의숙의 교사 중에서 이상 네 곳의 교사를 소학교로 사용한 것이다. 그런데 주동은 『관보』에 광고가 실린 이후 10월 1일의 『한성신보』를 마지막으로 더 이상

18) 『高宗實錄』 고종 32년 閏5월 14일 조(양력 7월 6일), "內部令第二號 虎列刺病豫防規則頒布" ; 同 6월 4일 조(양력 7월 25일), "京外大疫 內府令第四號第五號 虎列刺病消毒規則과 豫防及消毒執行規程 竝公布" ; 同 6월 13일 조(양력 8월 3일), "詔曰 怪疾熾盛 爲念救護 不可無施措 設衛生局於宮內府".
19) 1895년 6월 20일의 『日本』에는 조선에서 작년부터 일본어가 매우 유행했지만 근래에는 영어가 유행할 징후가 보인다는 기사가 실려 있다.

164

자료상에 나타나지 않는다. 그 대신 10월 16일(八/卅/八)의 『관보』에 묘동이
나온다. 주동의 위치는 종로 변으로 묘동의 바로 왼쪽이었는데(<그림
1> 참조), 주동에 소학교를 설립했다가 곧 묘동으로 이전한 것으로 보인다.
묘동에도 을미의숙이 있었으므로 이 역시 을미의숙의 교사였다고 생각된
다.

각 학교의 학생 수는 장동소학교가 23인, 정동소학교가 76인, 계동소학
교가 40인, 묘동소학교가 48인이었다.[20] 그런데 을미의숙의 '청년자는
일어학교로 옮기고, 유년자는 순수한 소학교를 설치하여 여기에 들어가게
할 예정'[21]이었다고 하므로, 을미의숙의 일부 학생들이 신설된 관립소학
교에 입학했음을 알 수 있다.

9월 21일에는 이교승(李敎承)과 김성진(金聲鎭), 27일에는 원영의(元泳
義)와 홍성천(洪性天)이 관립소학교 교원으로 임명되었다.[22] 이교승과
김성진, 원영의는 한성사범학교로 개편되기 전의 사범학교에 입학하여,
음력 八월 경에 실시했던 사범속성과 특별시험을 거쳐 관립소학교 교원으
로 임명되었다.[23] 홍성천 역시 그러한 과정을 거쳤을 것이라 짐작된다.

20) 『官報』 149호, 개국 504년 8월 28일(양력 10월 16일), 「彙報」.
21) 『敎育時論』 明治 28년 9월 5일, 30면.
22) 『官報』 130호, 개국 504년 8월 6일 ; 135호, 개국 504년 8월 12일.
23) 이교승은 1894년 十一월 사범학교에 입학하여 1895년 八월 사범속성과 특별시험
에 우등하여 곧 관립소학교교원으로 임명되었고, 김성진은 1894년 十一월 사범학
교에 입학하여 1895년 七월 사범학교 졸업증서를 받고 관립소학교교원으로
임명되었으며, 원영의는 1895년 四월에 사범학교에 입학하여 八월의 속성과
특별시험에 우등하고 임명되었다(『大韓帝國官員履歷書』). 이들이 친 특별시험
은 한성사범학교가 개편된 뒤에 행해졌지만 이들을 정식의 한성사범학교 졸업생
으로 간주하지는 않는 것 같다. 한성사범학교의 1회 졸업생은 12월 1일에 배출되
었다고 기록되어 있기 때문이다.

<그림 1> 한성부 관공립소학교의 위치24)

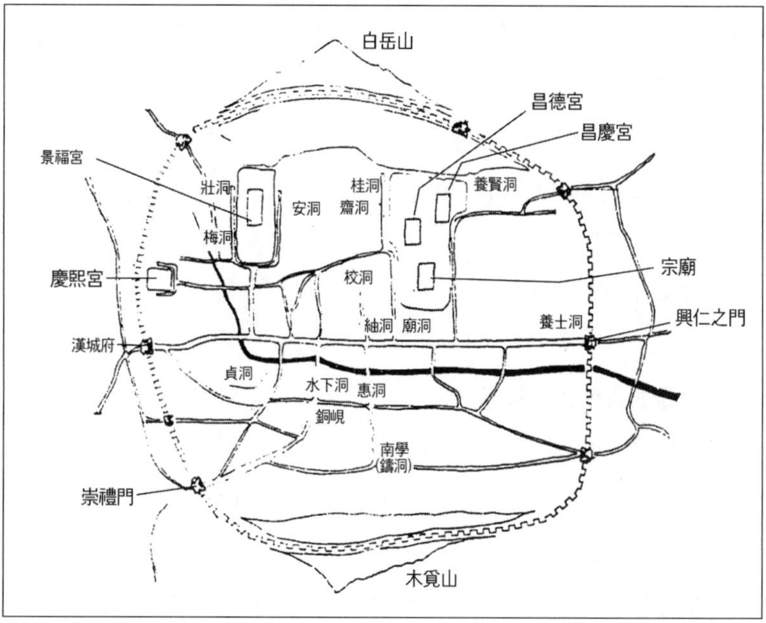

그리고 을미의숙의 교사였던 일본인 네 사람을 한 학교에 한 명씩 감독으로 두기로 했다.25) 이는 소학교령 29조에 의거하여 가능한 일이었으며, 이로써 네 곳의 소학교에는 조선인 교원 1명, 일본인 교원 1명이 배치된 것이다. 그런데 계동소학교의 일본인 교원 마츠무라(松村辰喜)는 10월 8일의 을미사변과 관련되어 퇴한(退韓) 당한 후 재판을 받았다.26) 을미의숙의 교육을 총괄했던 아유카이(鮎貝房之進)와 교사 요사노(與謝野

24)『京城府史』1, 98, 109, 191, 635면 ;『京城府史』2, 422~432, 523~535면 ;「都城內의 幹線道路網圖」,『서울六百年史』제1권, 309면.
25)『漢城新報』明治 28년 10월 1일.
26) 그는 1876년생으로 일본 熊本縣 출신의 士族이었다(杉村濬,『在韓苦心錄』, 韓國學文獻硏究所 編,『舊韓末日帝侵略史料叢書』7, 1984, 189면).

鐵幹)도 을미사변에 관여했다. 이러한 사실은 당시 조선교육에 진출했던 일본인들이 교육 자체보다는 조선에서 일본세력을 확장하는 데 목적이 있었던 인물들임을 보여주고 있다. 곧 일본인에 의한 일어 교육은 일본이 조선을 침략하는 수단으로 이용될 수 있었다. 이러한 점에서 학부는 관립소학교의 교육과정에 일본어를 포함시키고 일본인 교사에게 일어 교육을 맡김으로써, 식민지화의 발판으로 이용될 위험성을 지닌 근대 초등교육을 출발시켰다고 할 수 있다.

### 2) 관공립소학교의 증설

설립된 네 곳의 소학교 중 정동소학교를 제외하고는 설립된 지 약 한달 반 후, "학교옥자(學校屋子)가 협애(狹隘)ᄒ기로 장동은 매동(梅洞) 전 관상감(觀象監)으로 묘동은 혜동(惠洞) 전 혜민서(惠民署)로 계동은 재동(齋洞)으로 이설ᄒ"하였다.[27] 그런데 1896년에는 교동, 재동, 매동, 정동과 함께 수하동에 소학교가 있었다고 하고,[28] 혜동은 계속 자료에 나타나지 않는다. 이는 혜민서로 이전했던 혜동소학교가 근처인 수하동으로 다시 한번 이전하여 수하동소학교가 되었기 때문이라고 생각된다.[29] 한성부공립소학교는 10월 1일(八/十三)에 최만장(崔萬璋)이 교원으로 임

27) 『官報』 175호, 개국 504년 9월 30일. 惠洞은 실제 洞名으로는 보이지 않는다. 혜민서 부근을 속칭으로 혜민서동으로 불렀다고 하므로(『京城府史』 1, 109면) 이를 말하는 것으로 생각된다.
28) Gifford, 앞의 글, 284면. 그런데 기포드의 글에서는 학교명이 Kyo Tong, Chai Tong, Mi Tong, Chong Tong, Su Hyei Tong 등으로 표시되어 불명확하지만, 각각 교동, 재동, 매동, 정동, 수하동으로 보았다.
29) 이것이 바로 李萬珪가 『朝鮮教育史』에서 水下洞 乙未義塾 자리에 설립되었다고 한 水下洞小學校이다(李萬珪, 앞의 책, 59면). 1896년 5월 12일 혜민서로 경무남서가 이전할 수 있었던 것은(『독립신문』 건양 원년 5월 12일) 이곳에 있던 소학교가 이미 수하동으로 옮겨져 있었기 때문일 것이다.

명되었다는『관보』의 기사가 있으므로, 이때 성 밖의 한성부 구내에 설립되
었음을 알 수 있다.30) 최만장 역시 사범학교 출신으로 한성사범학교 1회
졸업생이 배출되기 이전에 교원으로 임명된 것이다.31) 1895년 12월 1일
한성사범학교 속성과 1회 졸업시험에 우등 4명, 급제 24명이 합격하여,32)
이후에는 한성사범학교 졸업생이 관공립소학교에 배치되기 시작하였다.

　12월 30일 동학(東學)의 자리에 설립된 양사동소학교는 구 양사동 동학
의 자리에 있던 사립학교를 계승했다고 하는데,33) 이것이 동대문에 있었다
는 을미의숙을 말하는 것일 수도 있다. 1896년 4월 23일 관립소학교 3년급
에서 31명이 졸업하여 고등과 1년급으로 진학함으로써34) 교동의 한성사
범학교 부속소학교는 고등소학교가 되었다. 8월 경에 성균관 학사의 일부
를 사용하여 양현동소학교를 설립하고, 8월 24일에는 동현소학교, 9월
1일에는 안동소학교를 신설하여 개학했다.35) 동현소학교는 1897년 1월
25일의『교육시론』이후에는 자료상에 나타나지 않는다. 1897년 1월 11일
수하동소학교에서 교동고등소학교로 학생 12명이 옮겨갔다고 하는데,36)

---

30)『官報』138호, 개국 504년 8월 15일. 한성부공립소학교의 후신인 京城渼洞공립보
　　통학교의『창립30주년기념』에 실린「沿革의 大要」에 의하면, 漢城公立小學校가
　　건양 원년(1896) 5월 京橋漢城府 구내에 창설되었다고 하지만(『創立三十周年記
　　念』, 京城渼洞公立普通學校, 1936,『植民地朝鮮教育政策史料集成』43上), 이때
　　이미 설립되었던 것이다. 그리고 연혁에는 건양 원년을 창설 연도로 적고 있으나,
　　1906년 普通學校令에 의해 이를 폐하고 公立漢城普通學校를 새로 창립했다고
　　하여 미동학교의 창립연수는 1906년부터 계산하여 1936년이 창립30주년이 된
　　것이다.
31) 1895년 五月에 사범학교에 입학하였다. 1898년에 鐘瀅으로 改名했다(『大韓帝國
　　官員履歷書』).
32)『官報』192호, 개국 504년 10월 19일.
33)『京城府史』2, 422면.
34)『독립신문』건양 원년 5월 7일.
35)『官報』396호, 건양 원년 8월 5일.

이즈음 동현소학교가 지금의 을지로2가를 사이에 두고 있던 수하동소학교
와 합쳐지면서 학생 수가 많아지게 되자 학생 일부를 교동으로 옮기게
된 것이 아닐까 추정된다. 1898년 2월 10일에는 남학자리에 남학소학교가
설립되었다가,[37] 주동소학교로 이름이 바뀌었다. 이후 통감부가 설치될
때까지 한성에는 더 이상 관립소학교는 설립되지 않고 고등소학교 1교,
심상소학교 8교가 유지되었고, 공립소학교가 1교 운영되었다.

지방의 공립소학교는 1896년 1월부터 설립되기 시작하여 한성사범학교
1회 졸업생들이 배치되었다.[38] 지방제도가 1895년 6월 18일에 8도에서
23부로 바뀌었던 것이 1896년 8월 4일에 다시 13도로 개정됨에 따라,
9월 17일 학부령 제5호로 지방공립소학교의 위치를 정했다.[39] 지방공립소
학교는 한성부, 경기(수원), 충청북도(충주), 충청남도(공주), 전라북도(전
주), 전라남도(광주), 경상북도(대구), 경상남도(진주), 황해도(해주), 평안
남도(평양), 평안북도(정주), 강원도(춘천), 함경남도(함흥), 함경북도관찰
부(鏡城), 개성, 강화부, 인천, 부산, 원산, 경흥항, 제주목, 양주, 파주,
청주, 홍주, 임천, 남원, 순천, 영광, 경주, 안동, 안악, 의주, 강계, 성천,

---

36) 『독립신문』건양 2년 1월 14일.
37) 『官報』광무 2년 2월 3일.
38) 인천부·대구부(『관보』1896년 1월 24일), 충주부(同, 1월 31일), 강화군·수원군
  (同, 2월 6일), 개성부(同, 3월 14일), 파주군(同, 3월 24일), 공주부·평양부(同,
  6월 2일), 함흥부(同, 6월 11일), 양주군(同, 6월 13일), 홍주부(同, 7월 10일),
  경기·충청관찰부(同, 9월 19일), 전라북도·전라남도·경상남도·황해도·평
  안북도·강원도·함경북도관찰부, 부산·원산·경흥항, 임천·남원·순천·영
  광군(同, 11월 9일), 제주목, 경주·안동·안악·의주·강계·성천·원주·강
  릉·북청군(同, 11월 18일). 청주군이 빠져 있는데 이는 관보에서 누락된 것으로
  보인다. 청주군공립소학교 교원이었던 김계명의 이력서에 의하면 1896년 10월
  30일에 임명되었다고 하기 때문이다(『大韓帝國官員履歷書』).
39) 『官報』건양 원년 9월 21일.

원주, 강릉, 북청군 등 38곳에 설립하도록 하고, 이에 따라 교사를 배치하였
다.[40] 이후 공립소학교는 1898년 3월에 삼화항과 무안항의 두 곳에 더
설립되었고,[41] 1900년 초에는 공립소학교가 모두 50개였다.[42]

관립소학교가 신설되었을 때 구 을미의숙의 나이어린 학생들이 입학을
했지만, 그외 어떠한 사람이 소학교에 입학했을까. 일어학교 교사였던
오카쿠라(岡倉由三郞)에 의하면, 조선의 상류의 자제는 교사를 집에 모셔
다가 배우고, 중류의 자제는 사숙에 가서 배우고, 하류의 자제는 종신토록
배우지 않는다고 하였다.[43] 그가 말하는 상류, 중류, 하류가 반드시 양반,
중인, 상민의 신분에 대응하는 것은 아닐 수 있지만, 이미 18세기 말경에
운관(芸館 : 校書館)의 하급서기 출신인 정치후(丁致厚)가 집에 서당을
차려 제자를 가르쳤다고 하므로,[44] 이 시기에는 중인들이 서당을 차려

---

40) 교사를 배치한 것이 바로 학교 설립을 의미하는 것은 아니었다. 北淸郡의 경우
    1896년 11월 16일 이상원이 임명되었으나, 실제로 학교가 설립된 것은 1897년
    3월이었다. 이때 이상원은 관립소학교로 가고 조근하가 새로 파송되었으나 부교
    관 문제로 1898년 11월 경까지 개학을 하지 못했다고 한다(『제국신문』 광무
    원년 11월 7일). 慶州郡과 順天郡의 경우에는 각각 윤필구와 이강호를 임명하고도
    학교 설립 예산을 결정하지 못하자, 당시 학부대신은 임명이 借銜(실제로 근무하
    지 않고 이름만 빌리는 벼슬)과 다를 바 없으니 면직 청원을 하라고 했다 한다(『皇
    城新聞』 광무 3년 1월 25일).
41) 『官報』 광무 2년 3월 18일, 3월 23일. 1898년 10월경의 전국 소학교 수와 학생
    수는 다음과 같다. 사범학교 부속 105, 수하동 175, 공동(정동) 81, 재동 79,
    매동 137, 양사골(양사동) 105, 양현동 59, 안동 75, 주자골(주동) 58, 수원부
    28, 충주부 30, 공주부 13, 전주부 36, 광주부 없고, 해주부 18, 평양부 52, 영변부
    없고, 춘천부 9, 함흥부 43, 경성부 36, 개성부 없고, 인천항 28, 부산항 59, 원산항
    26, 경흥항 23, 삼화항 31, 무안항 22, 금포군 14(『뎨국신문』 광무 2년 10월 15일).
42) 『皇城新聞』 광무 4년 2월 17일. 한성내외의 사립소학교는 13곳에 학도 수는
    461명이었다(『皇城新聞』 광무 4년 12월 22일).
43) 岡倉由三郞, 「朝鮮國民敎育新案」, 2면.
44) 劉在建, 實是學舍 古典文學硏究會 譯註, 『里鄕見聞錄』, 민음사, 1997, 362면.

자제를 공부시키는 일이 적지 않았을 것이라 생각된다. 1880년대부터 외국어와 신지식의 유용성에 대해 재빨리 눈을 떴던 중인들이 외국어학교에 들어가지 못하는 어린 나이의 자제들을 소학교에 입학시켰을 가능성이 크다.[45] 남양공립소학교에서 부교원인 홍병후(洪炳厚)가 양반으로서 부득이 교원을 하게 되었으나 이교(吏校)의 자식들을 가르칠 수 없다고 하여 물의를 일으켰던 일을 볼 때,[46] 지방 공립소학교의 학생들도 대부분 중인 출신이었음을 짐작할 수 있다.

## 2. 소학교 정책의 변천

### 1) 문명개화를 위한 정책

을미사변 후 학부대신에 임명된 서광범(徐光範)[47]은 1895년 11월의 학부고시(學部告示)[48]를 통해 문명개화를 위한 교육을 표방하였다. 고시문은

교육은 개화의 본이라 애국의 心과 부강의 術이 皆 學文으로붓터 生ᄒᆞᄂ니 惟 國의 문명은 학교의 성쇠에 계ᄒᆞᆫ지라

45) 『敎育時論』에서도 소학교나 외국어학교에 中人이 많다고 하였다(『敎育時論』 414호, 明治 29년 10월 15일).
46) 『皇城新聞』 광무 4년 1월 9일.
47) 徐光範은 甲申政變 후 일본을 거쳐 1885년 미국에 망명하여 1892년에는 미국 시민권을 얻었다. 갑오개혁이 시작되자 일본 정부의 주선으로 1894년 12월에 귀국하여 金弘集 朴泳孝 연립내각의 法務大臣이 되어 法改正에 주력하였다. 이때 全琫準 등의 농민전쟁의 지도자들을 체포하여 교수형에 처하기도 하였다. 乙未事變이 일어난 10월 8일 臨時署理 學部大臣事務에 임명되었다가 13일 정식으로 學部大臣이 되었다(李光麟, 『開化期의 人物』, 延世大學校 出版部, 1993, 203~242면).
48) 『官報』 175호, 개국 504년 9월 30일.

고 하여, 교육의 구체적 목표는 인민에게 애국심을 기르고 부강을 위한 방법을 익히게 하는 것이고, 이를 통해 인민이 개화함으로써 국가는 문명국으로 나아갈 수 있다고 하였다. 여기서 사용되고 있는 '문명'이라는 말은 일본에서 영어의 civilization을 한자로 번역한 말이며,[49] 문명개화는 서구문명을 적극적으로 섭취하기 위한 메이지 신정부의 정책이었다.[50] 서광범은 메이지유신과 같은 정치변혁을 꾀했던 급진개화파의 일원으로, 갑오개혁에 참가하면서 개혁의 목표를 문명개화에 두고 있었다.[51] 그에게 문명은 서구의 문명을 의미하였다. 이제 조선을 서구와 같은 문명국가로 만드는 것이 신교육의 궁극적인 목표로 설정되었다.

문명개화를 위해 소학교에서 가르치려는 것은 "오륜행실로붓터 소학과 본국력사와 지지와 국문과 산술과 기타 외국력사와 지지 등 시의에 적용혼 서책"이며, 이러한 서적을 통해 "허문을 거(祛)ᄒ고 실용을 상(尙)ᄒ"는 교육을 한다고 하였다. 오륜행실과 소학을 사용한다는 것은, 소학교령의

---

49) 일본에서 幕末·明治 초기에 구미의 문화적 어휘를 번역하는 임무를 맡았던 것은 漢文의 소양이 있던 학자들이었다. 哲學·心理學·論理學·倫理學·主義·絶對·人格·現象·客觀·主觀·觀念·美術·民法·世紀·雜誌·演說·郵便·汽車 등 수많은 새로운 譯語는 西周·福澤諭吉·前島密·福地源一郎·加藤弘之·井上哲次郎 등이 각각 一語 一語 고심하여 창작하였다고 한다. 조선에서 새로운 지식과 문물에 관심을 갖던 사람들은 한문의 소양이 있었으므로 일본제 漢語의 의미를 쉽게 이해했다. 그래서 번역어를 國文으로 따로 만들지 않고 일본제 한어를 한글 발음으로 읽음으로써 일본제의 새로운 어휘를 그대로 도입하게 되었다(森田芳夫,「韓國にをける國語·國史教育」, 原書房, 41~42면).

50) 林屋辰三郎,「文明開化の歷史的前提」, 林屋辰三郎 編,『文明開化の研究』, 岩波書店, 1979, 3~4면.

51) 서광범은 을미사변 후 駐美公使에 자원하여 미국에 부임한 후 갑오개혁을 회고하면서, "나의 사명은 헛되지 아니했다. 12년전만 하더라도 우리나라에서는 開化文明이란 말을 모르고 있었다. 그런데 오늘날 누구나 文明을 이야기하면서 일부는 이를 열망하는가 하면 일부는 이를 배격하고 있다"고 했다 한다(金源模,「徐光範研究(1859-1897)」,『東洋學』15집, 1985. 10, 25면),

172

수신과에 규정되어 있는 바와는 달리 오륜을 중심으로 하는 유교교육을
그대로 유지하겠다는 것을 의미한다. 그렇지만 이는 인민의 도덕심을
기르기 위한 '실용'적인 교육으로 더 이상 유학의 인재를 키우기 위한
'허문'교육은 아니라고 하고 있다.

한편 고시문에 나타난 교과에는 외국어가 포함되어 있지 않아서, 이때
관립소학교에서는 일본어를 가르치지 않은 것으로 보인다. 1897년 1월
25일의『교육시론』에는 소학교의 교과목에 "일본어를 한 과목으로 추가했
으나 작년 이래 이를 폐했다"는 기사가 있어서 바로 이즈음부터 일본어가
교수되지 않았음을 알 수 있다.52) 을미사변에 관련되었던 마츠무라의
사건이 계기가 되어 일본어 교육이 폐지된 것이라고 생각된다.53)

그리고 "부(夫) 외국학교에 규정을 제넘컨더 아동이 학교에 입학치아니
ᄒᆞᄂᆞᆫ 자는 기 부형을 벌ᄒᆞᄂᆞᆫ 예도 혹유ᄒᆞᆫ지라"고 하여 소학교교육이 의무
교육이어야 한다는 생각이 나타나 있는 것을 볼 때, 소학교교육을 전
인민에게 보급하는 것을 궁극적 목표로 했음을 알 수 있다.

이상과 같은 문명개화 정책은 교과서 제작에 반영되었다. 학부에서
1896년 2월에 간행한『신정심상소학(新訂尋常小學)』의 서문54)에 의하면,
"금 만국이 교호ᄒᆞ야 문명의 진보ᄒᆞ기롤 힘쁜 즉 교육의 일사가 목하의
급무ㅣ라" 하고, 세종대왕이 만드신 "부유(婦孺)와 여대(輿儓)라도 알고
ᄭᅢ닷기 쉬운" 국문으로 교과서를 만들었다고 하여, 문명진보를 위해서는
교육이 인민에게 보편적으로 실시되어야 한다는 생각을 나타내고 있다.

---

52)『敎育時論』424호, 明治 28년 1월 25일.
53) 관립소학교 설립시 壯洞小學校에 배치되었던 吉見正(『漢城新報』明治 28년
   10월 1일)은 1896년에는 이미 관립일어학교로 자리를 옮기고 있다(『敎育時論』
   414호, 明治 29년 10월 15일).
54) 學部編輯局,『新訂尋常小學』,『韓國開化期敎科書叢書』1, 아세아문화사.

그런데 국문으로 아동이 배우기 쉬운 교과서를 만들기 위해 일본인
보좌원인 다카미(高見龜)와 아사카와(麻川松次郎)가 편집에 참가하여,
"천하만국의 문법과 시무의 적용흔 자롤 의양(依樣)ᄒ야 혹 물상(物象)으
로 비유ᄒ며 혹 도화로 형용ᄒ야 국문을 상용"한 새로운 형식의 교과서를
만들었다. 즉 편집의 기술적인 문제뿐만 아니라 국문의 표기법을 연구하고
교육내용을 선정하는 일에도 일본인이 크게 간여하고 있다. 이는 보통교육
을 통해서 조선인이 배우게 될 신지식이 그 지식을 전달하는 어휘에서부터
어휘에 담겨 있는 내용, 그 내용을 표현하는 방법까지 일본의 가치기준에
의해 결정될 수 있음을 의미한다.[55] 이러한 문제점은 도달해야 할 문명은
자국의 밖에 설정해 놓고, 그 문명으로 진보해 나갈 방법을 아는 인력은
아직 키우지 못한 상태에서는 불가피한 일이었을 것이다. 더구나 그 문명을
보편적인 것으로 받아들이는 입장에서는 그러한 문제점을 문제로 여기지
않았을 수도 있다.

### 2) 유교교육의 회복을 위한 정책

1896년 2월의 아관파천으로 갑오개혁을 주도했던 김홍집, 김윤식, 어윤
중, 유길준 등이 제거된 후 신기선(申箕善)이 학부대신에 임명되었다.
1896년 6월 4일의 『독립신문』에 의하면, 그는 "머리 싹고 양복 닙는거슨

---

55) 『新訂尋常小學』의 내용 중에는 孝·禮·信·仁·辭讓·忠君愛國과 같은 유교적
덕목도 있으나, 勤勉·貯蓄·正直·淸潔·親切·勞動·運動·有識과 같은 인
민을 개화시키기 위한 덕목이 제시되어 있다. 후자의 경우 보편적인 덕목이라고
할 수는 있으나, 일본에 의해 近代 道德으로 구성된 것이었다. 또한 교과서에는
軍士의 勇孟性과 忠誠心이 忠君愛國과 연관되어 강조되고 있는데, 이는 壬午軍
亂 이후 대륙침략을 위한 군비확장의 일환으로 强兵을 양성하는데 학교교육을
이용하려던 일본의 德育方針(小松周吉, 앞의 논문, 312면)이 그대로 도입되어
있는 것이다.

야만이 되는 시초요 국문을 쓰고 청국 글을 폐ᄒᆞᆫ 거슨 올치 안코 외국
태양역을 쓰고 청국 황뎨가 주신 정삭을 폐ᄒᆞᆫ 거슨 도리가 아니"라는
상소를 올렸다고 한다.[56]

신기선은 기호학계(畿湖學係)의 정통 주자학자로 1880년대에는 동도서
기론으로 전환했으나, 갑오개혁이 시작된 이후 일본과 서구 제국주의
열강의 침략이 노골화됨에 따라 서기에 비해 동도를 더 강조하게 되었고,[57]
갑오개혁에 반대하는 상소를 몇 차례 올린 바 있었다. 1894년 군국기무처
의 190개에 달하는 의안이 발표되고 난 직후인 10월 31일에 올린 상소에서
는, 군국기무처에서 새로 제정한 법령은 일본의 통제 하에서 이루어진
개혁이고 외국을 모방한 외형적 개화라고 비판했다. 특히 신분의 등급
벽파를 비난하면서, "개화란 공도(公道)를 크게 넓히고 사견(私見)을 물리
치기에 힘쓰며 관리들이 자리지킴만 하지 않도록 하고 백성들은 놀고
먹지 않게 하며, 이용후생의 근원을 열고 부국강병의 방법을 다하는 것뿐이
다"라고 하였다.[58] 즉 그는 유학적 관점에서 개화의 정의를 피력하면서
일본을 모방한 개화를 비판했다. 1895년 한성사범학교관제가 공포되고
한성사범학교의 개편이 이루어진 뒤인 6월 28일에 군부대신으로 있으면
서 올린 상소에서는, 옛 동방문물을 어느 정도 보존하면서 각국의 간편한
제도를 참조하여 고금이 서로 참작되도록 하고 원칙과 임시방편이 알맞게
되도록 할 것, 먼저 유학을 일으킨 연후에 제반 학교를 널리 세울 것

---

56) 신기선은 3월 16일에 학부대신에 임명되었으나 곧 抗日義兵을 선유하기 위한
南路宣諭使에 임명되었으므로 실제로 학부대신에 취임한 것은 이즈음이었던
것으로 보인다.
57) 權五榮, 「申箕善의 東道西器論研究」, 『청계사학』 1집, 1984 참조.
58) 『日省錄』 고종 31년 10월 3일 조, "所謂開化者 不過曰恢張公道 務祛私見 使官不尸
位 使民不游食 開利用厚生之源 盡富國强兵之術而已".

등의 일을 먼저 시행해야 한다고 주장했다.59) 즉 유학을 본으로 하면서
시무로 필요한 것을 채용하는 자주적인 개화의 방법을 채택해야 한다는
생각이었다. 곧이어 8월 10일의 상소에서는 "공평 개화한 정사가 비록
지금의 급무라고 하지만 요순주공(堯舜周孔)의 가르침은 조금도 바꿀
수 없고, 의관예악(衣冠禮樂)의 풍속은 다 고칠 수 없다"고 주장하고,
제도가 변하면서 문자 역시 변해 버렸다고 비판하면서 군부대신 직을
사임했다.60)

그가 말하는 개화는 바로 유학의 이상을 실현하는 것이었다. 자주적인
개화는 유교의 가르침과 신분제도를 유지하면서, 이용후생과 부국강병에
필요한 서구의 제도와 근대문명을 채택할 뿐이었다. 유학의 입장에서는
유학의 원류인 중화문명이 문명의 궁극적인 모습이었다. 조선은 명을
이어 유학의 도통을 이어받은 나라로서 예악법도와 의관문물을 모두
중국의 제도를 따름으로써 중화의 문명을 구현하고 있는 소중화의 나라였
다. 따라서 중화문명의 상징인 한문을 폐하고 국문을 사용할 수는 없었다.
또한 유학의 입장에서 상하의 신분질서는 자연적인 것이며 이 질서를
유지하는 주체는 덕을 쌓은 치자였다. 따라서 교육은 이러한 인재를 양성하
기 위한 것이므로 인민이 알기 쉽도록 국문을 사용할 이유 또한 없었다.

이와 같은 생각을 가지고 있던 신기선은 학부대신이 되자 한문과 유교교
육을 회복하는 방향으로 정책을 시행하려고 했던 것이다. 이에 대해『독립

<hr>

59)『日省錄』고종 32년 윤5월 6일 조.
60)『高宗實錄』고종 32년 6월 20일 조, "且謂公平開化之政 雖爲現今急務 而堯舜周孔
之敎 不可少變也 衣冠禮樂之俗 不可盡革也……制度盡變 而文字亦幻". 이 상소
문에서 신기선은 자신이 이 두 가지 문제에 대해 여러 번 문제제기를 했으나
이에 대해 고종은 그릇되다고 하지는 않으면서도 끝내 폐지한다는 지시를 내리지
않았고 閣僚들은 대부분 반박하면서 頑固하다고 지적하였다고 하였다.

신문』은 비판의 글을 게재하고,[61] 사범학교 학생들은 특히 국문을 배우지 못하게 하는 것에 대해 반발하여 학부에 청원서를 보내고 모두 퇴학하겠다고 하였다.[62] 이와 같은 반발에도 불구하고 신기선은 자신의 생각을 정책으로 추진하였다.

1896년 7월 15일의 『교육시론』에는 다음과 같은 신기선의 훈령이 실려있다.

◎ 學部大臣의 訓令

一. 종래 사용해 오던 지리, 역사 교과서는 초학자에게 부적당하다면, 이후 두과의 교과서로 士民必知를 사용할 事

一. 體操科는 신체를 건강하게 하고 心神을 상쾌하게 함으로써 效益이 있다 해도, 때마침 酷暑의 계절에 즈음하여 가을의 찬기운이 도는 계절이 될 때까지 이를 정지할 事

一. 敎場 안에서 冠을 벗음은 편하기는 해도 本國의 예법에 어긋난다. 금후는 교장 안이라고 해도 반드시 冠을 쓸 事

一. 어느 科의 敎授를 외국교사에게 부탁함은 本邦 교사가 그 科의 소양이 없어서 어쩔 수 없다고 하더라도, 금후 외국교사가 교수할 때에는 본국교사 역시 참여하여 그 교수를 돕는 한편 학습을 할 事.[63]

이 중에서 첫 번째 조항은 바로 신기선이 주장하던 바대로, 국문사용을

---

61) 『독립신문』 건양 원년 6월 4일, 6월 11일, 6월 13일. 6월 13일의 기사는 양쥬 정씨라는 사람이 신문사에 보낸 편지 내용인데, 옛적 풍속만 생각하고 진보를 막으려는 것은 義兵이 하는 말과 같다고 하며 조선이 의병 때문에 거의 결단이 나게 되었는데 정부에 의병과 같은 말을 하는 사람이 있으면 우리나라는 열리는 날이 없을 것이라고 비판하였다.

62) 『독립신문』 건양 원년 6월 11일.

63) 『敎育時論』 405호, 明治 29년 7월 15일, 37~38면, 「朝鮮學事彙報」.

금지하고 한문으로 교육을 하라는 것을 의미한다. 1896년 2월까지 학부에서 발간한 서적 중에 세계지리와 역사 교과서로는『만국지지(萬國地誌)』와 『만국략사(萬國略史)』가 있다.[64] 이 두 책은 모두 국한문 혼용체로 씌어졌다.『사민필지(士民必知)』는 본래는 육영공원의 교사였던 헐버트가 세계의 역사와 지리에 대하여 순한글로 집필한 것으로, 1891년 이전에 한글본『ᄉᆞ민필지』가 출판되어 있었으나 1895년에 학부에서 한역(漢譯)하여 한문본으로 간행한 것이었다.[65] 따라서 교과서를 바꾼다는 것은 곧 국한문체에서 한문체로 문자를 바꾼다는 의미였다. 이와 같은 정책이 시행되자 이로부터 한동안 국문교육은 약화되지 않을 수 없었다. 1897년 1월 25일의『교육시론』에는 관립소학교의 상황에 대한 기사가 실려 있는데 그 중 교과목에 대한 것은 다음과 같다.

敎科目

讀書(千字文, 童蒙先習, 童蒙要訣(모두 漢文), 小學, 孟子類), 習字(漢字國文), 作文(漢文), 修身(五倫行實, 小學類), 地理(學部編輯局 新刊 朝鮮地理)(국한문혼용), 歷史(同上 朝鮮歷史). 體操는 申學部大臣 就職 이래 이를 폐지하고, 또 일찍이 日本語를 한 과목으로 加했으나 이것은 작년 이래 이를 폐하였다. 또 讀書科와 같은 것은 종래 학부에서 편집하도록 한 小學讀本類를 사용하여, 오로지 국한문혼용문을 敎授하도록 했으나 이 또한 申學相 취임이래 이를 폐지하고 오로지 한문을 장려한다.[66]

---

64)『新訂尋常小學』뒤의 학부 편집국 발간 서적 목록(『韓國開化期敎科書叢書』1, 아세아문화사, 1977).
65) 李光麟,『韓國開化史硏究』, 122면.
66)『敎育時論』424호, 明治 30년 1월 25일, 34면, 「京城小學校」.

이 기사에 의하면, 국문을 사용하는 과목은 습자와 조선지리 및 역사였다. 그런데 신기선 학무대신 때로부터 수신과 한학 등을 오로지 하고 지리와 역사 등은 별로 중요시하지 않았다고 하므로[67] 실제로는 유교교육과 한문이 소학교교육의 중심이 되었음을 알 수 있다. 그리고 훈령의 두 번째 조항도 시행되어 체조도 계속 실시하지 않았음도 알 수 있다.

네 번째 조항은 그의 자주적 개화론의 일단을 보여주고 있다. 어떤 새로운 지식을 얻기 위해 외국 교사에게 교수를 맡긴다 하더라도 나중에는 자국의 교사가 가르칠 수 있도록 능력을 배양해야 한다는 생각이었다. 이는 자주적으로 서구문명을 수용하는 방법이라고 할 수 있다.

이러한 정책을 시행하면서 신기선은 자신이 저술한『유학경위(儒學經緯)』를 학부에서 출판하여 일반에게 산포할 뿐만 아니라 공립학교 생도들에게 독습하게 하였다. 이 책은 유교의 성리사상을 근본으로 하여 이기(理氣)와 인도(人道)를 경(經)으로 삼고 천지와 우주를 위(緯)로 삼아 천인관계(天人關係)와 학문·윤리 등에 대한 것을 경전과 선현들의 말을 인용하여 체계있게 정리한 것이다.[68] 그런데 제41편에서 서양인이 숭상하는 기독교를 부모제사를 지내지 않고 하늘을 속이고 윤리를 어지럽히는 이적(夷狄)의 누속(陋俗)이라고 비판한 부분을 들어, 한성 주재 미국·러시아·영국·프랑스 각 공영사들이 외부에 항의하였다.[69] 그런데 외국 공영사들의

---

67)『敎育時論』414호, 明治 29년 10월 15일, 28면,「朝鮮敎育上に於ける列國の勢力」.
68) 張在釪,「유학경위」,『한국민족문화대백과사전』17, 153면.
69)『學部來案』照覆 제22호, 건양 원년 10월 8일, "第四十一篇 若近世西人之所謂耶蘇敎者 鄙俚淺妄乃夷俗之陋者耳 不足與辨也 耶蘇之敎其所謂天堂禍福之說 近於佛氏之支流 而所以勸善而敎人者 不過閭巷淺俗之談耳 禮拜天神不祀父母 種種誣夫亂倫之風 自是夷狄之陋俗耳 本不足以處異端之目 而近日則其敎亦少衰矣 然中州諸國之外凡地球上 歐邏種子尙皆尊尙之敎 而中國士民或有染之者亦獨何哉等".

비난의 초점은 이 책을 학교 학생들에게 읽히려 한다는 점이었다. 신기선이 사임한 후 신임 학부대신이 된 민종묵(閔種默)은 외부대신서리 외부협판 고영희(高永喜)에게 보낸 조복(照覆)에서, 해 신간책자는 전 대신이 스스로 인출하여 그대로 철폐하였고 공립 각 학교 생도들은 독습한 적이 없다고 회답하였다. 이는 신기선의 태도가 서구 외교관에게는 그들이 조선에서 세력 확대의 수단으로 사용하는 기독교 전파와 교육의 보급을 위협하는 것으로 인식되었음을 의미한다. 결국 이 사건으로 인하여 신기선은 10월 2일 사직 상소를 올리고 사임하였다.[70]

신기선은 1899년 초에 다시 학부대신으로 임명되었다. 그는 공립소학교에 훈령을 내려, "설교흥학(設校興學)ㅎ야 개유후몽(開牖後蒙)이 식위작성인재지본(寔爲作成人材之本)"이라 하고, 소학교에서 문자와 술예(術藝)만을 가르치는 것을 비판하면서 애친경장지도(愛親敬長之道)와 진퇴응대지절(進退應對之節)을 가르쳐야 한다고 하며,[71] 재차 유교교육을 회복하려 하였다.

신기선은 동도가 바로 문명을 구현하는 길이며 서기는 그 문명을 지키는 하나의 수단이라고 보는 입장에서, 한문 및 유교교육을 회복하고 일부 새로운 지식을 도입하여 새로운 인재를 길러내려 하였다. 이것은 1880년대 조선 정부가 신교육을 추진했던 방향이며, 또 여전히 조선사회를 지배하고 있는 유교지식인 대다수의 교육에 대한 인식이었다.

민종묵은 육영공원의 운영을 담당했던 적이 있었는데, 학부대신이 되고 나서 바로 배재학당을 시찰했다[72]는 것을 볼 때 신기선이 취했던 정책은

70) 『官報』 1896년 10월 2일.
71) 『皇城新聞』 광무 3년 3월 13일.
72) 『독립신문』 건양 원년 10월 22일.

바로 폐기되었으리라 생각된다. 1987년 4월 27일에는 한성 관공립소학교의 운동회가 있었고 민종묵도 참관했다고[73] 하므로 체조과목도 다시 가르치게 되었음을 알 수 있다.

### 3) 문명개화 교육와 유교도덕 교육의 병립

1897년 8월에 광무(光武)를 연호로 삼고, 10월에는 고종이 황제에 즉위하여 새 국호를 대한(大韓)으로 정했다. 고종은 신구절충참작, 이른바 구본신참(舊本新參)을 정책의 기본으로 밝혔다.[74] 이어서 당시를 개명진보해야 할 시기로 인식하고, 시무에 적당한 기술과 능력을 지닌 사람을 수용하라고 지시했다.[75] 이 지시에 대해 독립협회를 이끌고 있던 윤치호(尹致昊)는 "방구준언(旁求俊彦)ᄒ시며 부순여정(俯循輿情)ᄒ오샤 대소정령(大小政令)을 상자백료(上自百僚)로 하지서민(下至庶民)히 광순박채(廣詢博採)ᄒ시와 조제시위(措諸施爲)"할 것을 상소했으나, 고종은 받아들이지 않았다.[76] 고종은 독립협회가 민지를 발달시키고 개명진보하도록 하는 계몽활동은 인정할 수 있으나 정치에 참여하는 것은 허락할 수 없다는 입장이었다.[77]

정부의 이러한 태도는 일련의 학부 정책에 그대로 반영되었다. 학부는

---

73) 『독립신문』 건양 원년 4월 29일.
74) 『高宗實錄』 광무 원년 10월 20일, "夫扭於新而忘其舊 全事更改 反至擾攘 非所以 爲國也 又或不知合變於時措 是古非今 强之以難行之事 則亦非所以爲國也 折衷 參酌 政期乎治而已".
75) 『高宗實錄』 광무 2년 6월 25일, "開明進步之時 得人最貴", "至於圭竇巖穴之士 苟有一藝一能之適時務者 自政府一切收用".
76) 『高宗實錄』 광무 2년 7월 9일 조.
77) 『高宗實錄』 광무 2년 10월 20일, "本國亦有民人之私設協會者 未始不爲開明進步 之一助 若乃評論政令與聞黜陟 原非協會之規也……其有通常規程 只於原定處 所討論而止者 勿得阻止 務使人民知識有發達之效".

1898년 10월 경 평안남도 공립소학교에 보낸 훈령에서 신교육을 권면하면서 시의에 합당한 교육을 강조하였다.[78] 즉 서구의 학문은 국가를 강하게 하고 인민을 부유하게 하는데 기여하지만 조선의 허문 교육은 나라와 인민이 위태롭고 부모가 가난하게 되어도 아무 것도 하지 못한다고 비판하면서, 나라를 부강하게 하려면 실심(實心)으로 실학(實學)에 힘써야 한다고 하였다.[79] 이는 바로 소학교에서 보통학과와 함께 외국어를 배우고 중학교·대학교에서는 실용적인 기술과 지식을 가르치는 서구식 교육이 신교육의 바람직한 모습이라는 생각이었다.

이러한 입장에서 학부는 평안남도 공립소학교에서 지어 보낸 논설들이 '우유서여(迂儒緖餘)'(세상일에 어두운 학자의 찌꺼기)라고 지적하고, 그들을 깨우쳐 주기 위해 시의에 합당한 서적을 보내면서,[80] 그 중에서

---

78) 『皇城新聞』 광무 2년 11월 4일, 5일.

79) "泰西諸國學校之制가 設有小學中學大學之等級ㅎ야 其年幼者는 先入小學校而敎授之法이 極其淺近易曉ㅎ야 但求粗通文算並地球史學等書ㅎ며 或兼習他國語言文字ㅎ고 至十五歲以後 則所習ㅣ 天文側算格物化學重學製造學政治學法律學富國學交涉學이오 並傍通動物植物金石繪畵音樂農商礦工等各學ㅎ야 學成則升大學校ㅎ니 其所學은 與中學校로 大略相同而工之淺深이 特相異ㅎ고 惟是精益求精ㅎ야 期臻絶頂ㅎᄂᆞ니 所以此學이 一經卒業ㅎ면 即可以出則事君澤民에 邦國이 安於磐石ㅎ고 入則理産居富에 家室이 飽于樂歲ㅎ야 國日以强ㅎ고 民日以饒ㅎ니 若觀西國近史ㅎ면 其梗槪를 可一目瞭然이거늘 我國則不然ㅎ야 爲士者ㅣ 徒尚虛文ㅎ야 自幼至老에 所讀者는 不過四書三經及漢唐史記而已오 所知者는 詩賦表策이라 及其臨事決謀에 動稱聖賢而實則胸無主宰ㅎ야 東西를 不辨ㅎ니 若曰天下形勢와 國家盛衰는 不但分毫莫曉이라 並妄作妄行에 觸處錯誤ㅎ야 民國이 危如累卵而視若秦越ㅎ고 父母가 貧至凍餒而漠無活計ㅎ되 尚欲强詞奪理ㅎ야 自稱讀書知道라ㅎ니 何不思之甚也오……富强之道는 寔係于整頓國政이오 整頓國政은 莫急於學校而又尤在於實心做實學ㅎ야".

80) 『皇城新聞』 광무 2년 10월 29일. 『公法會通』 2질, 『泰西新史國漢文』 각 5질, 『西遊見聞』 1책, 『中日略史』 10책, 『俄國略史』 20책, 『尋常小學』 10질, 『大韓地圖』 2폭, 『小地球圖』 5폭 등이다.

182

특히『태서신사(泰西新史)』를 읽고 생각해 볼 문제 11조를 풀어보도록
했다.[81] 문제는 외국역사에 관한 내용으로, 요점은 인도와 같은 속국이
되지 않으려면 영국과 같은 세계 일등국이 되어야 하며, 이를 위해서는
구습을 버리고 개화를 하여 문명한 나라의 정치·교육 등을 따라야 함을
계몽하려는 것이었다. 이를 통해 학부는 개명진보하여 도달해야 할 목표가
서구의 문명국가임을 분명히 하였다. 이는 지향해야 할 문명이 중화문명에
서 서구문명으로 전환함을 의미했다. 이와 함께 학부는 문제에 대한 논(論)
을 지을 때는 국문이나 국한문을 사용할 것을 장려하였다. 학부의 업무는,
발달진보하여 사람들의 지견이 열리게 하고 허식의 문장을 쓰지 못하도록
하여 실사구시에 이르게 함으로써, 국가를 강하게 하고 민습을 순박하게
하는 데 있다는 점을 강조하였다.[82]

---

81) 1. 法國이 何故大亂ᄒ며 拿破崙第一皇은 何如ᄒ 英雄고
　　2. 英國은 何以興盛ᄒ야 世界一等國이 되며 政治善不善이 我國에 比ᄒ면 何如ᄒ
　　　고 隱諱처말고 據實直書홈이 可홈
　　3. 印度國은 何故로 英屬國이 되야 至今ᄭ지 自主치 못ᄒᄂ고
　　4. 普法戰爭에 普國은 何以勝이며 法國은 何以敗오
　　5. 墺地利皇帝 飛蝶南은 何故遜位ᄒ며 今에는 其國情形이 何如오
　　6. 意大利國 史記中 拿破螺師王飛蝶南第二가 其民을 暴虐ᄒ다가 各國에게 見侮
　　　ᄒ얏스니 其情形과 是非가 何如오
　　7. 俄國이 政治와 拓地홈과 所得屬地國民을 何以待之며 其國과 深交홈이 何如홀
　　　고. 此ᄂ 俄國略史를 熟覽ᄒ고 條對홈이 可홈
　　8. 突厥國은 何如ᄒ 國인고 其政治善不善을 言홈이 可홈
　　9. 美國은 世界中에 敎化와 各情形이 何如ᄒ다홀고
　　10. 新政이 興ᄒ後 世界가 比前ᄒ면 何如오
　　11. 我大韓은 何政治를 用ᄒ여야 世界一等國이 되며 ᄯ 舊習은 不改ᄒ면 何境에
　　　將至홀고 昭昭明白히 著論홈이 可홈 完
　　　以上問題ᄂ 다 泰西新史를 先讀ᄒ고 條對홈이 可홈
82) "本部敎導之職이 全在於發達進步ᄒ야 使人智見이 日開ᄒ며 其於文章之浮華와
　　虛飾之外套ᄂ 不但不欲勸勉이라 並當禁而戒之ᄒ야 以至實事求是ᄒ야 使國家
　　로 轉弱爲强ᄒ고 民習이 回詐返淳이니……".

그런데 독립협회가 주도한 관민공동회 이후, 1898년 11월 4일 고종은 협회라고 이름한 것을 다 혁파해 버리고 각 회에서 선동하고 현혹케 한 자들을 처벌하라는 지시를 내렸다. 이 조치에 항의하는 독립협회 회원들을 중심으로 한 만민공동회에 각 학교의 학생들이 대거 참여하였다.[83] 학부는 독립협회의 지도자로 활동하던 수하동소학교 교원 최정덕(崔廷德)을 의면면직시키고,[84] 각 학교에 훈령을 내려 학도들을 단속하여 만민회에 가지 못하게 하였으며,[85] 만민공동회에서 연설을 했던 수하동소학교 학도인 12·13세의 장용남과 태억석을 퇴학시키고 그 학교 교원을 감봉시켰다.[86]

이는 바로 학부가 독립협회와 같이 국가의 독립을 위한 개명진보[87]를 정책으로 내세우고 있다고 해도, 동도서기파와 같이 국가를 운영하는 권한은 치자에게만 있다는 입장이었음을 보여준다. 독립협회는 국민참정권의 함의를 지닌 민권을 국가 독립의 기초 확립을 위한 전제조건으로 인식했던데 대해,[88] 학부의 관점에서 인민은 근대교육을 받아 시세를

---

83) 『독립신문』 광무 2년 11월 7일 ; 『뎨국신문』 광무 2년 11월 8일 ; 『미일신문』 광무 2년 11월 23일.

84) 『독립신문』 광무 2년 11월 5일. 崔廷德은 1898년 11월 3일 면관되었으며(『官報』 광무 2년 11월 5일), 11월 4일 독립협회 지도자 체포자 명단에 포함되어 있었으며, 1899년 6월 21일 일본으로 망명하였다.

85) 『뎨국신문』 광무 2년 11월 8일.

86) 이에 대해 『皇城新聞』은 학부대신 李道宰가 "본리 학문도 유여 홀뿐더러 학부대신으로 각 학교 학도들의 학문을 도뎌히 권쟝 ᄒᆞᄂᆞᆫ지라 연설ᄒᆞᄂᆞᆫ 것도 쏘ᄒᆞᆫ 학문 속에서 나온 것이요 그 언셜이 더옥 츙이(忠愛)ᄒᆞᄂᆞᆫ 의리로 말미암음이라"고 비판하였다(『皇城新聞』 광무 2년 11월 26일). 이도재는 1886년 신기선과 함께 갑신세력과 관련이 있다는 탄핵을 받고 귀양에 처해졌다가 갑오개혁에 참여하게 되었고, 1895년 12월에 학부대신에 임명되었으나 단발령에 반발하여 사임한 적이 있었다.

87) 韓興壽, 『近代韓國民族主義研究』, 延世大學校出版部, 1977, 109~110면.

184

알고 생산력을 갖추어 부를 축적함으로써 국가에 기여해야 하나, 어디까지나 순박한 피치자에 머물러 있어야 하는 존재였다. 즉 학부는 교육을 통해 인민의 지견을 열고자 하였지만, 그러한 인민은 '신과 민'에서 더나아간다고 해도 무한한 군권을 가진 황제 아래의 신민을 의미하였다.[89]

이상과 같은 정부의 신교육에 대한 생각을 분명하게 표현한 것이 1899년 4월 27일 동시에 발표된 학교교육에 대한 지시와 유교에 관한 윤음이다. 학교교육에 대한 지시에서는 국가에서 학교를 개설하고 인재를 작성하는 것은 지견을 넓히고 진익(進益)을 구함으로써 개물성무(開物成務) 이용후생의 기본이 되도록 하기 위한 것이라고 하였다. 인재를 양성하여 인민의 지견을 열리게 하고 농공업을 흥하게 하기 위해서, 학교교육은 격치와 물리에 힘써야 한다는 것이었다.[90] 즉 개명진보하여 도달해야 하는 서구의 문명이란 물질적 부강함을 의미하며, 학교에서 새롭게 가르쳐야 할 내용은 물질적 부강함에 관련된 교과라는 생각이었다.

교육에서 이용후생의 측면을 중시할 때 문제가 되는 것은 정덕(正德), 즉 사회질서를 유지하기 위한 윤리의 교육은 어떻게 해야 하는가 하는 점이다. 유교에 관한 윤음에서 유교를 종교로서 숭상하라는 것은 바로 이 측면에 대한 지시였다. 서구에서 기독교가 사회도덕으로 기능하고

---

88) 위의 책, 144~145면.
89) 光武 3년(1899년) 8월 17일 반포한 大韓國國制에서, "大韓國大皇帝게옵서는 無限ᄒ온 君權을 享有ᄒ옵시나니 公法에 謂ᄒ바 自立政體이니라"(제3조), "大韓國臣民이 大皇帝의 享有ᄒᄋ신 君權을 侵損홀 行爲가 有ᄒ면 其已行未行을 勿論ᄒ고 臣民의 道理를 失혼 者로 認홀지니라"(제4조)로 규정하였다.
90) 『高宗實錄』 광무 3년 4월 27일 조, "詔曰國家之開設學校作成人材 將以廣知見而求進益 以爲開物成務利用厚生之基本也 現今世界各國之蒸蒸日上 富强無敵者 豈有他哉 不過曰從事格致之學究 解物理之蘊 識已精而益求其精 器已巧而愈出 愈新也 有國之要務 寧有先於此哉 我國之人材 未必多讓於外國 而特以敎之無素 故人民之知見未開 農商之功業不興 以致民産日蹙 國計日絀".

있는 것처럼 유교를 사회도덕으로 재정립하고자 한 것이다.[91] 그런데
그 내용은 부자와 군신 등 본래 상하관계로 되어 있는 인간관계를 기본으로
하는 오륜임에는 변화가 없었다. 인재가 여전히 스스로 덕을 밝혀 인민을
새롭게 함으로써 사회질서를 유지해야 하는 역할을 담당하는 주체로
인식될 때,[92] 교육목적의 중심은 다시 인재양성에 맞추어질 수밖에 없었
다.

이와 같은 방침에 따르면 소학교교육은 유교 도덕과 함께 산술, 지리,
역사 등의 민지를 개발하기 위한 교육내용으로 구성된다. 함흥부공립소학
교에서 천추경절(千秋慶節 : 황태자의 탄일을 경축하는 날)의 기념행사로
논어·대학은 면강(面講)으로, 만국사지지(萬國史地誌)와 아조사지(我朝
史誌)는 배강(背講), 산술은 사칙잡제(四則雜題)로, 작문은 국한문으로 시
험했던 일이 바로 소학교교육의 전형적인 모습이었다.[93] 이로써 갑오년
이후 유교도덕과 문명개화 교육 사이에서 변천을 거듭하던 정부의 근대교
육 정책은 유교적 덕육과 문명개화를 위한 지육을 병립하는 형식으로
일단락되었다.


## 3. 소학교의 교육재정

1901년 초 학부는 지방 50처의 공립소학교가 설립된 지 여러 해가
지났는데도 학생 수도 보잘것없고 성취하는 바가 없으므로 운영상황을

---

91) 『高宗實錄』광무 3년 4월 27일 조, "詔曰 世界萬國之尊尚宗敎 靡不用極 皆所以淑
   人心而出治道也 我國之於宗敎 何其泛尊而無其實也 我國之宗敎 非吾孔夫子之
   道乎".
92) "其倫則父子君臣夫婦長幼朋友 其文則詩書易禮春秋 其宏綱大目 則自明德而新
   民也 自格致誠正 以至修齊治平也".
93) 『時事叢報』광무 3년 4월 7일.

조사하여 존폐를 결정하겠다고 하였다.94) 소학교가 부진했던 주요 원인은 학교 운영경비를 제대로 마련하지 못한 데 있었다. 정부는 계속해서 재정부족에 시달렸기 때문에 학부예산을 늘릴 수 없었기도 했지만, 학부 내의 예산 운용 면에서도 소학교교육이 부진할 수밖에 없었던 이유를 찾아볼 수 있다. 1896년도의 예산과 1899년도 예산95) 중 학교비를 서로 비교해보면 <표 2>와 같다.

<표 2>에 의하면, 학부예산은 1896년의 126,752원에서 1899년에는 141,627원으로 14,875원 증액되었고, 전체 예산에서 차지하는 비율은 0.18% 증가하였다. 그런데 한성사범학교를 비롯한 소학교교육 관련비는 1896년에는 32,189원이었으나 1899년에는 17,510원으로 14,679원으로 감액되었다. 공립소학교의 경우 13,800원에서 9,360원으로 감액되었으나, 1896년도에는 공립소학교 신설비가 포함되어 한 학교당 600원이 책정되었던 것을 감안하면, 학교 수가 23개에서 26개로 3개교가 증가한 것에 의미를 두어야 한다. 그렇다면 소학교교육비는 한성사범학교비와 관립소학교비에서 감소한 것이 된다.

특히 소학교교육의 중추인 한성사범학교비(부속소학교비 포함)는 12,221원에서 3,530원으로 무려 8,691원이 줄어들어, 1899년의 학교비는 1896년의 30%도 되지 않는 액수이다. 학교비를 줄인 것은 학생 수를 급격히 줄였기 때문이었다.

---

94) 『皇城新聞』 광무 5년 1월 25일.
95) 『官報』 건양 원년 1월 20일 ; 『皇城新聞』 광무 3년 3월 21일, 22일, 23일.

<표 2> 1896년·1899년도 학교비 예산 비교

| 1896년도 학교비 예산(元) | | 1899년도 학교비 예산(元) | | 증감액(元) |
|---|---|---|---|---|
| 한성사범학교 및 부속소 | 12,221 | 한성사범학교비 | 2,790 | |
| 학교비 | | 고등소학교비 | 740 | |
| | | 계 3,530 | | -8,691 |
| 관립소학교비 | 5,568 | 관립소학교비 | 4,020 | -1,547 |
| 한성부공립소학교보조비 | 600 | 한성부소학교보조비 | 600 | 0 |
| 각신설공립소학교보조비 | 13,800 | 各道소학교보조비 | 4,680 | |
| | | 各港소학교보조비 | 2,160 | |
| | | 兩府소학교보조비 | 720 | |
| | | 五郡소학교보조비 | 1,800 | |
| | | 계 9,360 | | -4,440 |
| 소학교교육 관련 학교비 | 32,189 | | 17,510 | -14,679 |
| 일어학교비 | 2,042 | 일어학교비 | 1,179 | |
| 인천항일어학교보조비 | 1,800 | 인천일어학교보조비 | 1,200 | |
| | | 부산일어학교보조비 | 1,200 | |
| | | 경성학당보조비 | 360 | |
| | 계 3,842 | 계 3,939 | | +97 |
| 영어학교비 | 2,558 | 영어학교비 | 2,348 | |
| (배재학당비 포함) | | 정동학당 보조비 | 2,940 | |
| | | 계 5,288 | | +2,730 |
| 법어학교비 | 844 | 법어학교비 | 1,324 | +480 |
| | | 한어학교비 | 1,179 | +1,179 |
| | | 아어학교비 | 1,224 | +1,224 |
| | | 덕어학교비 | 1,224 | +1,224 |
| 외국어학교 관련 학교비 | 7,244 | | 14,178 | +6,934 |
| 雇외국인급료 | 10,730 | 외국어학교교사 봉급비 | 26,500 | +15,770 |
| | | 사립학교보조비 | 2,740 | +2,740 |
| | | 중학교비 | 7,400 | +7,400 |
| | | 여학교비 | 3,750 | +3,750 |
| | | 의학교비 | 6,030 | +6,030 |
| 성균관비 | 7,986 | 성균관비 | 2,870 | -5,116 |
| 학부본청 | 24,747 | 관립학교 봉급 및 잡급 | 20,668 | |
| (봉급 및 잡금 포함) | | 학부본청 | 21,331 | |
| | | 계 41,999 | | +17,252 |
| 관상소 | 3,430 | 관상소 | 5,230 | +1,800 |
| 유학생비 | 40,426 | 외국유학비 | 13,420 | -27,006 |
| 학부예산 총액(a) | 126,752 | | 141,627 | +14,875 |
| 정부예산 총액(b) | 6,316,831 | | 6,471,132 | +154,301 |
| 학부예산 비(a/b×100) | 2.01% | | 2.19% | 0.18% |

188

주) 1896년도의 각 신설 공립소학교 보조비는 한 학교당 年 600원씩 23개교에
대한 것임.
1896년도 雇 외국인급료에는 외국어학교 외 한성사범학교 교사 급료도 포함되
어 있음.
1896년도 성균관비는 성균관을 變則中學科로 改設하여 학생 백명을 수용하기
위한 비용이었음.
1899년도 지방공립소학교 보조비는 한 학교당 年 360원씩 26개교에 대한 것임.

　　1895년 한성사범학교 학생 선발시험에서 속성과에 60명, 본과에 26명을
새로 선발했던 데에 비해, 1899년에는 20명을 선발하기로 하였다.96) 이는
소학교 설립이 부진하여 미발령 교원이 누증되고 있었기 때문이었다고
볼 수 있다.97)
　　소학교교육 관련 학교비가 줄어든 것에 비해 외국어학교 및 중학교
등 중등교육 관련 학교비는 증가, 또는 신설되었다. 그 중에서 비중이
높은 것은 외국어 교육 관련 학교비로 1896년의 7,244원에서 1899년의
16,938원으로 2배 이상 증가했다. 정동학당(배재학당)을 포함한 영어 교육
을 하는 학교의 학교비를 2배 이상 늘리고, 1896년 이후 아어학교(俄語學
校) 등을 신설했기 때문이었다. 학교 신설에 따른 외국인 교사 급료의
증가분을 더하면 외국어 교육 관련 학교비는 1899년에 25,464원이 증액된
것이 된다. 한정된 학부예산 내에서 이와 같이 외국어 교육을 확대하는
것은 바로 소학교교육에 투자할 비용을 줄인다는 것을 의미한다.
　　학부예산 중에서 각 항목 예산비를 살펴보면 다음 <표 3>과 같다.
　　이 표에 의하면, 소학교교육 관련 학교비가 학부예산 중 차지하는 비율
이 1896년의 25.4%에서 1899년에는 12.4%로 축소되었다.

96) 『皇城新聞』 광무 3년 4월 21일.
97) 魯仁華, 앞의 논문, 131면. 1898년에는 졸업자가 없었다.

<표 3> 1896년·1899년도 학부예산 중 항목별 예산비

| 항목 | 1896년 | | 1899년 | | 증감 |
|---|---|---|---|---|---|
| 소학교교육 학교비 | 32,189원 | 25.4% | 17,510원 | 12.4% | ▽ |
| 외국어 교육 학교비 | 7,244원 | 5.7% | 14,178원 | 10.0% | △ |
| 외국인 교사 급료 | 10,730원 | 8.5% | 26,500원 | 18.7% | △ |
| 기타 학교비 | | | 19,920원 | 14.0% | △ |
| 성균관비 | 7,986원 | 6.3% | 2,870원 | 2.0% | ▽ |
| 학부본청 및 봉급 | 24,747원 | 19.5% | 41,999원 | 29.7% | △ |
| 관상소 | 3,430원 | 2.7% | 5,230원 | 3.7% | △ |
| 유학생비 | 40,426원 | 31.9% | 13,420원 | 9.5% | ▽ |
| 학부예산 총액 | 126,752원 | 100% | 141,627원 | 100% | |

외국어 교육 관련 학교비는 5.7%에서 10.0%로 증가했다. 여기에 외국인 교사의 급료를 더해 보면, 1899년에는 외국어 교육비가 28.7%가 되어, 학부는 교육정책의 중심을 외국어 교육으로 옮겼음을 알 수 있다. 이는 외국문물의 도입이 활발해지고 양전사업(量田事業), 우체사업(郵遞事業) 등을 시행하면서 당장 실무에 종사할 수 있는 사람을 양성하는 것이 더 시급했기 때문이었다고 생각된다.[98] 단기적 교육 효과를 내는 외국어

---

98) 光武期의 중요 사업이었던 量田事業의 技術陣으로는 首技師와 技手補, 見習生이 있었다. 수기사 1명은 외국인 측량기사를 고빙하도록 되어 있었고, 기수보는 본국인이나 외국인 중에서 적당한 자를 수기사가 試取하도록 하였다. 견습생은 英語 日語 학도 중 20명을 充補하도록 하였다(金容燮,「光武年間의 量田·地契事業」,『增補版 韓國近代農業史硏究』下, 一潮閣, 1990, 277~298면). 이에 따라 학부는 견습생으로 英語學員과 日語學員 20명을 充補했다(『官報』 광무 2년 11월 7일). 또 전환국에도 영어와 일어학교 학도를 뽑아 보낸다고 하였다(『뎨국신문』 광무 2년 11월 5일). 우체사에는 프랑스인을 고빙하였기 때문에 法語學校에서 통역 1인과 실무를 담당할 학원으로 8명을 보냈다(『皇城新聞』 광무 2년 12월 13일 ;『독립신문』 광무 3년 1월 12일 ;『독립신문』 광무 3년 9월 29일). 외부에서 법어번역관보를 법어학도 중에서 뽑았다(『皇城新聞』 광무 3년 4월 26일 ;『독립신문』 광무 3년 5월 17일). 外遞事務를 담당할 사람 4명을 법어학도 중에서 선발하였다(『皇城新聞』 광무 4년 4월 12일). 淸國公使의 통역을 담당할 漢語學徒

교육이 중시됨에 따라 장기적 효과를 기대해야 하는 소학교교육의 몫은
줄어들 수밖에 없었다.

그런데 학부는 예산으로 배정받은 소학교경비를 다 쓰지도 않고 남겨서
탁지부에 환부하기도 했다.[99] 재정부족으로 이미 책정된 예산액을 탁지부
에서 받아오지 못하는 경우도 있었다. 학부에서는 13부 관하 각군 공립소학
교 26처에 각각 매월 보조비 30원을 해당 군의 공금 중에서 직접 지급하도
록 하기도 했으나,[100] 지불이 지연되어 교원이 월급을 받지 못하거나,[101]
군수가 경비를 깎아버리는 일도 있었다.[102] 1901년 1월에는 탁지부가
각 학교 예산을 다 삭감하는 바람에 공립소학교의 보조비를 전혀 줄
수 없었다.[103] 정책담당자들은 그렇지 않아도 재정부족에 허덕이는 상태
에서 공립소학교의 교육비를 먼저 삭감해 버렸다.

를 試取하기로 했다(『皇城新聞』 광무 3년 1월 13일 ; 『독립신문』 광무 3년 1월
21일). 1898년 9월의 德語學校 개교식에서 학부협판 高永喜는 英文 萬國商會上
에 통용하고 法文은 交際上에 盛用하고 德文은 軍法과 軍制에 긴요하다고 하였
다(『皇城新聞』 광무 2년 9월 17일).
99) 『독립신문』 광무 원년 8월 28일, 9월 21일, 10월 2일. 安洞소학교 교원 안영상의
주장에 의하면, 1895년에 1896년 소학교경비로 14,000원이 예산으로 정해졌는데,
학부에서는 7,500원만 쓰고 나머지 6,500원을 탁지부로 환부했다. 따라서 탁지부
고문관 브라운은 1897년의 예산을 8,400원으로 줄였는데, 이는 매달 700원에
해당되는 데도 불구하고 8개의 소학교 경비가 매달 400원 가량밖에 되지 않아서
학부에 따져보니, 학부에서는 탁지부 브라운이 434원만 주고 더 주지 않겠다고
해서 그러하다고 대답했다. 이에 대해 안영상은 브라운은 신의가 없는 사람이
아니므로 예산을 반감할 리가 없다고 학부관원들을 비난하였다. 학부의 이러한
일에 불만을 품고 1897년 5월에는 관립소학교교원들이 모여서, 학교가 더 배설되
기는 고사하고 지금 있는 학교도 점점 해이하여 가니 폐함만 같지 못하다 하며
면직시켜 달라고 학부에 요구하기도 했다는 것이다.
100) 『皇城新聞』 광무 3년 2월 20일 ; 『독립신문』 광무 3년 2월 25일.
101) 『皇城新聞』 광무 3년 10월 12일.
102) 『皇城新聞』 광무 4년 7월 24일.
103) 『뎨국신문』 광무 5년 1월 19일.

원래 공립소학교의 경비는 각 부군(府郡)에서 부담하도록 하였다. 그러나 사실상 부군에서 공립소학교 경비를 부담하기 어려웠으므로 각 도군에 있는 향교와 서원의 재토(財土)의 일부를 각기 지방 공립소학교로 부치게 하였다.104) 보조공립소학교규칙에서 각 부군 공립소학교에 국고금 보조를 할 경우에는 학부에서 교원 1명을 파견하고 부교원은 각 부 관찰사가 해 지방 내에 학행이 있는 사람으로 임용하도록 했던 것은105) 이런 사정을 반영한 것이라고 할 수 있다. 부교관은 현지 유림(儒林) 내에서 선출될 것이고, 이를 통해서 유림들로부터 소학교 운영 경비를 지원받을 수 있기 때문이다.

함경도 북청군 소학교의 경우를 보면, 1897년 3월에 학부에서 한성사범학교 졸업생인 조근하를 파송하였는데 1898년 11월에도 부교관 선발 문제로 학교를 열지 못하고 있었다.106) 학부에서 교원을 파견해도 현지 유림들이 부교관을 선발하고 학교설립을 주도해 주지 않으면 개교할 수 없었던 것이다. 1900년 10월에는 소학교 부교원을 타향인으로 뽑았다고 강릉 유생들이 학부에 호소하는 일이 있었다.107) 이때 유생들은 학교 설립 시 소학교에 부속시켰던 원토(院土)의 도조(賭租) 이백 석을 주지 않고 돈 이백 냥만 교부하여 학교 운영이 불가능하게 하는 식으로 실력행사를 하고 있다.108)

경주군의 경우에는 학부가 1896년 11월 한성사범학교 출신의 윤필구(尹必求)를 교원으로 임명했으나 설립 예산이 마련되지 않아서 소학교를

---

104) 『독립신문』 광무 2년 5월 24일 ; 『皇城新聞』 광무 3년 1월 18일.
105) 『官報』 건양 원년 2월 25일.
106) 『뎨국신문』 광무 2년 11월 7일.
107) 『皇城新聞』 광무 4년 10월 6일.
108) 『皇城新聞』 광무 4년 10월 18일.

192

설립하지 못하고 있었다. 같은 날 순천군에 임명되어 역시 대기 상태에 있던 이강호(李康鎬)는 1899년에 경주에서 공립소학교를 설치하였다.[109] 이강호가 학교를 설치할 수 있었던 것은 해군의 교임(校任)인 김석규(金錫圭)가 둔답(屯畓)의 수입을 소학교 경비로 부속하기로 하고 그에게 교육사무를 주임하게 했기 때문이었다. 그러나 곧 이어 김석규는 교과서가 다 정도(正道)가 아니라고 하며 이강호를 능욕하고 경비를 교부해 주지도 않자 이강호가 상경하여 학부에 고발하는 일이 있었다.[110] 이 사건은 유림들이 공립소학교에 재정 지원을 하는 만큼 소학교의 교육내용에 간여하려 했음을 보여준다.

대체로 향교의 부속재산을 소학교와 나누어 갖는 것에 대해 각지 유생들의 반발이 심했지만,[111] 유생들이 소학교 운영비를 걷어 주는 일도 있었고,[112] 직접 학교를 설립하는 경우도 있었다.[113] 평양에서 관찰사 조민희(趙民熙)가 29개의 재(齋)를 사립학교로 바꾸고 각 학교 교사에게 교칙책(敎則冊)을 나누어 줄 수 있었던 것은[114] 각 재에서 교육을 담당하던 유생들이 이에 호응하지 않았으면 할 수 없는 일이다. 유생들이 신교육에 참여하는 것은, 소학교교육에서 여전히 유교도덕을 중시하고 있는 한 이들이 교육에 참여할 수 있는 여지가 있었기 때문이라고 생각된다. 또한 1880년대부터 유교경전과 더불어 개화서적을 읽으면서 신교육이 필요하다고 생각했던 유생 중에는 이제 제자들에게 과거준비를 시켜야 한다는 부담에서 벗어나

109)『皇城新聞』광무 3년 1월 25일.
110)『皇城新聞』광무 3년 2월 21일.
111)『時事叢報』광무 3년 2월 5일, 7월 22일.
112)『皇城新聞』광무 3년 8월 16일.
113)『皇城新聞』광무 4년 7월 4일, 10월 8일.
114)『皇城新聞』광무 3년 1월 11일.

보다 적극적으로 신지식을 가르치려고 하는 사람도 있었을 것이다.

그런데 공립소학교에 부속시켰던 항교와 서원의 토지를 다시 지방대(地方隊)로 옮기게 하는 일이 일어났다.[115) 이는 왕권강화 정책의 하나로 군제 개편을 단행하여 지방군을 증설하는 데[116) 필요한 재정을 마련하기 위한 것이었다. 또한 궁내부 내장원에서도 공립소학교에 이부한 토지 수입을 징수해 가버리는 일이 각지에서 일어났다.[117) 이 역시 왕권강화책의 하나로 왕실의 재정 수입을 증대하기 위한 조치였다. 1900년 1월 충남관찰사는 각군 원도(院賭)를 내장원에 이속하여 학교를 부득이 혁파했다고 학부에 보고하고 있다.[118)

이러한 상황에서 공립소학교교육은 위축될 수밖에 없었다. 1900년 1월에는 교원 김창륜(金昌崙)이 교육에 힘써서 읍촌 관동(冠童)이 다투어 학교로 모여들었던 경성소학교(鏡城小學校)는[119) 1904년에는 교사도 헐어진 옛 관청이고 칠판도 없이 서당식같이 한문만 공부하고 있으며 학생은 10여 명밖에 없는 상황이 되어 있었다.[120) 소학교교육은 정부의 외국어 교육 중시 정책, 왕권강화 정책 속에서 희생될 수밖에 없었던 것이다.

---

115) 『皇城新聞』 광무 3년 6월 28일.
116) 宋炳基, 「光武年間의 改革」, 『한국사』 19, 국사편찬위원회, 61~63면 참고.
117) 『皇城新聞』 광무 3년 10월 6일, 11월 17일, 12월 26일, 광무 4년 1월 8일, 1월 12일, 2월 7일, 12월 13일 ; 『독립신문』 광무 3년 11월 20일, 12월 2일.
118) 『皇城新聞』 광무 4년 1월 16일.
119) 『皇城新聞』 광무 4년 1월 12일.
120) 李萬珪, 앞의 책, 62면.

## 제2절 외국어학교 정책

### 1. 배재학당의 성격과 정부의 정책

정부가 1895년 배재학당과 맺은 위탁생교육 계약은 1901년까지 계속되었다. 계약이 종결된 후에도 학부는 6개월간 계속 송금을 해주었다.[121]

1896년에는 학부예산에 배재학당비를 따로 정하지 않고 영어학교의 생도수 100명을 150명으로 하여 영어학교비에 포함시켰다. 원래 학부예산 조서에는 배재학당의 항이 따로 있었으나, "가설(加設)홈이 불가홈을 인흐야 삭제"하고 영어학교로 이부(移附)한 것이다. 가설이 불가한 근거가 무엇이었는지는 알 수 없지만, 배재학당과 위탁생 계약을 맺은 후인 1895년 6월 2일(五/十)에 공포한 외국어학교관제에는 배재학당에 적용할 조항이 마련되어 있지 않아서[122] 배재학당의 위치를 명시하지 못했던 것일 수도 있다. 그러나 계약에 의해 배재학당의 부교사로 파견되었던 양홍묵(梁弘默)은 외국어학교 부교관의 직위를 가지고 있었으므로,[123] 정부에서 배재학당을 일종의 관립 외국어학교로 생각했음에는 틀림이 없다.

1899년 예산에는 공립학교보조비 항목에 배재학당보조비를 2,940원으로 책정하여 배재학당을 공립학교로 분류하고 있다. 이 액수는 공립학교보조비의 거의 19%를 차지하고 있으며, 관립인 영어학교비(2,348원)뿐만

---

121) 이만열 편, 앞의 책, 436면.
122) 支校 조항이 있었지만 지교는 '地方'에 둘 수 있다고 되어 있어서 城 안에 있는 배재학당은 적용될 수 없었다. 1896년의 학부예산의 항목분류는 한성의 관립학교에 관한 '學校費'와 지방의 학교에 대한 '地方學校補助費'로 되어 있었다.
123) 양홍묵은 1895년 9월 7일(七/二一) 판임관 8등으로 외국어학교 부교관에 임명되어 (『官報』 개국 504년 7월 23일) 배재학당의 부교관으로 파견되었고, 1898년 12월 1일에는 외국어학교 부교관의 직위를 지니고 중추원 의관에 임명되었다(『官報』 광무 2년 12월 1일).

아니라 한성사범학교비(2,700원)보다 더 많아서, 정부는 그만큼 많은 수의
학생에 대한 교육을 배재학당에 기대하고 있었다는 것을 알 수 있다.[124]

　　위탁 계약을 체결했던 외부대신 김윤식은 1895년 6월 3일(五/十一) 방학
식에 가서 고강하여 상을 나누어주는 것을 참관했다.[125] 9월 11일의 개학
때는 학부대신이 방문했고,[126] 1897년 7월 8일의 종강 행사에는 한명을
제외한 모든 대신들이 참석했다.[127] 학부에서는 학부에서 발간한『태서신
사』30질을 학당으로 보내어 학도들에게 나누어주게 하기도 했다.[128]

　　아펜젤러는 계약에 따라 1897년 1월 31일부터 1900년 7월 30일까지
학부에 36회의 보고서를 제출했다.[129] 그는 정부와 계약을 맺게 되어
배재학당이 관립영어학교와 어깨를 나란히 하게 되었다고 하면서, 한국인
이 영어 교육을 보는 관점에서도 관립학교보다 더 유용한 교육을 하겠다고
하였다.[130] 더 나아가 아펜젤러는 배재학당의 교육목표를 한국 학생들에
게 서구의 과학과 문학 교육과정에 대한 철저한 훈련을 제공하는 것에

---

124) <배재학당 위탁생수>(이만열 편, 앞의 책, 「1896년 연례보고서」, 「1897년 연례보
　　고서」, 「1899년 연회록」, 「1900년 연회록」).

| 연도 | 1월 | 2월 | 3월 | 4월 | 5월 | 6월 | 7월 | 8월 | 9월 | 10월 | 11월 | 12월 |
|---|---|---|---|---|---|---|---|---|---|---|---|---|
| 1895 | | | | | | | | | 50 | 66 | 74 | 75 |
| 1896 | 83 | 92 | 92 | 95 | 97 | 110 | | | 115 | 126 | 127 | 137 |
| 1897 | 145 | 154 | 166 | 162 | | | | | | | | |
| 1898 | | | | | | | | | 90 | 98 | | 103 |
| 1899 | | 105 | 97 | 100 | | | | | 92 | 90 | 85 | 88 |
| 1900 | | 95 | 85 | 84 | | | | | | | | |

125) 金允植,『續陰晴史』上, 고종 32년 5월 11일 조.
126) 이만열 편, 앞의 책, 372면.
127) 위의 책, 391면.
128)『독립신문』광무 2년 10월 15일.
129) 金仁會,「敎育者로서의 H. G. 아펜젤러의 韓國敎育史的 意味」, 66면.
130) 이만열 편, 앞의 책, 374면.

두었다.131) 그런데 위탁생이 다수였던 영어부의 학생들은 영어를 겨우
몇 마디 수박 겉핥기 식으로만 할 수 있다고 하는 정도였으므로,132) 계약
상에 규정되어 있는 3년의 수학기간은 의사소통을 제대로 하는 통역관을
길러내기에도 짧다고 하지 않을 수 없다. 더구나 정부에서는 배재학당의
교사가 학생의 과정이 완전히 수료되었다고 인정하기 전에 통역 등으로
고용하였다.133) 정부에서는 육영공원에서 실패했던 인재양성의 목표를
배재학당에 위탁했지만 아펜젤러와 같은 교육목적을 기대하지는 않았다
고 생각된다.

　배재학당은 같은 외국어학교이면서도 다음 절에 기술할 일어학교와는
차이가 있었다. 아펜젤러가 궁극적으로는 기독교적 지식인을 길러내는
것을 교육목표로 하고 있기는 했지만,134) 영어는 '열쇠'로서 열쇠만 가지
면 문명개화의 문을 능히 열 수 있으니 힘쓰라고 하면서, 영어를 '새
지식을 얻기 위한 열쇠'로서 가르쳤다.135) 이는 곧 영어를 통해서 얻는
신지식을 조선인 스스로가 재구성할 수 있는 가능성을 주는 것이다. 아펜젤
러는 기원절 축사에서 '조선사람들은 생각할 만한 재질과 능히 할 만한
기질이 동양제국에 으뜸이지만 생각하도록 가르치지를 않아서 강한 이웃
나라에게 오늘날 같이 눌려지낸 것'136)이라고 하여 조선 자체를 긍정적으
로 보았다.

---

131) 위의 책, 331면.
132) 위의 책, 376~377면.
133) 위의 책, 375면.
134) "우리가 선교지에 보낼 일꾼을 준비하고 목회를 할 젊은이들을 훈련시킬 수
　　없다면 우리는 학교를 계속 운영하지 않을 것이다. 바꾸어 말하면 우리는 순수한
　　세속적 학교를 운영하는 것에 만족하지 않는다"(위의 책, 424면).
135) 金仁會, 앞의 논문, 65~67면.
136) 『독립신문』 건양 2년 8월 19일.

그리고 아펜젤러는 한문부에 대해서 만족하지는 않았지만 한문은 아직 까지 한국에서 필요하기 때문에 계속 가르쳐야 한다는 입장을 취하였 다.137) 부교사 양홍묵은 쉐필드의 만국사를 한문으로 가르쳤고,138) 일주일 에 한 번씩 조선사기를 연설하였다.139) 배재학당에서는 조선인 지식인에 게 교육을 맡기기도 하였다. 독립신문의 서재필이 한국어로 만국지리 등에 대한 연속강연을 하였고,140) 윤치호는 격물학(자연과학) 강의를 했 다.141) 정식 교사인 데이비드 여(David H. Yer)는 4년간 유학했던 사람으로 물리와 화학을 가르쳤는데, 아펜젤러는 이를 한국인 교사진에 추가된 귀한 인물이라고 기록하고 있다.142)

그는 배재학당의 교육을 통해서 "현재 목숨을 다해서 한국을 지키려고 교육받고 있는 200명이 넘는 청년들"143)에 의해 한국의 독립이 유지되기 를 바랐다. 학생들은 독립협회의 활동과 만민공동회에 대거 참여하여 주도적 역할을 하였다. 이에 대해 아펜젤러는 학생들이 '학교의 학생으로 서가 아니라 황제 폐하의 국민으로서' 부패에 항의하고 진보와 계몽을 주장하는 단체와 하나가 된 것이라고 보았다.144)

학부는 학생들이 만민공동회에 참여하는 것을 금지시켰지만, 학생들은 만민공동회에 참여하는 것이 바로 충군애국하는 일이라고 생각하고 있었 다.145) 학부에서 배재학당에 위탁생 교육을 맡겼던 것은 영어 등의 지식을

---

137) 이만열 편, 앞의 책, 390면.
138) 위의 책, 377면.
139) 『독립신문』 건양 원년 5월 23일.
140) 이만열 편, 앞의 책, 377면 ; 『독립신문』 건양 원년 5월 23일, 6월 6일.
141) 李光麟, 『開化派와 開化思想 研究』, 119면.
142) 이만열 편, 앞의 책, 422면.
143) 위의 책, 388면.
144) 위의 책, 413면.

갖추고 정부가 필요로 하는 일에 종사할 사람을 양성하기 위한 것이었다. 학생들은 학당의 과정을 끝마치기도 전에 일자리를 얻어 학교를 떠나기도 했지만, 한편에서는 배재학당의 교육을 통해 정부의 실정(失政)을 비판하고 인민의 정치참여를 계몽하는 근대지식인으로 성장해가고 있었다.146)

## 2. 사립 일어학교의 수용

### 1) 일어학교의 의미

일본은 아관파천으로 더 이상 조선 정부의 정책에 직접 관여할 수 없게 되자 민간인 차원에서 일어학교를 설립·운영함으로써 조선의 교육에 영향을 미치기 시작했다. 그런데 일본인이 직접 조선의 교육에 간여해야 한다는 주장은 청일전쟁을 일으키고 조선에 내정개혁을 요구한 이후부터 이미 시작되고 있었다.

『교육시론』 1894년 8월 15일의 기사에서는, 조선인의 사상에 변동을 주어 세계의 대세를 알게 하고, 조선과 일본은 서로 친해야 할 관계이고 결코 일본을 원수로 해서는 안 됨을 알게 하며, 금후 하나의 독립국으로서 열국의 사이에 서려고 하면 반드시 크게 개진의 정치를 펴고 지식을 세계에 구하지 않으면 안 됨을 조선 인민이 알도록 교육을 개량해야 하는데, 일본의 교육가가 이러한 사업을 부담해야 한다고 하였다.147) 그리고 일본인이 조선의 학제를 개혁하여 조선인에게 문명의 은택을 입게 하고 아울러 일본제국의 위덕(威德)에 복종시키는 것은 교육가의 의무라고 하였다.148) 즉 일본이 직접 조선인의 교육을 담당하고자 한 것은, 조선인

---

145) 『독립신문』 광무 2년 11월 7일.
146) 배재학당의 부교사였던 양홍묵은 협성회 초대 회장, 독립협회 간부로 활동하였다.
147) 『敎育時論』 336호, 明治 27년 8월 15일, 25면, 「三宅雄次郎氏の朝鮮敎育談」.

이 국가의 독립을 위해서는 일본에 대한 적개심을 버리고 일본에 의지하여 새로운 지식을 받아들여야 한다는 것을 명분으로 조선인에게 일본을 아시아의 맹주로 인정하게 하기 위한 것이었다.

『교육보지(敎育報知)』7월 28일의 기사에서는, 동양의 평화를 보전하고 동양의 개화를 유도하기 위해서는 조선의 교육을 개량해야 하는데, 이는 우선 일본 문자인 이로하(イロハ) 48자를 교수하는 것부터 착수해야 한다고 하였다.[149] 한편, 일본의 문자로 지식을 획득하게 하는 것은 조선의 독립을 해치는 것으로 잘못된 의견이고, 조선을 도와 독립을 유지하게 하려면 조선 고유의 문자를 지식 전달의 매개로 하게 해야 한다는 주장도 있었다.[150]

동방협회(東邦協會)에서는 교육관련자들을 모아 조선에 시설해야 할 교육사업에 관하여 논의하였는데, 그 중 1891년부터 2년간 조선에 와서 일어학교의 교육을 담당했던 경험이 있었던 영어학자 오카쿠라(岡倉由三郎)의 의견이 가장 관심을 끌었다. 그는 조선에 설립해야 할 소학교에서는 국어를 채용해야 한다고 하며, 국어는 나라의 독립심을 양성하는 데 관계되기 때문에 자국어로 배우게 해야 하므로, 조선의 교육을 개량하려면 종래의 한자를 폐지하고 조선문자로 수학하게 해야 한다고 하였다. 이와 동시에 그는 조선에서 가장 시급하게 설립해야 할 학교가 간이중학과 같은 것이라하며, 간이중학의 수위 과목인 외국어로는 일본어를 채용해야 한다고 주장하였다. 일본어는 조선인이 배우기 쉬우며 또 일본어에는 지금 조선인

---

148) 『敎育時論』336호, 明治 27년 8월 15일, 29면, 「日淸韓事件と新聞雜誌の敎育論」.
149) 『敎育報知』432호, 明治 27년 7월 28일, 4면, 「朝鮮敎育を奈何」.
150) 『敎育時論』337호, 明治 27년 8월 25일, 7~10면, 社說「朝鮮の敎育を改良する方法如何」.

200

에게 필요한 근대지식이 포함되어 있기 때문이라는 것이 채택의 근거였
다.151)

　이보다 더 나아가, 조선의 유형상의 물질계뿐만 아니라 무형상의 정신계
를 일신시키기 위한 교육개혁의 방법으로, 조선인의 사상에서 중국에
대한 사대주의를 없애기 위해서 한문을 폐지해야 할 뿐만 아니라 근대문명
에 적합하지 않은 한어(韓語)도 폐지하고 일본어를 채용하는 것이 바람직
하다는 주장도 있었다. 한인(韓人)이 좀 고등한 교육을 받으려면 근대지식
을 전달하는 데 적당한 외국어를 매개로 하지 않으면 안 되는데, 외국어를
다시 자국어로 번역하여 초등입문 교육부터 나아가느니, 아예 처음부터
적당한 국어를 택하여 이를 채용하여 입문 교육도 이 언어로 하는 것이
더 낫다는 논리였다. 외국어 중에서 국어를 채용하려면 가장 양호하고
가장 학습하기 쉬운 언어를 택해야 하는데, 이 두 장점을 겸비하고 있는
것이 일본어라는 것이다.152) 일본어는 조선인이 배우기 쉽고 또 근대문명
을 담고 있는 언어라는 점을 내세우면서, 조선인이 빨리 문명개화를 하기
위해서는 일본어를 배워야 한다는 주장이었다.

　교육의 구체적인 내용에 대해 언급한 주장도 있다. 1894년 설립된 조선
의 소학교와 사범학교의 교육에 대하여 제안하면서, 만국의 지리 역사에서

---

151)『敎育時論』337호, 明治 27년 8월 25일, 39~40면,「東邦協會の好意と敎育家の集
　　會」;同 338호, 明治 27년 9월 5일, 24면,「朝鮮の敎育制度を如何すべき」;『敎育
　　報知』436호, 明治 27년 8월 25일, 19면,「東邦協會と朝鮮敎育」;同 438호, 明治
　　27년 9월 8일, 19~20면,「朝鮮敎育の現況」;『日本』明治 27년 8월 25일, 7면,
　　「朝鮮敎育の現狀」;同 明治 27년 8월 26일,「朝鮮敎育の現狀」. 그는 일어학교의
　　경험에서, 3개월째에 通辯을 폐할 수 있었고 1년 반에 일본신문 등을 읽는 자가
　　여러 명 나왔으며 3년에 通辯, 差備官 등 여러 명을 배출하기에 이를 만큼 조선인은
　　일본어를 잘 배운다고 하였다.
152)『敎育時論』359호, 明治 28년 4월 5일, 17~20면;同 360호, 明治 28년 4월
　　15일, 11~13면,「朝鮮敎育策=漢文韓語の廢止 日本語の採用」.

는 10분의 7을 동양, 3분을 서양, 2분 반은 조선, 2분 반은 일본, 2분은 중국과 기타 아시아제국에 관하여 가르치고, 또 이번에 일본이 중국을 정벌한 이유를 설명함은 물론, 도요토미 히데요시가 조선을 공격한 것은 고려가 원나라 병사와 함께 일본을 공격한 것에 대하여 복수를 한 것임도 밝혀야 한다고 하였다.[153] 또 조선의 교육개혁은 물질상에 관한 지식을 가르치는 동시에 덕육상의 방침을 확정하여 독립을 부식하는 기초를 세워야 하는데, 정신상으로 중국의 굴레에서 벗어나게 하려면 중국의 문물사상에 속박되어 있는 조선인의 정신을 일본 및 서구의 문물사상으로 형성시켜야 한다고 하여,[154] 덕육의 면에서도 일본의 사상을 침투시키려는 의도를 보이고 있었다.

이와 같은 의도 하에 설립된 일어학교는 일본인 교사가 주로 교육을 담당하여, 일어를 어학으로 가르치는 것을 목적으로 하기 보다는 주로 '일본어에 의해 보통학을 교수하는 것'을 목적으로 하였다.[155] 즉 일어학교는 문명 도입의 도구를 가르친 것이 아니라, 도구 속에 담겨야 할 내용까지 선정하여 제공한 것이다. 일어학교에서 보통학을 중시한 것은 일본인에 의해 재구성된 근대지식을 조선인에게 직접 전달하는 데 일어 교육의 주 목적을 두고 있었기 때문이었다. 이는 바로 문명을 가르쳐 준다는 명분을 세우면서 조선을 정신적·문화적으로 종속시키려는 문화식민지화 정책의 시작이었다.

---

153) 『教育時論』 349호, 明治 27년 12월 25일, 34면, 「三宅雪嶺氏の朝鮮教育論」; 『日本』 明治 27년 12월 22일, 1면, 「朝鮮教育を奈何すべき」.
154) 『教育時論』 350호, 明治 28년 1월 5일, 8~9면, 「時勢に對する教育問題」.
155) 渡部學, 「韓國教育における二言語主義-日語の特殊歷史史相のもつ重層構造-」, 『韓』 2-9, 1973년 9월, 79~82면.

### 2) 경성학당의 교육과 정부의 정책

일본인이 설립한 일어학교 중에 가장 대표적인 것이 1896년 4월에 대일본해외교육회(大日本海外敎育會)가 한성에 설립한 경성학당(京城學堂)이다.156) 경성학당에는 보통과(16~23세)와 소학과(11~15세)가 있었고,157) 1899년 4월에는 6개월간의 야학속성과를 설치하였다.158)

학부는 1898년 12월 경성학당에 공립학교에 준하는 인허장을 교부하고 매년 360원의 보조금을 주기로 하였다.159) 공립소학교 보조금이 각 학교당 360원이었으므로 경성학당에 공립소학교와 동일한 대우를 한 것이다. 공립학교 보조금에 관한 규정으로는 1896년 2월 20일에 반포한 보조공립소학교규칙이 있었다. 이 규칙에 따르면 부나 군이 설립하는 공립소학교에 국고금 보조를 허가한 때에는, 학부에서 교원 1인을 파견하고 부교원은 각부 관찰사가 해당 지방내의 학행이 있는 자로 임용하고 감독과 사찰을 하게 되어 있었다. 경성학당에는 공립학교에 준한 재정 지원과 대우는 하면서도 그에 따른 감독과 사찰 규정은 적용하지 않았던 것으로 보인다.

1897년 4월 15일에 열렸던 경성학당의 운동회에는 조선 정부의 관원들도 참관하였는데, 외부대신 이완용은 "일본서 죠션 인민을 위ᄒᆞ야 돈과 교ᄉᆞ를 보내여 죠션 학도들을 굴ᄋᆞ치ᄂᆞᆫ거슨 죠션 인민이 되야 감샤ᄒᆞ다고 흠모ᄒᆞᆫ 일이라"고 연설하고, 학부대신 민종묵도 "일본 교ᄉᆞ들이 죠션 학도들을 위ᄒᆞ야 힘쓰ᄂᆞᆫ 거슨 감샤ᄒᆞ다"고 연설하였다. 또 경성학당의

---

156) 京城學堂에 대한 연구로는 尹建次, 앞의 책, 206~213면 ; 稻葉繼雄, 「京城學堂について―舊韓末「日語學校」の一事例―」, 『日本の敎育史學』 29, 1986. 10 등이 있다.
157) 『皇城新聞』 광무 4년 4월 14일.
158) 『皇城新聞』 광무 3년 4월 4일.
159) 稻葉繼雄, 앞의 논문, 80면.

학도 한 명은 일본어로 "교亽와 거류디 인민들이 도와 줌을 감샤ᄒ다"고
연설하였다.160)

같은 자리에서 일본공사 가토(加藤)는 "어떤 나라도 자기나라 사정과
사기와 경계를 알아야 하고 또 남의 나라 사정과 사기와 경계를 알아야
똑똑하게 나라노릇을 한다. 그러려면 그 나라 말 배우는 것이 제일이다.
학문이 있어 외국말과 외국사정을 아는 사람이 자기 나라 사랑할 생각이
없어지지 않고 점점 애국할 마음이 더 생겨 국중에 유조한 인민들이
된다"161)는 요지의 연설을 하였다. 1898년 8월에는 이토 히로부미(伊藤博
文)가 중국과 조선을 유람하는 길에 경성학당에서 연설을 했는데, 교육의
목적은 다만 내 나라 일만 배우자는 것이 아니라 타국 사정과 교제상
도리를 배우는 것이 요긴하다고 하며 국가의 부강과 문명 진보를 위해
일본어 교육의 중요함을 역설하였다.162) 이와 같이 일본인들은 일어학교
의 일본어 교육이 조선의 부강과 문명진보에 기여할 것이라고 주장했다.

1899년 6월 14일의 제1회 졸업식에는 궁내부대신과 외부대신, 학부대신
및 그외 관인들이 참석하였는데, 학부대신 민병석(閔丙奭)과 학무국장
김각현(金珏鉉)이 축사를 했으며,163) 1900년 5월 3일의 졸업식에도 학부협
판 이재곤(李載崑)이 참석하여 축하연설을 했다.164) 일본해외교육회는
경성학당에 이어 1899년 말에는 전주에 삼남학당(三南學堂)을 설립했다.
이때 학부대신 이건하(李乾夏)는 학당 설립의 취지를 듣고 이에 찬성하여

---

160) 『독립신문』 건양 2년 4월 15일.
161) 『독립신문』 건양 2년 4월 15일.
162) 『독립신문』 광무 2년 8월 30일.
163) 『皇城新聞』 1899년 6월 16일, 「卒業禮式」 ; 『독립신문』 1899년 6월 16일, 「졸업례
식」.
164) 『皇城新聞』 1900년 5월 4일, 「京城學堂卒業式」.

전주 관찰사 이완용에게 학당 설립에 진력하라고 지시하기도 했다.[165]

경성학당은 이토가 통감이 되었을 때 "일본인의 사업으로서 참으로 주효했던 것은 경성학당 뿐"이라고 말했다고 전해질 정도로 일본의 교육 침략을 상징하는 학교였다.[166] 그러나 조선 정부에서는 일어학교가 조선 의 문명개화에 기여할 것이라 생각하여, 일본인에 의해 신교육이 확대되는 것에 찬성하고 후원했던 것이다.[167]

### 3) 부산개성학교의 교육과 정부의 정책

---

165) 『皇城新聞』 1899년 11월 16일, 「日本人의 三南學堂」. 이때 부근의 인민들이 많이 입학 신청을 했다고 한다(『皇城新聞』 건양 3년 12월 12일).

166) 尹建次, 앞의 책, 206면.

167) 이러한 입장은 일반 개화지식인들의 태도도 마찬가지였다. 1896년 9월 8일의 『독립신문』은 경성학당은 성현의 중도를 전하고 문명의 학술을 가르쳐서 배우는 업이 날로 새로운데, 입학하려는 자는 취학하여 업을 닦은 후 국가의 棟梁之材가 되기 바란다고 취학을 권하는 기사를 게재하였다. 경성학당이 1896년 4월 처음 출발할 때에는 학생수가 40명에 불과하였으나, 1897년의 운동회 무렵에는 90명 가까이 될 정도로 증가할 수 있었던 것은 언론의 이와 같은 권유도 작용했으리라고 생각된다. 1898년 8월 伊藤博文이 한성에 도착할 때는 궁내부 관원들과 외부 관원들이 영접을 하고 독립협회 총대위원, 황국협회 총대위원, 일본 공영사, 수비대 장관들, 각학교 교사들과 소학교 학도들 등이 용산 강두까지 나아가 영접했고(『뎨국신문』 광무 2년 8월 25일), 『민일신문』은 伊藤博文의 연설예정을 알리는 기사에서 들을만한 말이 많을 것이라고 방청을 권하였다(『민일신문』 광무 2년 8월 16일). 伊藤博文의 연설장에는 내국인으로는 이윤용, 박기양, 윤치호 와 각부 관원들, 각회 회원들, 신문기자, 학도들이 방청하여 그의 연설을 듣고 모두 박수를 치며 매우 옳게 여겼다고 한다(『뎨국신문』 광무 2년 8월 30일). 1886년 12월 29일의 『독립신문』의 논설은 "외국 교스 밋허셔 비호는 학도들은 암만 학부대신(10월 2일 사임한 신기선을 의미)이 완고당을 믄들라고 ᄒᆞ야 그러 ᄒᆞ되 용밍잇고 의긔 잇게 싸화 졈졈 진보 ᄒᆞ야 오ᄂᆞᆯ날 죠션 안에 뎨일 기명ᄒᆞᆫ 스룸들이 되얏스니 엇지 국운이 영구 ᄒᆞ야지지 안 ᄒᆞ리요"라고 하여, 외국인 교사의 교육에 의해 학생들이 개명진보하게 되어 앞으로 국가의 독립에 기여할 것이라는 생각을 갖고 있음을 보여주고 있다.

부산개성학교(釜山開成學校)는 전 경무관 박기종(朴琪淙)이 이내옥(李乃玉), 배문화(裵文華), 변한경(邊翰敬), 이명서(李命瑞)와 함께 창립비 삼천여 원을 내어 인재양성을 목적으로 설립하여 1896년 3월 개교하였다.[168] 교무 및 교수상의 일은 전 일본육군예비상무학교(日本陸軍豫備尙武學校) 교사(教師) 아라나미(荒浪平治郎)에게 맡겼다.

설립 당시에 제정된 교칙에 의하면, '본교는 국문 한문 일본어 영어 제과를 겸수'하는데(제1관 제4조), '국문과 한문을 수하여 보통국민의 지능을 계발하고 오로지 덕기(德器)를 성취시켜 완전한 국민의 원소(原素)를 양성하고, 일본어와 화어(華語) 영어는 오로지 널리 제반의 학리를 채(採)하고 시무에 적(適)한 학과를 교(敎)하여 국가의 수요(須要)에 응할 인재를 양성함을 주로 한다'(제1관 제5조)고 하였다.[169] 일반 인민에 대한 보통교육은 국문과 한문으로 하고 인재를 양성하기 위한 중등교육은 외국어로 한다는 것이었다. 그리고 '본교는 관립학교로서 학부의 소관으로 함'(제1관 제2조), '교장은 학부대신의 감독을 받아 본교 전반사를 장리함'(제2관 제2조) 등의 조목이 있어서, 설립 당시 박기종은 개성학교를 관립학교로 전환시킬 생각이 있었음을 보여준다.

그런데 1903년에 제정된 개성학교약칙(開成學校略則)에는[170] '본교는

---

168) 『教育時論』 392호, 明治 29년 3월 5일, 26면, 「釜山開成學校槪況」. 부산개성학교에 대해서는, 부산상업고등학교칠십년사편찬위원회, 『釜商의 七十年』, 1965 ; 부산상업고등학교80년사편찬위원회, 『釜商의 八十年』, 1975 ; 稻葉繼雄, 「釜山開成學校について-舊韓末'日語學校'の一事例-」, 『筑波大學 地域研究』 4, 1986의 연구가 있다.

169) 『教育時論』 392호, 明治 29년 3월 5일, 26면, 「釜山開成學校槪況」. 선행 연구에서 설립목적 등을 밝히는데 사용하고 있는 開成學校略則은 1903년에 제정된 것이므로 시기적인 혼란이 있다.

170) 『釜商八十年史』, 33면.

한국국민의 지능을 계발하고 도덕을 함양하고 인재를 양성함을 주로 한다'(제1조)라고 바뀌어 있다. 이는 교육의 객체인 '한국국민'에 대해 교육의 주체는 한국국민이 아닌 일본인임을 암시하고 있다. 교육과정은 초등과의 경우 일본의 심상·고등소학교 정도에 준하여 구성되어(제4조), 국어교육은 사라지고 일어 교육과 일어에 의한 보통학이 교수되었음을 알 수 있다. 초등교육 과정도 일어학교로 바뀐 것이다.

아라나미(荒浪平治郞)가 교수상의 일을 전담하고 있었고 처음부터 교원은 일본인이 더 많았기 때문에, 개성학교가 일어학교의 성격을 갖게 되는 것은 불가피한 일이었을 것이다. 1897년부터는 일본 외무성으로부터 1,800원의 보조금도 받게 되었다.[171] 통감부 설치 후 초대 학정참여관으로 근무했던 시데하라(幣原坦)는 1919년의 『조선교육론(朝鮮敎育論)』에서, 부산개성학교의 취지는 "일어로 개명의 학술을 수(修)케 하여 국교화친(國交和親)의 자(資)에 공(供)하려는 데 있었다"고 하였다.[172]

학부는 1897년에 부산개성학교를 공립학교로 인정하고 인천관립외국어학교와 동일 취급을 하여 1,200원의 보조금을 주기 시작했다.[173] 이는 법규상에 없는 공립외국어학교를 만든 것이고, 사실상 정부에서 설립한 외국어학교 지교(支校)로 인정한 것이었다. 1898년에는 박기종을 비롯한 개성학교 설립자 5인과 조선인 교사 이승규(李承圭) 등 6인에게 포장을 주어 격려하였다.[174]

개성학교에서 사용한 교과서는 일본 문부성의 인가를 받은 것과 조선

171) 위의 책, 31면.
172) 幣原坦, 『朝鮮敎育論』, 1919, 『集成』25, 63면.
173) 『釜商八十年史』, 31면.
174) 『皇城新聞』 광무 2년 12월 9일.

학부에서 편찬한 것 및 기타의 한적(漢籍) 등이었고, 모두 일본어를 사용하였다고 한다.[175] 개성학교는 1899년에는 원구관서당(元舊舘書堂), 원부산서당(元釜山書堂)을 지교로 정하고 구관지교(舊舘支校), 부산진지교(釜山鎭支校)라 칭하여 경비를 보조하고 교원을 파견하였다. 1900년에는 밀양에 개창학교(開昌學校), 동래에 개양학교(開陽學校), 마산에 개진학교(開進學校)의 분교를 설치하였다.[176]

학생들은 부산지역에서 유일한 신교육기관인 개성학교에 입학하면서 신학문을 배운다는 희망에 가득차 있었다고 한다.[177] 졸업자들은 일본 유학을 거쳐 식민지 시기에 관계, 법조계, 실업계에서 활동하거나 일본군으로 근무하기도 하였다. 한편 3·1운동에 주동자로 참가하거나 신간회의 간부로서 민족운동에 참여한 사람도 있었다.[178]

## 제3절 일어학교와 근대교육의 형성

정부는 신교육을 유교적 덕육과 문명개화를 위한 지육을 병립하는 형식으로 구성하려 하였다. 그렇지만 전래의 인재 양성 중심의 교육관과 당장 내치 외교에 활용할 수 있는 인력 양성의 필요에 의하여, 인민의 지견을 넓혀야 한다는 생각은 협소하게 이해되었다. 이에 따라 보통교육보

---

175) 稻葉繼雄, 앞의 논문, 87면.

176) 『釜商八十年史』, 31면.

177) 위의 책, 43면.

178) 위의 책, 41~44면. 3·1운동에 참여했던 沈斗燮은 일어를 가르치던 일본인 선생이 학생들 앞에서 항상 'わが(우리) 日本'이라고 말하는 것이 아니꼬와서 하루는 'わが'라는 말은 이제부터 집어치우라고 항의를 했다가 선생에게 그 자리에서 호되게 뺨을 맞은 일이 있었다고 하였다.

208

다 외국어 교육과 같은 전문·실업교육에 정책의 중점을 둠으로써 소학교 교육은 오히려 위축되어 갔다.

한편 사회에서 교육은 문명진보를 위한 것이라는 인식이 확산됨에 따라, 유교교육과 서양식 교육을 절충한 신교육을 보통교육과 전문교육으로 보급해야 한다는 주장이 제기되었다. 보통교육과 전문교육 모두 인재를 양성하는 데 주 목적이 있는 것으로 이해되었다.[179] 인재란, "금설립학교(今設立學校)ᄒ야 성취미재(成就美材)면 불단본군지행(不但本郡之幸)이라 실위국가수용지지(實爲國家收用之地)라"[180]는 말에서 알 수 있듯이, 국가에 수용될 수 있는 능력을 지닌 사람을 의미하였다. 신지식을 가지고 정부 및 정부관련 기관에 자리를 얻을 수 있는 기회가 확대됨에 따라 외국어 등의 신지식을 가르치는 교육에 대한 수요가 증가하기 시작하였다.

179) 1899년 1월의 황성신문에 실린 惠衆局 醫士 韓宇의 興學說에 의하면, "國家에 開明進步하는 것이 學校를 廣設하야 人材를 培養홈에 在ᄒ지라 故로 三代 盛時에 도 日庠 日序 日學 日塾이 皆英材를 樂育하야 國家를 贊治함으로 治는 上에 隆하고 俗는 下에 美하얏스며 泰西諸國으로 言하야도 國의 盛衰가 學校의 興替에 係ᄒ지라……學校를 廣設하고 才器를 各隨하야 或普通으로써 敎하며 或專門으로써 敎하야 上으로 三代에 樂育贊治의 道를 溯하고 傍으로 泰西에 維新開明의 效를 照하면 此將 五大洲 文明의 國으로 與하야 同等一步之進을 爭하리니 可不勉哉리오"(『皇城新聞』 광무 3년 1월 7일)라 하여, 개명진보를 위한 인재교육의 방법으로 儒學의 이상시대인 三代의 교육과 서양의 교육을 참작한 교육을 제시하였다. 裵昌憲等이 學部에 제출한 사립학교 인가 請願書에는 "古昔盛時에 治隆於上하고 俗美於下는 皆學校를 廣設하야 人材를 培養홈에 在ᄒ지라 故로 家에 塾이 有하고 黨에 序ㅣ 有하고 州에 庠이 有하고 國에 學이 有하야 敎之以修身齊家治國平天下之道하야 樂育人才하며 贊治國家하는 비오 今에 泰西各國에도 國家에 盛衰가 學校의 興替가 係焉……"(『皇城新聞』 광무 3년 2월 4일)라 하며 학교 설립의 목적을 유교교육에서 의미하는 英才교육과 동일하게 보고 있다. 그리고 사립학교 설립 보고에 대해 학부에서는 "開牖後蒙ᄒ야 以進文明케ᄒ니 極爲嘉尙이라"(『皇城新聞』 1899년 4월 5일) 하였고, 설립 당사자도 "私塾을 新設ᄒ고 人材를 敎育코져 혼다"(『皇城新聞』 광무 3년 4월 18일)고 하였다.
180) 『時事叢報』 광무 3년 3월 20일.

일본은 이러한 상황을 이용하여 일어학교를 통한 교육침략을 본격화하
였다. 1899년 4월 1일의 『황성신문(皇城新聞)』은 일본 『시사신보(時事新
報)』의 기사 「한민자제(韓民子弟)의 교육론」을 다음과 같이 번역하여 게재
하였다.

今日 日本國民이 韓國을 向ㅎ야 可施홀 事業이 鐵道도 可ㅎ며 移民도
可ㅎᄂ 敎育一事가 最急切要혼 則 此를 實行ㅎ디 其 方法은 最初붓터
高尙혼 科程으로 專門學校를 起ㅎ기는 猝難ㅎ리니 몬져 日本語로써 普通
敎育을 授케ㅎ야 京城及開港場 或 樞要혼 內地에 學校를 設立홈이 可혼
것이 韓國人心도 近來 크게 敎育의 必要를 感覺ㅎ야 日本居留地學校와
京城學堂에 入學者가 頗多ㅎ디 唯 經費가 不足홈으로 希望者의 心에 滿足
지못ㅎ다 云ㅎ니 韓國人民이 文明敎育門에 漸入ㅎᄂ 機會를 當ㅎ야 日本
人도 其 維持擴張에 奮力ㅎ기를 切望ㅎ노라 日本語學校를 次第로 韓地에
設立ㅎ고 韓國子弟로 日本書를 讀ㅎ며 日本語를 解ㅎ면 其中에 日本으로
來ㅎ야 深遠혼 學理를 硏究ㅎᄂ 者가 必多홀거시오 不然ㅎ더라도 日本語
를 旣解ㅎ즉 日本人에게 萬事가 便利홈이 曾年에 英美人이 日本에 來ㅎ야
英語를 努力敎育혼 功效로 今日 內地에 到處 便利홈과 同홀터이니 日本이
實力으로 韓國에 學校를 設ㅎ야 其子弟를 敎育홈은 實地兩國의 便利기
로……

조선인이 신교육의 필요성을 느끼고 있는 이때, 일본인들은 한성 및
개항장, 주요 지역에 일어학교를 확장하자는 것이었다. 외국어 중에서
일본어는 일본의 경제침략이 강화되는 가운데 정부관련 사업이나 통상사
무에서 직업을 얻는데 주요한 요건이 되어가고 있었다. 또한 국내에 고등교
육기관이 없으므로 일본으로 유학을 하는 데도 필요하였다. 흥화학교(興化

學校), 광흥학교(光興學校), 한성의숙(漢城義塾), 시무학교(時務學校) 등
주요 사립학교에서 일본어를 교과에 포함시키고 있었고, 일어만 가르치는
일어전수학교(日語專修學校)도 설립되었다.[181] 관립소학교에 일어 야학
을 설치하기도 하고, 운수회사에서 사내에 일어 영어학교를 사립하는
경우도 있었다.[182] 기사 내용에도 나와 있는 바와 같이 일본거류민 소학교
에 입학하려는 사람도 있었다.[183]

그런데 일어학교에서는 일본어를 도구적 지식으로 가르치려는 것이
아니었다. 일본어로 내용적 지식을 전달하는 보통교육을 조선에서 확대하
려는 것이었다. 일본어에 의한 보통교육이란, 조선인에게 일어를 보급하고
일본식 도덕을 전파하여 식민지 국민으로 만들려는 의도를 가지고 있었
다.[184] 황성신문이 이러한 기사를 실은 것은, 일어학교가 메이지 초기의
영어학교와 같이 조선의 문명화에 기여할 것이라는 일본의 기만적 논리를
수긍했기 때문이었다고 생각된다.[185] 일본은 영어를 소수의 엘리트들이

---

181) 『皇城新聞』 광무 3년 7월 31일.
182) 『皇城新聞』 광무 4년 11월 27일.
183) 『國家敎育』 15호, 明治 29년 5월 15일, 53면, 「朝鮮國公立京城尋常高等小學校」,
    "同校는 종래 帝國居留民의 자제를 薰陶하기 위해 설립한 것으로서, 外人의
    자제는 一切 입학을 허락하지 않는 규정이었으나, 작년 11월 4천여 圓의 거액을
    들여서 다시 校舍를 짓고 크게 그 규모를 확장하는 동시에 朝鮮國民 兩班이상
    王族에까지 中等 이상의 種族으로서 帝國京城領事의 認可를 거친 자에 한하여
    입학을 허락하기로 하여……".
184) 學政參與官으로 통감부의 교육개혁을 지도하여 그 후의 식민지교육의 조건을
    정비했던 幣原坦은 조선에서 실시하려는 普通敎育은 "國語의 普及과 우리 國民
    性의 涵養에 중점을 두고 있다"고 하였다(幣原坦, 『朝鮮敎育論』, 1919, 『植民地朝
    鮮敎育政策史料集成』 25, 126면).
185) "처음부터 한국교육에 있어 本邦語는 本邦敎育에 있어서의 英語와 같은 것이지는
    않았다"(『敎育時論』 686호, 明治 37년 5월 5일, 1~2면, 「韓國の敎育如何」). 『皇城
    新聞』은 西學을 보다 빨리 쉽게 받아들이기 위해 英文을 배우기 앞서 日本文을
    배워 일본어로 번역된 책을 읽어야 한다는 淸國人의 주장을 번역하여 싣기도

서구의 선진 학문을 습득하기 위한 '도구'로서 배워야 한다고 생각했고,[186) 고등소학교에서 '장래 생활상 그 지식을 요하는 아동이 많은 경우에 한하여' 배우게 하였다. 이에 비해 일어는 조선인 전부가 '생활상 필요한 보통지식'으로 배워야 한다고 하였다. 일본은 '언어가 사용되는 범위의 확장은 그 나라의 세력권의 확장'이라는 명제를 분명히 인식하고 있었다.[187) 1895년에 제정되었던 소학교령에서 보통교육의 한 교과로 외국어를 포함시키는 것을 받아들였던 조선측으로서는 초등교육에서 외국어를 가르치는데 대한 문제의식을 아직 갖고 있지 않았다. 국가독립 유지를 위한 개명진보라는 슬로건 아래에서, 일본인에 의해 전달되는 근대지식이 결코 중립적이지 않음을 아직 간파하지 못하고 있었다.

일본인이 설립하거나 교육을 주도하는 일어학교는 1900년 2월 현재 한성과 인천의 관립일어학교 외에 다음 <표 4>와 같이 운영되고 있었다.[188)

---

하였다(『皇城新聞』광무 3년 4월 29일).

186) 일본 초대 文部卿인 大木喬任은 서구의 선진학문을 보다 빨리 습득하기 위해서는 우선 고도의 학문을 가르칠 수 있는 능력을 지닌 외국인을 교사로 고빙하여 국내에 구미와 똑같은 학교를 설치하여 이미 외국어를 배운 생도를 가르치게 하고, 이 생도들이 졸업한 후에는 이들이 직접 일본어로 생도를 가르치도록 해야 한다고 생각했다. 즉 外國語라는 탈것('乘り物')에 실린 學問을 日本語로 갈아타게 하려는 것이었다. 이러한 大木의 구상이 구체화되는 과정이 바로 東京大學의 성립과정이었다(天野郁夫,『試驗の社會史』, 東京大學出版會, 1995, 109~110면).

187)『敎育時論』686호, 明治 37년 5월 5일, 1~2면,「韓國の敎育如何」, "그 나라의 중등이상의 학교에서는 일본어를 敎授語로 해야 하고 소학교에서는 일본어를 必修科의 하나로 하지 않으면 안된다. 이는 이미 논한 바와 같이 한국의 문화를 진전시키는데 필요함은 물론이지만, 또 우리나라 勢力扶植의 至大한 要件이다. 언어는 자연 또는 정치적 국경을 넘어서 국경을 확장시키는 것이다. 언어가 사용되는 범위의 확장은 그 나라의 勢力圈의 확장이다".

188)『皇城新聞』광무 4년 2월 5일, 4월 21일 ;『敎育時論』560호, 明治 33년 11월

212

<표 4> 1900년 2월 현재의 일어학교

| 장소 | 校名 | 校長 | 生徒數 | 設立主體 |
|------|------|------|--------|----------|
| 漢城 | 京城學堂 | 渡瀨常吉 | 90 | 大日本海外敎育會 |
| 全州(전북) | 三南學堂 | 小島今朝次郎 | 30 | 大日本海外敎育會 |
| 釜山 | 開成學校 | 荒浪平治郎 | 100 | 朴琪淙 외 4인 |
| 密陽(경남) | 開昌學校 | 柿原郎 | | 孫貞鉉 |
| 大邱(경북) | 達城學校 | 新谷松助 | 45 | 張圭遠 외 |
| 光州(전남) | 實業學校 | 奧村五日子 | | 東本願寺 |
| 平壤(평남) | 日語學校 | 眞藤義雄 | 50 | 東亞同文會 |
| 元山(함남) | 日語學校 | | | |
| 城津(함북) | 日語學校 | 笹森儀助 | 10 | 東亞同文會 |
| 江景(충남) | 韓南學校 | 藥師寺知朧 | 25 | 藥師寺知朧 |
| 安城(경기) | 安城學校 | 福地辰藏 | 15 | 福地辰藏·渡邊多藏 |

1902년 조선의 학사를 시찰한 동아동문회(東亞同文會) 간사 츠네야(恒屋盛服)는 부산지역의 개성학교 및 개성학교 지교 등의 지위를 높게 평가하며, 다음과 같이 일어 교육의 성과와 함께 조선 공립소학교의 형편을 기술하고 있다.[189)]

그래서 학교는 일본인이 담당하는 것이라고 생각하고 있고 그 근방에서는 일본어로 교수하는 것이 바로 학교라고 하며 조선 정부가 세운 소학교와 같은 것은 거의 안중에 두지 않는다. 그 뿐만 아니라 동래에 있는 학교에서는 일본인을 고용하여 일본어를 가르치는 一科를 두고 있는데, 새로운 학과는 다 일본인에게 맡기고 있다. 그래서 한인 교사는 오직 한문을 가르치든가 습자를 가르치든가 하는 정도에 그치고 있다. 그것이 바로 공립학교인 것이다.

5일, 35면,「日本人の韓人敎育現況」; 稻葉繼雄,『舊韓末「日語學校」の硏究』, 九州大學出版會, 1997.
189) 稻葉繼雄,「釜山開成學校について」, 75면.

이 자료는 개성학교가 부산지역에서 신학문을 가르치는 유일한 학교가
됨으로써, 신학교란 일본인이 일본어 및 신지식을 가르치는 학교로 인식되
고 있음을 보여주고 있다. 공립소학교에서 조선인은 유교도덕 및 일상생활
에 필요한 한문을 가르치고 일본인(또는 일본어를 아는 조선인)은 일어
및 신지식을 가르치는 형태로 신교육이 형성되어 가는 모습도 나타나
있다. 공립소학교의 교육과정에 일어를 설치한 곳은 부산지역 만이 아니었
다.190) 조선 정부에서 공립소학교에 대한 지원을 제대로 하지 못하는
가운데 일본인에게 학교 설립을 의뢰하는 일도 있었다.191)

---

190) 함경남도 長津郡 공립소학교에서는 日語를 添入하여 일어교사를 고용하겠다고
   하였고(『皇城新聞』 광무 4년 7월 31일), 함경북도 鐘城郡에서 士林이 설립한
   소학교에서도 日語를 교과과정에 포함시키고 있었다(『皇城新聞』 광무 4년 8월
   22일). 경기관찰부 공립소학교에서도 일본어학과를 설시하였다(『데국신문』 광무
   4년 9월 7일). 1903년 10월 25일 평양일어학교에서 東亞同文會 본부에 보고한
   바에 의하면, "지역내에 한국 공립소학교가 있어 생도 30여 인을 수용하고 신식교
   육을 펴고 있는데, 금회 隨意科로서 희망 학생에게 일본어를 과하게 되어, 교사
   金基宗의 의뢰에 의해 매일 한시간씩 본교 졸업생 金永健에게 수업을 담당하도
   록……"(『東亞同文會報告』 제38회, 1903년 12월/ 稲葉繼雄, 「舊韓國の日本語敎
   育」, 『筑波大 地域硏究』 10, 1992, 36면에서 재인용)라고 하여, 평양의 공립소학교
   에서도 수의과목으로 일본어를 가르치고 있음을 보여주고 있다.

191) 『敎育時論』 663호, 明治 36년 9월 15일, 29면, 「朝鮮の敎育事業」(時事新報),
   "지금 조선에서 일본인의 설립에 관계된 학교는 20교로서 그 비용은 매년 3만圓
   가까이 쓰고 있는데, 그 중에서 在留 일본인 자제를 위해서 쓰는 것을 제하면
   조선인의 교육에 지불하는 비용은 1만圓 이상을 내는 일은 많지 않다. 이 소액의
   비용으로는 본래 일의 완전함을 기할 수 없으므로 학교의 수도 적고 또 그 설비도
   불충분하지만, 그 결과는 의외로 良好하여 조선인은 자국의 학교교육의 유명무실
   함에 대조하여 처음으로 문명교육의 효력을 인정하고 교육의 일은 일본인에게
   한정된다고 하여, 자국의 학교를 돌아보지 않는다. 또 일본학교의 평판을 듣고
   자기들의 지방에도 꼭 학교를 설립해달라고 원하기도 하는데, 그 뿐만 아니라
   일본인이 학교를 설립한 지방에서는 저절로 일본의 상업도 행해져 일본의 세력도
   점점 증가해 가는 상태라고 한다. 조선인에게 있어 일본인이 경영한 사업은
   여러 가지인 중에도, 비용을 들인데 비해 좋은 결과를 얻는 것을 들면 교육과

214

조선의 정책 담당자들 대부분은 국문 교육의 의미에 대한 이해가 막연하였다.[192] 외국어는 1880년 이래 개인에게 실용적 이익을 주는 것으로 인식되었고 이제는 문명 지식의 상징으로도 인식되었다. 외국어의 기능에 대한 이해와 외국어를 교육의 어느 단계에서부터 가르쳐야 할 것인가에 대한 명확한 인식이 없는 상태에서, 일본어는 보통교육의 내용으로서 또는 신문명 자체로서 받아들여지고 있었다.

그 결과, 1900년대 초 조선의 신교육은 다음과 같은 모습을 취하고 있었다. 보통교육에서도 교육의 목적은 여전히 인재양성에 중점을 두었다. 이제 인재는 유교교육에서 이상으로 하던 덕을 쌓은 인재가 아니라 보다 높은 관직이나 좋은 직업을 얻을 수 있는 지식이나 기술을 지닌 사람을 의미하였다. 소학교교육은 국민을 양성하기 위한 곳이라기보다 새로운 직업을 얻기 위한 발판을 마련하는 곳으로 인식되었다.

교육내용에 있어서 도덕교육은 유교도덕을 그대로 가르치고 있었고, 국문·국사보다 일어 및 직업관련 교과가 신교육의 중심적 위치를 차지하였다. 유교도덕의 교재는 한문으로 씌어진 유교 경전이 사용되었다.[193] 한문은 그동안 이를 배워 사용하는 지배세력을 일반 백성과 구별해 주는 가장 뚜렷한 지표로서 지배세력과 인민을 분리시키는 커다란 벽이었

---

같은 것은 실로 최고라고 하지 않을 수 없다. 금일 我國人이 조선의 교육을 위하여 지불하는 금액은 1년에 불과 1만원에 지나지 않으나 그 결과는 이와 같다고 하므로, 우리는 점점 더 비용을 들여 점점 더 교육을 보급시킴으로써 조선에서의 우리의 각종 사업의 기초를 확실하게 하고자 한다".

192) 한말 근대 민족국가 형성과 관련해 한글사용 문제를 가장 중요한 사업으로 생각했던 사람은 주시경이었다(조성윤, 「외솔과 언어 민족주의 : 한문의 세계에서 한글의 세계로」, 『현상과 인식』 18-3, 1994, 가을, 20~25면 참조).

193) 공립소학교 교원을 사범학교 졸업생 중에서 뽑을 때 부과하는 시험에서도 논어와 맹자를 읽고 글을 짓게 하여(『독립신문』 광무 3년 5월 6일) 교원의 자격을 여전히 儒學 실력을 기준으로 삼도록 하고 있었다.

다.194) 유교의 도덕내용 또한 모든 인간을 상하관계로 봄으로써 국가의 구성원이 국민적 일체감을 갖는 것을 저해하였다. 또한 일어는 개인에게 남보다 높은 위치의 자리에 오를 수 있는 새로운 인재가 되는 데는 도움이 되었겠지만, 국민으로서의 정체성을 형성하는 데는 혼란을 주었음에 틀림없다.

일본은 을사조약을 통하여 조선을 식민지화하려는 의도를 분명히 드러내었다. 국민통합의 구심점인 왕권이 형해화함에 따라, 조선인은 스스로 근대 국민국가 건설의 주체가 되어야 했다. 나라가 부강해지고 문명진보하려면 자식을 학교에 보내 외국말을 배우든지 제조소에 보내 무슨 기술을 배우게 해야 한다고 했던195) 개화 지식인들은 외국어 교육의 의미와 문명진보가 목적하는 바를 묻지 않으면 안 되었다. 유교도덕의 절대성을 믿어왔던 유학 지식인들은 보다 많은 인민을 결집시켜 독립운동을 전개해야 하는 상황에서 유학의 시대적 한계에 대해 고민해야 할 때가 되었다.

---

194) 조성윤, 「외솔과 언어 민족주의 : 한문의 세계에서 한글의 세계로」, 『현상과 인식』 18-3, 1994, 가을, 16면.
195) 『독립신문』 광무 3년 7월 20일.

# 제6장 요약 및 결론

## 제1절 요약

본서는 갑오개혁 전후의 20여 년간, 즉 조선 정부가 본격적으로 서구의 지식과 기술을 도입하기 시작한 1880년경부터 갑오기에 시작된 교육개혁이 일단락되는 1900년경까지의 기간 동안, 정부의 교육정책이 어떻게 전개되었으며, 이에 따라 교육은 어떻게 변화했는지를 규명하고자 했다.

연구문제는 다음과 같이 설정하였다.

첫째, 갑오개혁 전후 시행되었던 교육정책의 내용을 관련 자료 및 관련 인물의 교육론을 통해서 파악한다.

둘째, 갑오개혁 전후 교육정책의 운영과정을 유교교육의 지속적 영향력 및 일본의 교육침략과의 관련 속에서 검토한다.

셋째, 갑오개혁 전후 교육정책의 시행으로 교육은 어떻게 변화했으며, 그 결과 1900년대 초 조선의 교육은 어떠한 모습을 하고 있었는지를 규명한다.

연구결과는 다음과 같이 요약할 수 있다.

1880년대 고종을 비롯한 김윤식, 김홍집, 어윤중 등의 온건개화파는 동도서기의 입장에서 부국강병책을 추진하면서 서양기술을 도입하고자 했다. 동양의 전통적 사고에 의하면 부는 땅에서 자연적으로 수확할 수 있는 양에 제한되기 때문에 부를 늘리려면 땅을 늘리는 방법밖에 없었다. 이에 대해 서구의 방법은 기술 진보를 통하여 생산성을 향상시킴으로써 부를 배가할 수 있었다. 일본에 파견되었던 신사유람단의 조사들은 일본이 서구의 기술을 이용하여 부국강병을 이루어가고 있음을 확인했으나, 기술 도입 및 운영 과정에 필요한 막대한 비용과 무본억말의 경제이념으로 인해 군기와 농업기술만이 본받을 만하다고 보고하였다. 또한 미국을 비롯한 서양제국과의 통상조약 체결이 현안으로 제기되면서 외국어 학습의 필요성도 인식되었다.

1881년 영선사행 유학생 파견은 청을 통해서 서구의 군사기술을 도입하는 한편 미국과의 조약체결을 앞두고 서양어(영어)를 습득하려는 목적을 가지고 있었다. 유학생은 기술직 중인 출신의 학도 29명과 이들 보다 하위의 신분인 수공업 전업의 공장 18명으로 구성되었다. 이들 중 고영철, 박영조는 서양어를 배웠고, 상운 외 15명은 전기 등의 기술을 배웠다. 그러나 학습기간이 채 9개월도 되지 않은 상태에서 귀국하게 되어 별 성과를 거두지 못했다. 이후 국내에 기기국 등 여러 기관을 설치하고 외국인 기술자를 고용하기도 했으나 대개 단순한 기술교육에 그쳤다.

한편 신지식을 가르칠 교육형태에 대한 모색도 시작되었다. 고종은 수신사와 신사유람단을 통하여 일본의 근대교육에 대한 정보를 수집하면서, 일본의 외국어 교육과 국민교육에 대하여 관심을 표시하였다. 조선에서 '학교'는 유학교육을 통해 선비를 양성하는 곳을 의미했음에 대해, 일본의 '학교'에서는 전 인민들에게 생산성 있는 기술을 가르침으로써 부국강병에 기여하게 하고 있는 점에 주목하였다.

1882년 임오군란이 수습된 후, 사회 내에서 서양의 지식과 기술을 도입해야 한다는 인식이 확산되고, 유학 지식인도 이를 배워야 한다는 주장이 제기되었다. 이때 발표된 고종의 유서는 신분의 제한 없이 산업에 종사할 수 있고 능력에 따라 학교에서 교육을 받을 수 있도록 한다고 하여, 학교에서 인민이 부를 축적하는 데 필요한 기술을 가르칠 수도 있다는 생각을 드러내었다. 여기에는 인민이 부를 축적할 수 있도록 해야 하고 인민에게 기술교육을 해야 한다고 했던 김옥균 등 급진개화파의 영향력이 반영되어 있다. 그러나 서구기술 도입 정책이 실패함에 따라 인민에게 기술을 가르쳐서 부국강병을 도모하려던 구상은 더 이상 진전될 수 없었다.

1880년대의 조선 정부는 신지식을 갖춘 관료를 양성하기 위해 새로운 학교를 설립하였다. 1883년에 설치된 동문학은 외국어 교육을 하여 외국과의 교섭에 필요한 실무관리를 양성하려 하였다. 학생들은 주로 중인 신분에 가까운 사람들이었고, 졸업 후 대외교섭과 개화사업에 관련된 관서에서 통역 등의 실무를 담당했다. 1886년 동문학이 폐지되자 정부는 아펜젤러의 학교(배재학당)를 이용하여 실무관리를 양성하였다.

원산학사는 치자가 될 사람들에게 신지식을 시무학으로 가르치려고 했다. 원산학사의 설립에는 정부의 교육정책이 밀접하게 관련되어 있고, 특히 어윤중의 신교육에 대한 구상이 반영되어 있다. 그는 부국강병을 위해서는 학교에 무학도 설치해야 한다고 하였으며, 유학밖에 모르는 사람들이 외국에 나가 신지식을 배워올 수 있도록 과거제를 혁파해야 한다고 한 바 있다. 학사에는 문사와 무사의 교육과정을 설치했다. 시무학의 교육은 학사에 비치되어 있던 『영환지략』『만국공법』 등의 개화서적을 강독하는 식으로 행했을 것이라고 생각된다. 한편 당시의 인재 양성과 선발의 구조 속에서는 원산학사의 학습을 장려하기 위한 방법으로 과거제도를 활용하지 않을 수 없었다. 그런데 이는 학생들이 원산학사의 학습을

통해 향시 초시 입격의 혜택을 받은 후에는 신지식을 계속 추구해 나가기
보다 복시, 문과를 준비해야 한다는 것을 의미한다. 유교교육과 과거제와
의 관련 속에서 신지식은 단지 치자가 알아야 할 시무학 이상의 의미를
갖지 못했다.

　육영공원이 설립되었던 1886년경부터 고종은 청의 압력에서 벗어나기
위해 김윤식 등의 온건개화파를 실각시키고 민씨 보수파를 등용하면서
미국과 러시아에 접근하였다. 육영공원은 외국어를 비롯한 신지식을 습득
하여 외교와 내치에 활용할 수 있는 중견관리의 양성을 주요 목적으로
하였다. 그러나 개화사업도 거의 추진되지 않았고 미국 및 유럽에 공사를
파견하려는 시도도 좌절됨에 따라 육영공원의 설립 의의는 감소하였다.
학원들은 육영공원에서 신지식을 익힌다 하더라도 청현직으로 나아가려
면 문과를 거쳐야 했다. 육영공원의 학업을 장려하기 위해 전시직부의
혜택을 주었던 육영학원응제는 영어나 신지식이 아니라 유학의 지식으로
치러졌다. 따라서 학원들은 육영공원에서 신지식을 배우면서도 다른 유생
들과 다름없이 유학의 학습을 계속해야 했다. 그뿐 아니라 일반 유생들은
많은 수가 관학유생응제 등의 별시를 통해 전시직부 혜택을 받고 있었다.
또한 육영학원 출신자가 다른 급제자보다 혜택을 받는 것도 아니었고,
특별히 육영공원에서 배운 신지식을 활용할 만한 관직에 임명되지도
않았다. 중인 출신의 학원 가운데는 갑오개혁 후 육영공원의 학습 성과를
활용한 사람이 있었지만 대부분 일반 관직에서 활동하였다. 이와 같이
육영공원이 유학의 지식을 시험하는 과거제의 틀 속에서 운영되었기
때문에 학원들은 신지식에 대한 열의를 지속하기 어려웠을 것이다.

　정부에서는 육영공원을 운영하는 한편 성균관 교육을 강화하여 유교교
육을 회복하려 했다. 즉 1880년대에는 신지식을 도입하고 신학교를 운영했

지만 교육정책의 중심은 여전히 유교교육을 유지하는 데 있었다. 신교육은 유교교육 속에서 일부 시무학을 익힌 관리나 유학 지식인을 양성하기 위한 것이었다.

갑오개혁기에는 김윤식 등의 온건개화파와 유길준이 개혁 전반을 주도했으나, 학무아문(학부)은 박정양 등의 정동파가 담당하였다. 1894년 박정양은 내치·외교 업무를 담당할 인재를 양성하기 위해 소학교와 사범학교를 설립하였다. 박정양에 의하면, 이들 학교는 국문·국사 등의 새로운 교과를 가르치기 시작했으나 그 교육목표는 유교의 교육이념을 실현하려는 것이었다. 그리고 교육의 지침을 마련하는 것은 국가(왕)이고 직접 학교를 설립하여 가르치는 일은 민의 일이라 하여, 서당을 활성화시켜 신교육의 장으로 활용하려는 의사를 나타냈다. 한편 육영공원의 교육이 실패로 끝남에 따라 조선 정부는 배재학당에 위탁생을 파견하여 인재양성을 의뢰하였다. 여기에는 일본의 간섭을 피해 일본 세력을 견제하기 위한 인력을 키우려는 의도가 내재되어 있었다.

1895년의 교육개혁에는 유길준과 급진개화파인 박영효의 교육론이 반영되었지만, 일본의 간섭도 크게 작용하였다. 「교육에 관한 조칙」에서는 '인민의 지식 개명'과 '국가보존'을 관련지워 인민에 대한 교육을 논하였고, 소학교령에는 국민교육과 보통교육의 개념을 도입하였다. 그런데 소학교 수신과의 교육대강은 일본의 윤리 덕목을 가지고 학생들의 도덕심을 함양하도록 하는 한편 이들이 국가(왕)에 대해 '신민으로서' 자각할 수 있도록 교육할 것을 강조하였다. 이는 곧 조선인의 일상생활을 지배하는 오륜 중심의 조선식 도덕을 배제하고 일본식 도덕을 도입하려는 것이었다. 또한 교과 중에 수의과목으로 외국어가 첨입되었다. 외국어는 사실상 일본어를 말하는 것으로 일본어가 '국민의 생활상 필요한 보통지식'으로 법제화되었음을 의미한다.

이러한 소학교령에 의거하여 학부는 한성의 네 곳에 관립소학교를 설립하였다. 관립소학교는 일어학교였던 을미의숙의 교사(校舍)를 이용하였고, 을미의숙의 일본인 교사가 조선인 교사와 함께 각 학교에 배치되었다. 이렇게 출발한 소학교교육은 자국의 국민을 형성한다는 근대교육 본래의 목적에서 빗나가 자국에 대한 정체성을 갖지 못하는 식민지 국민을 키워낼 위험성을 갖고 있었다.

을미사변 후 학부대신에 임명된 급진개화파 서광범에 의해 문명개화를 지향하는 교육이 표방되기 시작했다. 1896년 아관파천으로 일본이 후퇴하면서 열강간의 세력균형 상태가 유지되고 국내에는 온건·급진개화파가 완전히 제거되자, 이후 친러친미파, 동도서기파, 보수파가 정책을 주도하였다. 교육정책은 학부대신의 교육방침에 따라, 유교교육을 회복하려는 입장과 문명개화를 위한 교육이 되어야 한다는 입장 사이에서 변천을 거듭하였다.

1897년 고종은 황제에 즉위하여 구본신참을 정책의 기본으로 밝힌 후, 1899년에는 국가에서 학교를 개설하여 인재를 작성하는 것은 인민들의 지견을 넓히고 농공업을 흥하게 하기 위한 것이라고 하는 한편, 유교를 종교로 하여 사회도덕으로 재정립하도록 지시하였다. 이로써 갑오 이래의 근대교육정책은 유교적 덕육과 문명개화를 위한 지육을 병립하는 형식으로 일단락되었다.

그런데 실제의 교육정책은 외국어 교육을 중심으로 전개되었다. 배재학당을 비롯하여 관립외국어학교, 경성학당·부산개성학교 등의 사립 일어학교와 같은 소수의 외국어학교에 대한 정부의 지원은 지속·증가했지만, 소학교에 대한 지원은 감소하였다. 지방 50여 곳에 공립소학교가 설립되었지만 이들 학교는 운영경비도 제대로 마련하지 못하는 형편이었다. 공립소학교의 경비를 각 도군의 향교와 서원의 재토의 일부에서 충당하도록 하였으나, 왕실의 재정수입 증대를 위해 토지의 수입을 내장원에서 징수해 가버리는 일이 빈번했기 때문이었다. 소학교는 학부의 외국어학교 교육 중시 정책과 왕권강화 정책 속에서 점점 위축되어 갈 수밖에 없었다.

일본은 조선인 사이에서 신교육에 대한 수요가 증가함에도 불구하고, 특히 지방에 신교육이 제대로 보급되지 않는 상황을 이용하여 일어학교를 통한 조선교육 침략을 본격화하였다. 일어학교는 일본어에 의한 보통교육을 실시하여 조선인에게 일어를 보급하고 일본식 도덕을 전파하여 식민지 국민으로 만들려는 의도를 가지고 있었다. 일어학교의 교육활동으로 인해 신학교는 일본인이 일본어 및 신지식을 가르치는 학교라고 인식되기도 하였다. 공립소학교에서 조선인 교사는 유교도덕 및 일상생활에 필요한 한문을 가르치고 일본인(또는 일본어를 아는 조선인) 교사는 일어 및 신지식을 가르치기도 하였다.

그 결과 조선의 근대교육은 다음과 같은 모습으로 형성되기 시작했다. 교육의 목적은 이전의 유교교육에서와 같이 인재 양성에 중점을 두었다. 소학교교육은 국민을 형성하는 곳이라기보다 새로운 직업을 얻기 위한 발판을 마련하는 곳으로 인식되었다. 교육내용은 유교도덕이 한문 교재로 가르쳐졌고 국문·국사보다 일어 및 직업 관련 교과가 교육의 중심을 차지하였다.

## 제2절 결론

이상과 같은 연구결과를 통해 다음과 같은 점을 규명할 수 있었다.

첫째, 1880년경부터 1900년경까지 시행된 교육정책에는 다양한 세력이 다양한 지향 목표를 갖고 참여하였다. 1880년대 중반까지는 김윤식 등의 온건개화파가 정책을 주도하였다. 이들은 부국강병책의 일환으로 서구의 기술과 지식을 도입·활용하려고 하였고, 제국주의 열강간의 세력균형을 이용하기 위한 외교정책과 관련하여 이에 필요한 인력을 양성하는 데 정책의 중점을 두기도 하였다. 김옥균 등의 급진개화파는 부국강병을 위해 인민에게 기술을 가르쳐서 부를 축적하도록 해야 한다고 주장했다. 1880년대 중반부터 갑오개혁 전까지는 민씨 보수파가 정책운영을 담당하였다. 이들은 부국강병책, 외교정책이 실패로 끝나고 민란의 빈발, 동학의 확산에 따라 유교적 사회질서가 위기에 처하게 되자 육영공원의 신교육을 개선하기 보다는 성균관 교육을 강화하여 유교교육을 회복하려 했다.

1894년 갑오개혁이 시작되자 학무대신 박정양은 소학교와 사범학교를 설립했다. 그는 이 학교들이 변화하는 시대에 맞추어 내치 외교를 담당할 새로운 인재를 키우기 위한 것이지만, 이전의 유교교육제도와 유학의 교육이념을 계승하는 것이라고 하였다. 급진개화파인 박영효와 서광범, 이들과 의견을 같이했던 유길준은 1895년 일련의 소학교 관련 법령을 제정하였다. 이들은 국가의 독립과 인민의 지식 개명이 밀접하게 관련된다는 인식 하에 국민교육과 보통교육을 도입하고 문명개화를 교육의 지향목표로 하였다. 고종은 아관파천 후 온건·급진개화파가 모두 제거된 뒤, 유교도덕을 유지하기 위한 유교교육과 문명개화를 위한 신교육을 절충하는 형태로 교육개혁을 일단락하였다. 그리고 갑오개혁기 이후 대부분

외교정책 및 문명개화 정책과 관련하여 외국어 교육을 중시하였다.

둘째, 교육정책의 전개과정에는 유교교육의 지속적 영향력과 일본의 교육침략이 작용하였다. 고종을 비롯하여 정책결정에 참여했던 대부분의 관료들은 유교교육을 통해 성장한 사람들이었다. 이들에게 유교적 사회질서는 자연적 질서였다. 따라서 서구의 신지식을 도입하고 인민을 개명시켜야 한다고 하면서도, 유교교육을 교육의 근본으로 하거나 적어도 유교도덕을 유지해야 한다고 생각했다. 이들은 유학의 이상에 따라 소수의 인재가 주체가 되어 사회를 운영해야 한다고 생각했기 때문에, 부국강병의 광범위한 기초를 형성하기 위해 국민을 양성해야 한다는 국민교육사상을 수용하기가 쉽지 않았다.

이에 대해 인민에 대한 교육의 필요성을 먼저 인식했고 문명개화를 지향했던 급진개화파들은 소학교교육에 국민 양성을 위한 보통교육을 도입했다. 그러나 이를 운영할 구체적인 시행방법을 만들어내는 과정에서는 일본에 의존할 수밖에 없었다. 또한 부국강병책이 실패한 상황에서 문명개화를 정책의 지향 목표로 삼음으로써 이에 편승한 일본의 교육침략을 초래하였다.

일본은 조선을 청으로부터 단절시키기 위해 청일전쟁을 일으킨 후, 조선의 교육개혁에 개입하여 근대교육의 프로그램인 소학교교육 관련 법령을 통하여 일본식 근대교육을 이식하려 하였다. 아관파천으로 직접 조선 정부의 정책에 관여할 수 없게 된 이후에는 민간인에 의한 일어학교를 통하여 조선의 교육을 식민지화하기 위한 작업을 추진해 나갔다. 교육침략의 요점은 조선인에게 일본어에 의한 보통학을 교수하는 보통교육을 실시함으로써 일어를 보급할 뿐만 아니라 일본식 도덕을 전파하여 식민지 국민으로 만든다는 것이었다. 일본식 근대교육을 이식해야 한다는 주장의 정당성은 문명개화라는 명분에 두어졌다. 조선에서 문명개화를 시대적 조류로 받아들임에 따라, 일어학교 및 일어 교육은 조선인의 국민적 정체성 형성에 혼란을 가져오게 되었다.

셋째, 정부의 교육정책이 시행된 결과 교육은 다음과 같이 변화하였다. 1880년대 초 영선사행 유학생을 파견했을 때는 역학 중인을 비롯한 기술직 중인과 공장을 유학생으로 파견하였다. 기술과 외국어학습은 원래 중인 이하의 신분이 담당하던 것이었기 때문이다. 동문학은 통역 및 실무관리를 양성하기 위한 교육기관이었는데, 주로 중인 신분에 가까운 사람들이 입학하여 영어와 산술을 배웠다. 이후 동문학과 배재학당에서 영어를 배운 사람들이 관직에 임명됨에 따라 외국어는 관직 획득의 도구로 인식되기 시작했다.

원산학사의 교육은 유학 지식인도 서기를 습득해야 한다는 인식이 확산됨에 따라, 중인 이상의 양반층을 대상으로 하는 학교에서 서구에 관한 지식을 배우기 시작했음을 보여준다. 육영공원은 유학 지식인이 신지식을 익혀서 새로운 시대의 내치외교 업무를 담당할 능력을 갖추게 하는 것을 교육의 주요 목적으로 하였다. 학원들은 미국인 교사에게 영어를 비롯하여 산술, 지리 등의 초등 보통학, 국제법과 정치경제학의 초보를 배웠다. 그러나 유학 지식인에게 신지식은 유학에 부가하여 배우는 시무학에 지나지 않았다.

학무아문은 1894년의 교육개혁을 통해 이제까지의 한문과 유교경전 일색의 교육에서 전환하여 유교도덕과 함께 국문과 국사, 지리 등의 보통학을 가르치는 소학교교육을 널리 확대하려고 하였다. 그러나 소학교교육은 소학에서와 같이 인재의 도덕적 기초를 형성하기 위한 입덕지문으로 인식되었다. 여기서 인재는 유교적 덕을 갖추는 동시에 서구의 지식을 익힌 관료를 의미하였다. 이러한 교육은 1880년대에 시도되었던 신교육의 흐름을 계승하는 것이었다.

1895년의 소학교교육 관련 법령에는 소학교교육의 목적으로 전 인민을 국민으로 양성한다는 국민교육과 보통교육의 이념이 도입되었다. 이를 통해 소학교교육은 인재양성의 교육목적과 분리되어 국민양성이라는 독자적인 목적을 갖게 되었다. 교과는 수신·독서·작문·습자·산술·체조로 정했다. 수신은 조선의 도덕적 덕목인 오륜이 아니라 일본 천황제 하의 신민 양성을 위한 근대 윤리 덕목으로 구성되었고, 외국어가 수의과목으로 포함되었다.

1899년 유교적 덕육과 문명개화를 위한 지육을 병립하는 형식으로 근대교육의 방침이 확정되자, 논어·맹자 등의 서적을 통한 한문·도덕교육과 함께 국문(국한문)·국사·산술을 가르치는 것이 소학교교육의 전형적인 모습이 되었다. 그런데 전래의 인재 양성 중심의 교육관과 당장 내치·외교에 활용할 인력을 양성해야 했던 상황으로 인해, 인민의 지견을 넓혀야 한다는 생각은 협소하게 이해되었다. 이에 따라 신교육 역시 소수의 인재를 양성하는 것에 주요 목적이 있다고 생각됨으로써, 소학교는 국민을 양성하는 완성교육기관으로서의 위치를 확보하지 못하고 있었다. 이는 현실에 있어서는 1894년의 박정양의 교육 구상이 실천되고 있었음을 나타낸다.

이러한 상황에서 일본어의 유용성이 증가하면서 일어가 중요한 교과의 하나가 되어갔다. 이에 따라 1900년대 초의 소학교교육은 유학의 경전을 통한 한문·유교도덕 교육을 지속하는 한편, 국문·국사보다 일어를 더 긴요한 신지식으로 가르치게 되었다. 즉 일본이 1895년의 소학교령을 통하여 일어를 조선인의 일상생활에 필요한 보통지식으로 만들려고 했던 교육침략적 의도가 관철되고 있는 것이다.

　그 결과, 1900년대 초 조선의 근대교육은 다음과 같은 성격을 갖게 되었다. 소학교는 여전히 인재 양성에 교육의 중점을 두고, 국민을 길러내는 완성교육기관이라고는 인식되지 않았다. 수신의 교육내용은 봉건성을 극복하지 못한 오류를 중심으로 하여, 평등한 개인을 전제로 하고 있지 않았으며 국민의식도 분명치 않았다. 또한 국문과 국사를 포함하고는 있었으나 인민을 국민으로 자각시키기 위한 교과로 중시되었다고는 할 수 없다. 더구나 일어가 국문·국사보다 중시됨으로써 식민지교육의 성격을 띠기 시작했다. 이후 조선의 근대교육은 국민 형성을 위해 전래의 차별적 윤리를 극복해야 하는 과제와 함께 새로 형성되어야 할 국민의 정체성을 혼란케 하는 식민지교육을 극복해야 하는 과제를 짊어지게 되었다.

## 〈부록 1〉육영공원 학원의 주요 경력

①-1) 1886년 8월 좌원 선발 학원(14명)

| 이름 | 生年<br>(연령) | 입학당<br>시관직 | 과거급제(입학 전) | 육영공원 수학 후 주요관직 | 비고 |
|---|---|---|---|---|---|
| 金昇圭 | 61(26) | 부호군 | 82 경과별시문과 | 이조참의,성균관대사성(88),<br>일본주차특명전권공사(02),<br>영국주차특명전권공사(03) | 金炳學의<br>子 |
| 尹命植 | | 〃 | | | |
| 金弼洙 | 56(31) | 사복정 | 79 일차유생전강 직<br>부<br>80 경과증광별시문과 | 시강원문학,검교대교(90) | |
| 李完用 | 58(29) | 부사과 | 82 경과증광별시문과 | 주미공사관참찬관(87), 電報<br>局 會辦, 吏曹參議, 참의교<br>섭통상사무(88), 주미임시대<br>리공사(89), 참의內務府事<br>(90), 성균관대사성, 협판내<br>무부사, 典圜局 總辦(91),<br>이조참판, 육영공원 辦理事<br>務(92) | |
| 鄭世源 | 56(31) | 설서 | 83 춘도기 전시직부<br>83 식년문과 | 성균관대사성(90), 이조참의<br>(94) | |
| 李容善 | 63(24) | 부정자 | 82 경과증광별시문과 | 홍문관박사, 시강원겸설서,<br>규장각대교(87), 유럽5국참<br>찬관에 임명되었으나 부임<br>하지 않아서 간삭됨(87), 성<br>균관대사성(91), 주이탈리아<br>특명전권공사(03) | |
| 閔哲勳 | 56(31) | 〃 | 84 춘도기 전시직부<br>85 정시별시문과 | 동지사서장관(87), 참의내무<br>부사(92), 주독일·오스트리<br>아특명전권공사(01) | 민종묵의<br>자 |
| 鄭翰謨 | 63(24) | 〃 | 85 증광별시문과 | 홍문관교리(87), 예조참의<br>(92) | |
| 趙衡夏 | 58(29) | 〃 | 85 칠석제 직부전시<br>85 경과증광별시문과 | | |
| 吳正根 | 68(19) | 〃 | 85 증광별시문과 | 성균관대사성(92) | |

230

| 曹萬承 | 62(23) | 〃 | 85 경과증광별시문과 | 성균관대사성(91), 의주부윤으로 탐학하여 원악도 위리안치(94) | |
| 姜敬熙 | 58(29) | 〃 | 85 증광문과 | 동학교수(87), 사간원 대사간(91) | |
| 閔泳敦 | 63(24) | 신급제 | 86 정시문과 | 성균관대사성(91), 동래감리 겸 동래부윤(96), 주영국·이탈리아공사(01) | |
| 金參鉉 | | 출신 | | 宣傳官(89) | 독판 金箕錫 추천 |

①-2) 1886년 8월 선발 우원 학원(21명)

| 이름 | 生年(연령) | 과거급제(입학 후) | 수학 후 주요관직 | 비고 |
| --- | --- | --- | --- | --- |
| 尹相鍾 | 61(26) | 88 진사시 | | 판서 윤자덕 자 |
| 閔憙植 | 64(23) | 87 일차유생전강 직부전시<br>87 경과정시별시문과 | | 판서 민영목 당질 |
| 沈啓澤 | (26) | 92 경과정시별시문과 | 육영학원응제로 주사(89), 홍문관교리(92), 사간원헌납, 부교리, 부수찬(94) | 독판 심이택 추천 |
| 洪淳九 | (21) | 88 관학유생응제 직부전시<br>89 알성시 문과 | | 판서 홍종헌 자 |
| 閔象鉉 | (18) | 92 경과별시문과 | 육영학원응제로 주사(89), 홍문관교리(92), 주德奧공사관3등참서관(01), 주미공사관 3등서기관, 주덕공사관 3등서기관(04) | 협판 민종묵 추천 |
| 李萬宰 | 70(17) | 88 춘도기 직부전시<br>88 경과정시별시문과 | 규장각대교(89) | 협판 이교익 자 |
| 鄭雲成 | | 91 육영학원응제(89)로 진사 | | 협판 민응식 추천 |
| 閔永彦 | | | | 협판 민영익 제 |
| 鄭瑀鎔 | | | | 협판 정낙용 추천 |

| 朴經遠 | 69(18) | 91 관학유생응제 전시직부<br>91 경과증광별시문과 | 승문원부정자(91) | 참판 박용대 자 |
|---|---|---|---|---|
| 趙重穆 | 69(18) | 93 삼일제 직부전시<br>93 경과정시별시문과 | 비서승(98), 궁내부협판(01), 궁내부특진관(05) | 참판 조병세 손 |
| 徐相勛 | (15) | 85 진사시<br>89 육영학원응제 전시직부<br>89 알성문과 | 시강원설서(92) | 양주목사 서정순 자 |
| 韓鳳鎬 | | | | 협판 한규설 추천 |
| 朴勝吉 | 71(16) | 86 일차유생전강 직부전시<br>87 경과정시별시문과 | 대교(89), 시강원겸사서(91) | 참판 박정양 자 |
| 閔泳晚 | (24) | 90 감제 직부전시<br>91 경과증광별시문과 | | 협판 민영환 추천 |
| 朴台熙 | 57(30) | 87 관학유생응제 직부전시<br>87 경과정시별시문과 | | 협판 박봉빈 자 |
| 趙漢元 | 68(19) | 91 육영학원응제(89)로 진사<br>91 증광별시문과 | | 부호군 조종필 자 |
| 金弼熙 | | 91 육영학원응제(89)로 진사 | 주淸공사관3등참사관(02) | 주사 金春熙 추천 |
| 高義敬 | 73(14) | 91 육영학원응제(89)로 진사 | 외아문주사(94), 외부번역관보(95), 駐日공사관참서관(96), 주英德奧공사관3등참서관(98) | 주사 高永喆 추천 |
| 李鉉相 | | | 主事(89) | 주사 李塿 추천 |
| 高義明 | | | | 주사 秦尙彦 추천 |

②-1) 1887년 8월 좌원 학원(6명)

| 이름 | 생년<br>(연령) | 입학당<br>시관직 | 과거급제(입학전) | 육영공원 수학후 주요관직 | 비고 |
|---|---|---|---|---|---|
| 沈相璣 | 71(17) | 부정자 | 85 진사<br>87 춘도기 직부전시<br>87 경과정시별시문과 | 규장각대교(88), 성균관대사성(92) | 판서 심이택 자 |
| 鄭寅昇 | 59(29) | 겸필선 | 82 경과증광별시문과 | 이조정랑, 성균관대사성(89) | 보국 정범조 자 |

| 徐相集 | 65(23) | 부정자 | 85 경과증광별시문과 | 수찬(89), 부교리(90), 군국기무처회의원(94) | |
| --- | --- | --- | --- | --- | --- |
| 金喜洙 | 61(27) | 사과 | 78 일차유생전강 직부전시<br>79 식년문과 | 시강원겸사서(90), 이조참의(92), 사간원대사간(94) | |
| 尹璡 | 56(32) | 응교 | 85 경과증광별시문과 | 성균관대사성(89), 이조참판(92), 사헌부대사헌(94), 주미특명전권공사(03) | 판서 윤영신 자 |
| 申性均 | 66(22) | 사직 | 86 정시문과 | 장령(90) | |

## ②-2) 1887년 8월 우원 학원(14명)

| 이름 | 生年<br>(연령) | 입학당<br>시 신분 | 과거급제(입학후) | 육영공원 수학 후 주요관직 |
| --- | --- | --- | --- | --- |
| 金容珏 | | 유학 | | |
| 丁宬爕 | | 〃 | | |
| 任昌宰 | 60(28) | 진사 | | 농상아문주사, 종목사주사(94) |
| 鄭雲哲 | | 〃 | | 장의(89) |
| 沈樂昇 | | 유학 | | 육영학원응제로 주사(89), |
| 李範澈 | | 〃 | | |
| 申大均 | 64(24) | 〃 | 89 육영학원응제 직부전시<br>89 알성문과 | 홍문관교리(89), 홍문관응교(93), 주불공사관3등참서관(01) |
| 嚴柱完 | | 진사 | | |
| 沈夏慶 | 72(16) | 유학 | | 내부주사(99) |
| 尹台炳 | | 〃 | | |
| 韓鎭泰 | | 〃 | | |
| 申泰茂 | | 〃 | | 육영학원응제로 주사(89), 외무아문주사(94), 외부번역관(95), 덕원부윤 겸덕원감리(96), 주영공사관2등참서관(00), 주미공사관참서관(06) |
| 吳世光 | | 사용 | | |
| 方漢壽 | | 유학 | | |

③) 1889년 3월 우원 학원(57명)

| 이름 | 生年 (연령) | 입학당시 신분 | 과거 | 육영공원외 학력 | 주요관직 | 비고 |
|---|---|---|---|---|---|---|
| 洪在寬 | | 유학 | | | | |
| 李世永 | | 〃 | | | | |
| 李奎燮 | | 〃 | | | 선전관(89) | |
| 姜翰周 | | 〃 | | | | |
| 權鍾泰 | | 〃 | | | | |
| 李鼎夏 | | 〃 | | | | |
| 趙成奎 | | 〃 | | | | |
| 尹貞圭 | 67(23) | 〃 | 91진사 | 한성사범학교 속성과(96) | 소학교 교원(97) | |
| 崔鳳植 | | 〃 | | | 우체사주사(97) | |
| 宋冕植 | | 〃 | | | | |
| 徐廷祐 | | 〃 | | | | |
| 李廷和 | | 〃 | | | | |
| 鄭雲好 | | 〃 | 91생원 | | 양지아문양무위원 (01) | |
| 尹龜榮 | | 〃 | | | | |
| 宋國顯 | | 〃 | | | | |
| 朴相熙 | | 〃 | | | | |
| 趙復熙 | | 〃 | | | | |
| 李龍相 | | 〃 | | | | |
| 丁寶燮 | 74(16) | 〃 | 91진사 | | 감리서주사(98), 재판소주사(06) | |
| 高羲天 | 74(16) | 〃 | 91진사 | | 광무학교서기(01), 광학국주사(02) | |
| 金世泰 | | 〃 | | | | |
| 李瑾相 | | 〃 | | | | |
| 李尙雨 | | 〃 | | | | |
| 閔晉鎬 | | 〃 | 91 육영학원응제(89)로 진사 | | | |
| 李範喆 | | 〃 | | | | |
| 李用雨 | | 〃 | | | | |
| 趙振九 | | 〃 | | | | |
| 權澺 | | 〃 | | | | |
| 李能秀 | | 〃 | | | | |

| | | | | | |
|---|---|---|---|---|---|
| 姜信友 | 〃 | | | | |
| 趙善行 | 〃 | | | | |
| 黃昌秀 | 〃 | | | | |
| 尹敦求 | 〃 | | | 수학원교관(10) | |
| 朴承弼 | 〃 | | | | |
| 鄭在淳 | 〃 | | | | |
| 金世喬 | 〃 | | · | | |
| 金均福 | 〃 | | | | |
| 高永寬 | 유학 | | 종목사에서 영어학습(85), 전보국에서 전무학습(86) | 전보국주사(90), 우편 국통신사무원(05) | |
| 韓宗翊 | 〃 | | 전보학당(88) | 전보총사주사(92), 공 무아문사사, 농상공 부기수, 전보사기사 | |
| 柳晉茂 | 〃 | | | | |
| 具然萬 | 〃 | | 전보학교(95) | 전보사주사(97) | |
| 張鳳煥 | 〃 | | | 영선사장(97), 평리원 검사(00), 육군참령 (06) | |
| 崔相徽 | 〃 | | | | |
| 金善昱 | 사용 | | | | |
| 尹埇 | 참봉 | | | | 충훈도사 윤자영 자 |
| 姜泰膺 | 출신 | | | | 주사 강 태승 제 |
| 徐丙直 | 유학 | | | | 고 판서 서헌순 손 |
| 任寅鎬 | 〃 | | | 중학교교관(01) | 동지 임 백은 손 |
| 金錫滿 | 〃 | | | | 별제학 김선종 손 |
| 李建春 | 71(19) | 〃 | | 전보총국주사(94), 외 부번역관(96), 의정부 외사국장(06), 내각외 사국장(07) | |

| 李鍾文 | | 〃 | | | |  |
| 閔載鎬 | | 〃 | | | 주독오공사관3등참서관(01), 농상공부광산국장(02) | |
| 張吉煥 | | 〃 | | | | |
| 李康濯 | | 〃 | | 관립영어학교(96) | 해관서기, 관세국주사(97) | |
| 李漢應 | | 〃 | | | 외국어학교부교관, 주영이공사관3등참서관(01) | |
| 李鼎來 | 74(16) | 〃 | | 미국인 히론 사숙에서 영어(83), 미국인공립영어학당(86), 전보학당(90) | 전보사주사(93), 전보사장(99), 주일공사관3등참서관, 한성전보사장(00), 사립普成중학교강사(05) | |
| 趙斗桓 | | 〃 | | | 전보총국위원(90) | |

236

## 〈부록 2〉 1889년 알성시(謁聖試) 문과 급제자 명단

| | 이름 | 신분 | 나이 | 합격 내용 | 합격 후 받은 관직 |
|---|---|---|---|---|---|
| 甲科 (1) | 李冕相 | 進士 | 44 | 1889.10.8 알성시에서 급제 | 1889.12.18 承政院 右副承旨 |
| 乙科 (2) | 金亨善 | 幼學 | 26 | 〃 | |
| | 張世瑢 | 유학 | 25 | 〃 | |
| 丙科 (50) | 閔泳瓚 | 유학 | 17 | 〃 | 1889.12.19 侍講院 說書 |
| | 朴謙載 | 유학 | 47 | 〃 | |
| | 劉載斗 | 유학 | 34 | 〃 | |
| | 金南載 | 童蒙 | 15 | 〃 | |
| | 沈宜純 | 유학 | 29 | 1888.9.21.일차유생전강에서 직부 | 1889.12.20 弘文館 校理 |
| | 洪淳九 | 진사 | 24 | 10.18 관학유생응제에서 직부 | 1904 奎章閣 直學士 |
| | 朴昌緒 | 유학 | 19 | 〃 | 1891 副正字 |
| | 李東宰 | 유학 | 27 | 12.11 관학유생응제에서 직부 | 1894.7.14 홍문관 교리 |
| | 李偰 | 生員 | 40 | 〃 | 1889.12.18 弘文館 副修撰 |
| | 李鳳淳 | 유학 | 76 | 〃 | 1889.12.23 兵曹 參議 |
| | 金敬圭 | 유학 | 39 | 12.12 일차유생전강에서 직부 | 1889.12.18 副正字 |
| | 宋鍾燁 | 유학 | 27 | 〃 | 大祝 |
| | 閔丙漢 | 유학 | 29 | 12.17 감제에서 직부 | 1890.윤2.12 奎章閣 待敎 |
| | 韓麟鎬 | 유학 | 19 | 〃 | 1889.12.18 弘文館 副校理 |
| | 沈衡澤 | 동몽 | 16 | 1889.2.6 관학유생응제에서 직부 | 1894.7.14 홍문관 교리 |
| | 李宷 | 유학 | 34 | 〃 | 1889.12.20 弘文館 修撰 |
| | 徐基弘 | 유학 | 20 | 〃 | |
| | 鄭淳元 | 진사 | 19 | 2.8 일차유생전강에서 직부 | |
| | 吳義善 | 유학 | 32 | 〃 | |
| | 康始甲 | 유학 | 16 | 〃 | |
| | 金永典 | 진사 | 53 | 2.27 관학유생응제에서 직부 | 1889.12.18 承政院 同副承旨 |
| | 趙英熙 | 진사 | 35 | 〃 | 1889.12 假注書 |
| | 張南正 | 유학 | 36 | 3.13 춘도기에서 직부 | |
| | 閔泳復 | 진사 | 31 | 〃 | 1891.12.25 시강원 설서 |
| | 宋鍾冕 | 유학 | 24 | 3.20 삼일제에서 직부 | 相禮 |
| | 尹夏一 | 유학 | 37 | 3.26 관학유생응제에서 직부 | |
| | 金龍淳 | 유학 | 22 | 〃 | |
| | 鄭濟鎬 | 유학 | 69 | 4.30 관학유생응제에서 직부 | |

| | | | | |
|---|---|---|---|---|
| 閔廣植 | 유학 | 17 | 〃 | 大祝 |
| 鄭雲景 | 유학 | 30 | 5.25 관학유생응제에서 직부 | 1889.12.18 弘文館 副修撰 |
| 黃章淵 | 유학 | 49 | | 1893.7.28 冬至 書狀官 |
| 申大均 | 유학 | 26 | 6.2 육영학원응제에서 직부 | 1889.12.25 홍문관 교리 |
| 徐相勛 | 진사 | 32 | 〃 | 1891.12.25 시강원 兼說書 |
| 金容岳 | 진사 | 25 | 8.5 일차유생전강에서 직부 | 宣箋官 |
| 鄭萬朝 | 유학 | 32 | 〃 | 1889.12.18 弘文館 副校理 |
| 李範世 | 유학 | 16 | 〃 | 1894.7.14 홍문관 부교리 |
| 金㺹鉉 | 유학 | 43 | 10.9 관학유생응제에서 직부 | 1892.3.8 以前에 黃山 察訪 |
| 洪承運 | 유학 | 45 | 〃 | 1889.12.18 弘文館 校理 |
| 李庚植 | 진사 | 38 | 〃 | |
| 池鳳翎 | 유학 | 52 | 〃 | |
| 金重煥 | 유학 | 21 | 〃 | 1889.12 假注書 |
| 李海昌 | 유학 | 25 | 10.10 璿派유생응제에서 직부 | 1889.12.18 弘文館 校理 |
| 李範弘 | 유학 | 29 | 〃 | 1893.6.5 以前에 부정자 |
| 金商翰 | 유학 | 37 | 10.30 관학유생응제에서 직부 | 1893.8.22 現在 정언 |
| 宋㺹周 | 유학 | 47 | 〃 | |
| 白鶴九 | 유학 | 30 | 11.10 추도기에서 직부 | |
| 徐相薰 | 유학 | 18 | 〃 | |
| 李紀用 | 유학 | 21 | 11.23 관학유생응제에서 직부 | |
| 金在恒 | 유학 | 16 | 〃 | |
| 宋冑顯 | 유학 | 28 | 1889.12.11 削科가 복과됨 | 부호군 |

# 참고문헌

## 1. 자료

### 1) 관찬사료·자료집

『各司謄錄』, 國史編纂委員會 編.
『高宗純宗實錄』, 國史編纂委員會 編.
『舊韓國官報』.
『舊韓國外交文書』, 高麗大學校 亞細亞問題研究所 編.
『國朝榜目』, 大韓民國國會圖書館 編.
『大典會通』, 朝鮮總督府中樞院 編.
『大韓帝國官員履歷書』, 國史編纂委員會 編.
『德源府誌』, 韓國人文科學院 編, 『朝鮮時代私撰邑誌』38.
『承政院日記』, 國史編纂委員會 編.
『育英公院謄錄』, 奎章閣圖書 圖書番號 3374.
『議奏』, 서울大學校 奎章閣 編.
『日省錄』, 서울大學校古典刊行會 編.
『增補文獻備考』(『국역증보문헌비고』학교고1·2, 세종대왕기념사업회, 1995).
『春城誌』.
『通理交涉通商事務衙門章程』, 奎章閣圖書 圖書番號 15323, 15324.
『統署日記』, 高麗大學校 亞細亞問題研究所 編, 『舊韓國外交關係附屬文書』
       3-5권.
『學部來去文』, 奎章閣圖書 圖書番號 17798.

國史編纂委員會 編, 『高宗時代史』, 探求堂, 1972.

宋炳基・朴容玉・朴漢卨 編,『韓末近代法令資料集』1, 大韓民國國會圖書館, 1971.
이성무・최진옥 편,『朝鮮時代雜科合格者總攬』, 정신문화연구원, 1990.
渡部學・阿部洋 編,『植民地朝鮮教育政策史料集成(朝鮮編)』, 龍溪學舍, 1986.
文部省內教育史編纂會編修,『明治以降教育制度發達史』3, 龍吟社, 1938.
外務省 編纂,『日本外交文書』, 日本國際連合協會發行, 1949.


　2) 신문・잡지

『教育報知』『教育時論』『國學院雜誌』『뎨국신문』『독립신문』『미일신문』
　　　『時事叢報』『日本』『漢城新報』『皇城新聞』.
『漢城旬報』・『漢城周報』(『漢城旬報 漢城周報 飜譯版』, 寬勳클럽信永研究基
　　　金, 1983).
近代アジア教育史研究會 篇,『近代日本のアジア教育認識(目錄篇)－明治後
　　　期教育雜誌所收中國・韓國・臺灣關係記事－』, 龍溪書舍, 1995.
韓基彦 외 편,『韓國教育史料集成－開化期篇IV』, 一般資料叢書93-1, 韓國精神
　　　文化研究院, 1993.
韓基彦 외 편,『韓國教育史料集成－開化期篇V』, 一般資料叢書93-2, 韓國精神
　　　文化研究院, 1993.


　3) 개인기록

金綺秀,『日東記游』, 國史編纂委員會 編,『修信使記錄』.
金玉均,『金玉均全集』, 韓國學文獻研究所 編.
金源模 역,「遣美使節 洪英植復命問答記」,『史學志』15, 1981.
金允植,『陰晴史』, 國史編纂委員會 編,『陰晴史・從政年表』.
金允植,『續陰晴史』, 國史編纂委員會 編.
金允植,『金允植全集』, 韓國學文獻研究所 編.
金弘集,『修信史日記』, 國史編纂委員會 編,『修信使記錄』.
朴泳孝,『使和記略』, 國史編纂委員會 編,『修信使記錄』.
朴泳孝,「朴泳孝建白書」, 外務省 編纂,『日本外交文書』.
朴定陽,『朴定陽全集』, 韓國學文獻研究所 編.

魚允中,『魚允中全集』, 韓國學文獻研究所 編.

兪吉濬,『兪吉濬全書』, 一潮閣.

兪吉濬, 許東賢 譯,『兪吉濬論疏選』, 一潮閣, 1987.

尹致昊,『尹致昊日記』, 國史編纂委員會 編.

이만열 편,『아펜젤러-한국에 온 첫 선교사-』, 연세대학교출판부, 1985.

鄭喬,『大韓季年史』, 國史編纂委員會 編.

趙準永,『日本聞見事件草二』, 奎章閣圖書 圖書番號 7769-2.

趙準永,『文部省 所轄目錄』, 奎章閣圖書 圖書番號 2871.

黃玹, 金濬 역,『梅泉野錄』, 敎文社, 1994.


岡倉由三郞,「朝鮮國民敎育新案」,『東邦協會會報』2호, 1894.

杉村濬,『在韓苦心錄』, 한국학문헌연구소 편,『舊韓末日帝侵略史料叢書』7,
         1984.

Daniel L. Gifford, "Education in the Capital of Korea", *The Korean Repository*, Vol.3,
         July 1896.


   4) 교과서류

『國民小學讀本』, 韓國學文獻研究所 編,『韓國開化期敎科書叢書』1.

『大學諺解』『大學集註』『童蒙先習』『小學集註』.

『小學讀本』, 韓國學文獻研究所 編,『韓國開化期敎科書叢書』1.

『新訂尋常小學』, 韓國學文獻研究所 編,『韓國開化期敎科書叢書』1.

『朝鮮歷史』, 韓國學文獻研究所 編,『韓國開化期敎科書叢書』11.


## 2. 연구서

### 1) 단행본

姜大敏,『韓國의 鄕校研究』, 경성대학교출판부, 1992.

姜明官,『조선후기 여항문학 연구』, 창작과 비평사, 1997.

康允浩,『開化期의 敎科用圖書』, 敎育開發社, 1973.

金道泰,『徐載弼博士自敍傳』, 乙酉文化社, 1985.

金度亨,『大韓帝國期의 政治思想研究』, 지식산업사, 1994.

242

金泳謨,『韓末支配層 硏究』, 韓國文化硏究所, 1972.

김영식 외 엮음,『근현대 한국사회의 과학』, 창작과비평사, 1998.

金榮作,『韓末 내셔날리즘연구』, 청계연구소, 1989.

金英宇,『韓國近代敎員敎育史(1)-初等學校 敎員養成敎育史』, 正民社, 1987.

金容燮,『增補版 韓國近代農業史硏究』下, 一潮閣, 1990.

金容燮敎授停年紀念韓國史論叢刊行委員會,『韓國近現代의 民族問題와 新國家建設』, 지식산업사, 1997.

金仁會,『敎育史 敎育哲學 講義』, 文音社, 1985.

金仁會,『한국교육의 역사와 문제』, 文音社, 1993.

金仁會,『새 시대를 위한 교육의 이해』, 문음사, 1995.

馬淵貞利 외,『甲申甲午期의 近代變革과 民族運動』, 청아출판사, 1988.

文一平,『韓美五十年史』, 探求堂, 1975.

朴慶龍,『開化期 漢城府 硏究』, 일지사, 1995.

朴宗根, 朴英宰 譯,『淸日戰爭과 朝鮮』, 一潮閣, 1989.

倍材百年史編纂委員會,『倍材百年史』, 1989.

부산상업고등학교칠십년사 편찬위원회,『釜商의 七十年』, 부산상업고등학교, 1965.

부산상업고등학교80년사 편찬위원회,『釜商의 八十年』, 부산상업고등학교, 1975.

孫仁銖,『韓國近代敎育史』, 延世大學校出版部, 1971.

孫仁銖,『韓國開化敎育硏究』, 一志社, 1980.

孫仁銖,『韓國敎育史』1·2, 문음사, 1987.

愼鏞廈,『獨立協會硏究』, 一潮閣, 1976.

愼鏞廈,『韓國近代史와 社會變動』, 文學과 知性社, 1980.

愼鏞廈,『韓國近代社會史硏究』, 一志社, 1987.

安基成,『韓國近代敎育法制硏究』, 高大民族文化硏究所, 1984.

알렌, 申福龍 역,『朝鮮見聞記(Things Korean)』, 博英社, 1984.

歷史學會 編,『露日戰爭 前後 日本의 韓國侵略』, 一潮閣, 1986.

吳天錫,『韓國新敎育史』, 現代敎育叢書出版社, 1964.

柳永烈,『開化期의 尹致昊 硏究』, 한길사, 1985.

柳永益,『甲午更張硏究』, 一潮閣, 1990.

유영익 외,『한국인의 대미인식-역사적으로 본 형성과정-』, 민음사, 1994.

柳永益,『東學農民蜂起와 甲午更張』, 一潮閣, 1998.

劉在建, 實是學舍 古典文學硏究會 譯註,『里鄕見聞錄』, 민음사, 1997.

尹建次, 교육출판기획실 역,『한국근대교육의 사상과 운동』, 靑史, 1987.

李光麟,『韓國開化史硏究』, 一潮閣, 1969.

李光麟,『開化派와 開化思想 硏究』, 一潮閣, 1989.

李光麟,『開化期의 人物』, 延世大學校 出版部, 1993.

李萬珪,『朝鮮敎育史』, 乙酉文化社, 1949.

李成茂,『韓國의 科擧制度』, 集文堂, 1994.

李元浩,『開化期敎育政策史』, 文音社, 1983.

이혜영,『한국 근대학교교육 100년사 연구(1)-개화기의 학교교육-』, 연구보고 RR 94-7, 1994.

이사벨라 버드 비숍, 이인화 옮김,『한국과 그 이웃나라들』, 살림, 1994.

鄭玉子,『朝鮮後期文化運動史』, 一潮閣, 1988.

鄭玉子,『朝鮮後期 文學思想史』, 서울대학교출판부, 1990.

찰스 틸리, 이향순 옮김,『국민국가의 형성과 계보』, 學問과 思想社, 1994.

테다 스코치폴, 한창수·김현택 옮김,『국가와 사회혁명』, 까치, 1991.

패리 앤더슨, 함택영 외 공역,『절대주의국가의 계보』, 서울프레스, 1994.

韓國史硏究會 編,『淸日戰爭과 韓日關係』, 一潮閣, 1985.

한국사연구회 편,『근대 국민국가와 민족문제』, 지식산업사, 1995.

한국역사연구회,『1894년 농민전쟁연구 3』, 역사비평사, 1993

한국역사연구회 편,『한국역사입문③ 근대·현대편』, 풀빛, 1996.

韓興壽,『近代韓國民族主義硏究』, 延世大學校出版部, 1977.

홉스봄, 강명세 옮김,『1780년 이후의 민족과 민족주의』, 창작과비평사, 1994.


京城府,『京城府史』1·2, 京城府, 1934·1937.

駒込武,『植民地帝國日本の文化統合』, 岩波書店, 1996.

高橋濱吉,『朝鮮敎育史考』, 1927/ 渡部學 ·阿部洋 編,『植民地朝鮮敎育政策史料集成(朝鮮編)』27, 龍溪學舍, 1986.

高屋哲夫 編,『近代日本のアジア認識』, 京都大學人文科學硏究所, 1994.

國立敎育硏究所 編,『日本敎育百年史』第三卷(學校敎育Ⅰ), 1974.

244

渡部學,『近世朝鮮教育史研究』, 日本：雄山閣, 1969.

渡部學,『朝鮮教育史』, 世界教育史研究會 편,『世界教育史大系5』, 講談社, 1975.

稻葉繼雄,『舊韓末「日語學校」の研究』, 九州大學出版會, 1997.

藤間生大,『壬午軍亂と近代アジア世界の成立』, 春秋社, 1987.

林屋辰三郎 編,『文明開化の研究』, 岩波書店, 1979.

森田芳夫,『韓國にをける國語・國史教育』, 原書房, 1987.

馬越徹,『韓國近代大學の成立と展開－大學モデルの傳播研究－』, 名古屋大學出版會, 1995.

寺崎昌男 外 編,『近代日本における知の配分と國民統合』, 第一法規, 1993.

西川長夫 外,『幕末・明治期の國民國家形成と文化變容』, 新曜社, 1995.

石島庸男 外 編,『日本民衆教育史』, 木辛出版社, 1997.

小松周吉 外,『日本教育史』, 世界教育史研究會 編,『世界教育史大系』1-3, 講談社, 1974.

小田省吾,『朝鮮教育制度史』, 1924/ 渡部學・阿部洋 編,『植民地朝鮮教育政策史料集成(朝鮮編)』26, 龍溪學舍, 1986.

松本三之介,『明治思想史－近代國家の創設から個の覺醒まで』, 新曜社, 1996.

歷史學研究會 編,『國民國家を問う』, 靑木書店, 1996.

佐野通夫,『近代日本の教育と朝鮮』, 社會評論社, 1993.

中野光 外,『初等教育史』, 世界教育史研究會 編,『世界教育史大系』23, 講談社, 1974.

天野郁夫,『試驗の社會史』, 東京大學出版會, 1983,

幣原坦,『朝鮮教育論』, 1919,『植民地朝鮮教育政策史料集成(朝鮮編)』25.

Donald Keene, *The Japanese Discovery of Europe, 1720-1830*, Stanford University, 1969.

Fairbank, (ed.), *The Chinase World Order*, Havard University, 1968.

Hilary Conroy, *The Japanese Seizure or Korea : 1868-1910*, University of Pennsylvania Press, 1960.

Ramon H. Myers & Mark R. Peattie (ed.), *The Japanese Colonial Empire, 1895~1945*, Princeton University Press, 1984.

2) 논문

구희진,「韓國 近代改革期의 敎育論과 敎育改編」, 서울대학교 박사학위논문, 2004.

權錫奉,「領選使行에 對한 一研究」,『歷史學報』17・18 합집, 1962.

權五榮,「申箕善의 東道西器論研究」,『청계사학』1집, 1984.

權五榮,「東道西器論의 構造와 그 展開」,『韓國史市民講座』7, 一潮閣, 1990.

김경미,「갑오교육개혁에 관한 연구」, 연세대학교 석사학위논문, 1991.

김경미,「乙未義塾의 性格 糾明에 관한 小考」,『한국교육사학』20, 1998.

金成學,「西歐 敎育學 導入過程 研究(1895-1945)」, 연세대학교 박사학위논문, 1995.

金榮卿,「韓末 中人層의 近代化運動과 現實認識－서울지역 譯官 川寧 玄氏家를 中心으로－」, 연세대학교 석사학위논문, 1997.

金英宇,「舊韓末 外國語敎育에 關한 研究(1)」,『논문집』(공주사범대학) 16, 1978.

金英宇,「舊韓末 外國語敎育에 關한 研究(2)」,『논문집』(공주사범대학) 21, 1983.

김영호,「韓末 西洋技術의 受容－近代西洋의 挑戰에 對한 主體的 對應의 一面－」,『亞細亞研究』11-3, 1968.

金源模,「徐光範研究(1859～1897)」,『東洋學』15집, 1985. 10.

金潤坤,「李朝後期에 있어서의 成均館의 變遷과 改革」,『大東文化研究』6・7 합집, 1969.

김은주,「대한제국기 교육근대화 과정에 관한 연구」, 연세대학교 석사학위논문, 1987.

김의진,「雲養 金允植의 西學受容論과 政治活動」, 연세대학교 석사학위논문, 1985.

김인선,「갑오경장(1894-1896) 전후 개화파의 한글사용」,『周時經學報』8, 1991. 12.

金仁會,「敎育者로서의 H. G. 아펜젤러의 韓國敎育史的 意味」,『연세교육과학』19・20 합집, 1981.

金仁會,「敎育目的觀의 變遷過程」,『韓國 新敎育의 發展研究』, 研究論叢 84-6, 韓國精神文化研究院, 1984.

金正起,「1880年代 機器局・機器廠의 設置」,『韓國學報』10집, 1978.

金希娟, 「舊韓末 官立小學校에 관한 연구」, 서울대학교 석사학위논문, 1989.

魯仁華, 「大韓帝國 時期 官立學校 敎育의 性格 硏究」, 이화여자대학교 박사학위논문, 1989.

朴永錫, 「李完用硏究」, 『國史館論叢』 32, 1992.

愼鏞廈, 「우리나라 최초의 近代學校」, 『한국근대사와 사회변동』, 문학과 지성사, 1980.

오인탁, 「역사적 연구방법」, 『현대교육철학』, 서광사, 1990.

왕현종, 「甲午改革期 官制改革과 官僚制度의 變化」, 『國史館論叢』 68, 1996.

柳芳蘭, 「韓國近代敎育의 登場과 發達」, 서울대학교 박사학위논문, 1994.

李秉根, 「開化期의 語文政策과 表記法 問題」, 『국어생활』 4, 1986년 봄.

李海明, 「개화 초기 교육개혁의 두 모형 : 1883-1893」, 『東洋學』 14, 1984..

鄭玉子, 「紳士遊覽團考」, 『歷史學報』 27, 1965.

鄭在傑, 「원산학사에 대한 이해와 오해」, 『우리교육』 1, 1990.

鄭在永, 「19世紀末부터 20世紀初의 한국어문」, 『韓國文化』 18, 1996. 12.

조성윤, 「조선후기 서울주민의 신분구조와 성격」, 연세대학교 박사학위논문, 1992.

조성윤, 「외솔과 언어 민족주의 : 한문의 세계에서 한글의 세계로」, 『현상과 인식』 18-3, 1994년 가을.

조성윤, 「甲午改革期 開化派政權의 身分制 폐지정책」, 『韓國 近現代의 民族問題와 新國家建設』, 金容燮敎授停年紀念韓國史論叢3, 지식산업사, 1997.

朱鎭五, 「19세기 후반 開化改革論의 構造와 展開-獨立協會를 中心으로-」, 연세대학교 박사학위논문, 1995.

崔良美, 「韓國 近代의 傳統的 敎育觀과 近代的 敎育觀의 葛藤」, 이화여자대학교 박사학위논문, 1992.

崔震植, 「韓國近代의 穩健開化派 硏究-金允植·金弘集·魚允中의 思想과 活動을 中心으로-」, 영남대학교 박사학위논문, 1990.

韓永愚, 「朝鮮時代 中人의 身分階級的 性格」, 『韓國文化』 9, 1988.

韓哲昊, 「1880~90年代 親美 開化派의 改革活動 硏究-貞洞派를 중심으로-」, 한림대학교 박사학위논문, 1996.

許東賢, 「1881年 朝鮮 朝士 日本視察團에 관한 一硏究」, 『韓國史硏究』 52,

1986. 3.

許東賢, 「1881年 朝士視察團의 활동에 관한 연구」, 『國史館論叢』 66, 1995.

渡部學, 「韓國教育における二言語主義－日語の特殊歷史史相のもつ重層構造－」, 『韓』 2-9, 1973. 9.

稻葉繼雄, 「仁川日語學校について－舊韓末'日語學校'の一事例」, 『文藝言語研究 筑波大』 11, 1986.

稻葉繼雄, 「京城學堂について－舊韓末「日語學校」の一事例－」, 『日本の教育史學』 29, 1986. 10.

稻葉繼雄, 「釜山開成學校について－舊韓末'日語學校'の一事例－」, 『筑波大學地域研究』 4, 1986.

稻葉繼雄, 「舊韓國の日本語教育」, 『筑波大 地域研究』 10, 1992.

稻葉繼雄, 「甲午改革期の朝鮮教育と日本」, 『紀要 國立教育研』 121, 1992. 3.

武田晃二, 「明治初期における'普通教育'概念」, 『岩手大學教育學部研究年報』 50-1, 1990.

武田晃二, 「明治初期における'普通學'・'普通教育'概念の連關構造」, 『日本の教育史學』 34, 1991.

原田環, 「1880年代前半の閔氏政權と金允植－對外政策を中心にして」, 『朝鮮史研究會論文集』 22, 1985. 3.

宇治鄕毅, 「明治初期における朝鮮國修信使, 紳士遊覽団の東京書籍館及び東京圖書館參觀について」, 『アジアアフリカ資料通報』 Vol.24, No.2, 國立國會圖書館, 1986. 5.

月脚達彦, 「甲午改革の近代國家構想」, 『朝鮮史研究會論文集』 33, 1995. 10.

田保橋潔, 「近代朝鮮にをける政治的改革」, 『朝鮮史編修會研究彙報 第一輯 近代朝鮮史研究』, 朝鮮總督府, 1944.

朱秀雄, 「開化期の韓國のおける日本語教育に關する一研究」, 『日本の教育史學』 32, 1989. 10.

增田道義, 「朝鮮近代教育の創始者に就いて(一)」, 『朝鮮』 333호, 1943. 2.

增田道義, 「朝鮮近代教育の創始者に就いて(二)」, 『朝鮮』 334호, 1943. 3.

靑木功一, 「朝鮮開化思想と福澤諭吉の著作－朴泳孝'上疏'における福澤著作の影響」, 『朝鮮學報』 52, 1967. 7.

靑木功一,「朴泳孝の民本主義・新民論・民族革命論－‘興復上疏’に於ける變
　　　法開化論の性格」(1),『朝鮮學報』80, 1976. 7.
靑木功一,「朴泳孝の民本主義・新民論・民族革命論－‘興復上疏’に於ける變
　　　法開化論の性格」(2),『朝鮮學報』82, 1977. 1.
靑木光行,「明治初期の外國語學校」,『法政史學』19, 1967.
秋月望,「魚允中における‘自主’と‘獨立’」,『年報朝鮮學』(九州大) 1, 1990. 12.
海後宗臣 外,「森有禮の思想と敎育政策」,『東京大學敎育學科紀要』8, 1965.

ABSTRACT

# The Formation of Modern Education in Korea

The purpose of this study is to explore the late Yi Dynasty's educational policies and educational changes around the period of the Kabo reforms. This study focused on twenty years, from the beginning of introduction of Western knowledge and technology by the Yi Dynasty in the early 1880s to the completion of the Kabo reforms in the early 1900s. The findings of the study are as follows :

First, varied elite powers with different educational goals participated in forming the educational policies. By the middle of the 1880s, the moderates introduced western knowledge and technology to improve the wealth and military power of the country. They also focused on educating bureaucrats to deal with foreign affairs. On the other hand, the radicals suggested educating the common people in order to expand the country's wealth power. Between the middle of the 1880s and the implementation of the Kabo reforms, the conservatives tried to solidify Confucian education by emphasizing Sungkyunkwan instead of improving the new school of Yukyoungkongwon. Since the Kabo reforms began, Park Jung-Yang established the primary school and teachers' school in an attempt to achieve the educational goals of Confucianism. In 1895, Yoo Kil-Jun, Park Young-Hyo and Seo Kwang-Bum recognized the relationship between the drive for national independence and common people's enlightenment and institutionalized modernized common education. In 1899, King Kojong made compromises between these two different directions in educational reforms by approving both Confucian and modern education.

Second, both Confucianism and Japanese influence contributed to the formation of educational policy during this reform period. Most of the power elite suggested introduction of western knowledge and enlightenment of the common people. However, they still believed in Confucianism as the foundation of education, and suggested maintaining Confucian morals by educating the people. They even believed that the small group of elite should lead the country. Japan interfered in the process of formulating primary education laws, which resulted in Korean common education adopting many aspects of Japanese common education. Japanese civilians began to establish private Japanese schools in Korea after Akwanpachon, and this was regarded as the step of colonizing Korean education.

Third, changes in education of this period are as follows. In the 1880s, people from Dongmunhak and Bai-chai Hakdang, who had studied the English language, were appointed to the government. People began to recognize English as a means to becoming a bureaucrat. Wonsan Haksa and Yukyoungkongwon also taught Western knowledge. However, students of these schools believed that western knowledge was merely a supplementary subject of study to deal with the current situation (Simuhak). Prior to the educational reforms of 1894, school curricula had stressed Chinese characters and Confucian classics. The reforms of 1894 changed the school curricula to include Korean characters, history, and geography as well as Confucian morals. In 1895, the government institutionalized a new educational system with the goal of educating the common people. Although this new education included Japanese morals and Japanese language, there was still teaching of Korean characters, Korean history, calculation as well as Chinese letters and Confucian morals. In spite of emerging modern common educational institutions and laws, most believed that the goal of education was to educate the small number of elites. As Japanese influence increased in Korea, Japanese language was deemed an important subject, and subsequently replaced Korean characters and history at the primary school level.

The characteristics of modern Korean education in the early 1900s can be summarized as follows. Primary schools were recognized as educating the elite, instead of the common people. The contents of moral education were based on the five Confucian feudalistic rules rather than on equal citizenship, and moral education failed to adequately identify the Korean people. Although primary school curricula included Korean language and history, these subjects failed to sufficiently assess the Korean people's identity. Finally, Japanese language was recognized as more important than Korean characters and history, and thus beginning of colonial education became a reality in Korea.

Keywords : the Kabo reforms, modern education, common education, confucian education, western knowledge, Simuhak, colonial education, primary education, Japanese schools, enlightenment

# 찾아보기

김 경 미

연세대학교 정치외교학과 졸업
연세대학교 대학원 교육학과 석사·박사
현재 독립기념관 교육문화부장

주요 논저
「1940년대 조선의 '국사'교과서와 일본의 국사교과서」(2006), 「학교운영 논리와 파시즘 교육체제-
한 실력양성론자의 사립학교 경영을 사례로-」(2005), 「식민지교육 경험 세대의 기억-경기공립중
학교 졸업생의 일제 파시즘 교육체제하의 경험과 기억을 중심으로-」(2005), 「일제하 사립중등학교
의 위계적 배치」(2004) 등

연세국학총서 94

한국 근대교육의 형성

김 경 미 지음

2009년 12월 10일 초판 1쇄 발행

펴낸이·오일주
펴낸곳·도서출판 혜안
등록번호·제22-471호
등록일자·1993년 7월 30일

⊕ 121-836 서울시 마포구 서교동 326-26번지 102호
전화·3141-3711~2 / 팩시밀리·3141-3710
E-Mail hyeanpub@hanmail.net

ISBN 978-89-8494-377-3  93370

값  22,000 원